票据法
PIAOJUFA

金锦花 于海斌 朴飞 编著

中国政法大学出版社

2015·北京

图书在版编目（ＣＩＰ）数据

票据法/金锦花编著.—北京：中国政法大学出版社，2015.1
ISBN 978-7-5620-5824-3

Ⅰ. ①票… Ⅱ.①金… Ⅲ. ①票据法－中国－高等学校－教材 Ⅳ. ①
D922.287

中国版本图书馆CIP数据核字(2015)第002042号

出 版 者　　中国政法大学出版社
地　　址　　北京市海淀区西土城路25号
邮寄地址　　北京 100088 信箱 8034 分箱　邮编 100088
网　　址　　http://www.cuplpress.com（网络实名：中国政法大学出版社）
电　　话　　010-58908285(总编室) 58908334(邮购部)
承　　印　　固安华明印业有限公司
开　　本　　880mm×1230mm　1/32
印　　张　　10.125
字　　数　　240千字
版　　次　　2015年1月第1版
印　　次　　2015年1月第1次印刷
定　　价　　39.00元

目　录

导　论

证券简论

一、证券的概念

证券，从其字面意义上看，证是凭证，券是纸片。也就是，证券是用作凭证的纸片，或者说用纸片作成的凭证。《辞海》中对证券所做的定义是："以证明或设定权利为目的所作成的凭证。"[1]许多证券法著作中的证券定义也大同小异，都在宽泛的意义上理解证券，认为"证券是指为证明或设定权利所作成的书面凭证，它表明证券持有人有权取得该证券所拥有的权利和利益"[2]；"证券是以有纸化方式表现出来的，即借助文字、图形或者文字与图形的结合形式，用以表彰某种民事权利或民事资格"[3]；"证券从广义上讲就是表明权利存在的权利凭证，权利的发生、行使或转移须以全部或部分占有、交付证券为要件"[4]；"证券，是指表示一定财产权利的书面凭证"[5]。

---

〔1〕《辞海》，上海辞书出版社 2002 年版，第 2176 页。

〔2〕顾功耘：《证券法》，人民法院出版社 1999 年版，第 2 页。

〔3〕叶林主编：《证券法教程》，法律出版社 2010 年版，第 1 页。

〔4〕王保树主编：《中国商法》，人民法院出版社 2010 年版，第 382 页。

〔5〕徐学鹿主编：《商法学》，中国人民大学出版社 2011 年版，第 177 页。

综上，广义上的证券是指记载并表彰特定权利的书面凭证。证券是一张纸和权利的结合，也就是使权利物化的产物。把权利表现在证券上，使权利与证券相结合，称为"权利的证券化"；这种通过证券体现出来的权利，称为"证券上权利"。那么，为什么把权利表现在证券上？因为权利是抽象的，不容易表现在外，而将权利表现在证券上之后，抽象的权利即表现在具体的证券之上，使人容易识别，法律关系确定地表现在外，从而便于权利人行使权利、义务人履行义务。从义务人的角度考虑，权利的证券化使义务人履行义务更为便捷，因为义务人无须去调查权利人身份、权利的具体内容，只要向持有证券的人按照证券上所记载的内容履行义务即可免责。权利的证券化是商品经济发展到一定阶段的客观需要和必然产物，反过来它也是促进商品经济快速发展的重要手段。

二、证券的分类

从上述对证券概念的理解可以看出，票据就其自身的基本属性来说，应该属于一种证券。从这一点上，票据与其他若干凭证具有一致性。然而，在社会经济生活中，存在着各种不同的证券，且其性质和作用均有所不同。如果把这些广义上的证券作一个分类的话，可以分为证据证券、资格证券、金额证券和有价证券四类。[1]

（一）证据证券

证据证券，是指为达到证明的目的，将已发生的某种具有一定法律意义的事实，以一定的形式加以记载，从而形成的证券。在现实生活中，借款时开出的借据、收款时开出的收据、

---

〔1〕 赵新华：《票据法论》，吉林大学出版社 2007 年版，第 4～6 页。

进行货物买卖时开出的发货票，都是典型的证据证券。

证据证券的基本作用，仅在于对一定事实的证明；它能够证明某种法律事实或法律行为曾经发生。因此，在发生争议、提起诉讼等场合，证据证券具有较强的证据价值。所以将这类证券称为证据证券。在证据证券上，虽然可能记载着一定的财产性权利或者财产性价值，例如借据上注明借款金额，但这并非是证据证券自身所具有的价值，而仅仅是依靠该证券能够证明的权利或者价值。因此，证据证券自身无财产性价值。从权利的行使和实现对证券的依赖程度上看，证据证券仅仅是能够证明一定事实存在的凭证。所以在一般情况下通过证据证券所能够证明的权利的行使或者价值的实现，并不完全依赖于证券。即使证券丧失了，也可以通过其他有效的证明方式证明一定事实的存在。另外，证据证券通常也只能在特定的当事人之间，才能起到证明的作用，因此，不可能具有流通性。综上，就证据证券的自身属性来说，它应该属于一种文件——证明文件。由于这类凭证只起到单纯证明的作用，与证券上权利的行使没有密切的联系，有的学者认为，不应该将它归类为证券，应该是与证券相对应的另一范畴。但是，通过这类凭证所能证明的并非日常生活中的琐事，而是具有法律意义的事实或者法律行为的存在，与权利有关联，所以还是把它归类为证券为宜。

（二）资格证券（免责证券）

资格证券是表明持有人具有行使一定权利的资格的证券。在现实生活中，银行向储户交付的存折、行李寄存处向寄存人开出的寄存票等，就是典型的资格证券。资格证券的基本作用在于表明持有人具有行使权利的资格，可以凭借该证券直接行使相应的权利，即使持有人并非权利人本人，也不妨碍其行使权利。也就是说，持有资格证券的人被推定为真正权利人，这就产生了资格证券的另一个基本作用，即对于履行义务的人来说，只要依照一定的程序确认了资格证券的有效存在，义务人就可以向其履行义务，即使发生履行错误，也可以免除责任。因此，资格证券又称为免责证券。但是，在义务人为恶意的情况下，即明知持有人并非真正权利人而仍向其履行义务时，则应该承担相应的法律责任。资格证券上也记载一定的权利，但资格证券并非表明这一权利，而是表明能够行使该权利的权利人资格。所以，资格证券自身不具有财产性价值。资格证券是为使义务人能够简便快捷地确认权利人并安全地履行义务而形成的证券。因此，在通常情况下，该证券上所记载的权利的行使需要依赖于资格证券，它是行使权利的工具。但在特殊情况下，如资格证券遗失等，当然也可以通过其他有效的证明方式证明权利人的资格，从而行使相应的权利。证券并不是行使权利的必要的、唯一的工具。从这一点上，权利的行使对资格证券仅具有有限的依赖性。而且鉴于上述的种种特点，资格证券本身也是不适于流通的。综上，就资格证券的自身属性来说，它应该属于一种证书。

（三）金额证券

金额证券是在券面上记载一定的金额，用以在一定的范围内作为金钱的代用物而形成的证券。在现实生活中，我们经常使用的邮票，以及根据税法缴纳印花税时使用的印花税票，都是典型的金额证券。金额证券的基本作用，在于作为与其等值的金钱的代用物，为实现一定的目的，而在一定的范围内，直接代替金钱而使用。由于金额证券是作为等值的金钱的代用物而存在的，因此，金额证券自身具有一定的财产性价值。人们收集邮票、以高价购入绝版的邮票，都是归因于它本身具有财产性价值。由于金额证券本身具有财产性价值，所以其财产性价值的实现，依赖于金额证券的存在，并且这种依赖性是绝对的依赖性，持有证券是行使权利的唯一条件，离开证券就不能行使权利，持有人若丧失了金额证券，也无任何补救办法。以邮票为例，持有邮票是寄信的唯一条件，如果不持有邮票，就无法寄信。如果遗失了邮票，即使能够以其他方式证明我购买过该邮票，也仍然不能行使权利，只能重新购买。金额证券在使用目的和使用范围上的特别限制，使其不可能有广泛的流通性，只在较小的范围内，可能存在有限的流通性。综上，就金额证券的自身属性来说，它应该属于一种财物。

（四）有价证券

有价证券是记载一定的财产性权利，并通过证券来行使该财产性权利而形成的证券。在现实经济生活中，票据、股票及债券是最典型的有价证券。另外，由从事海上运输事业者依一定的规则发行的海运提单，由经营仓储事业者依一定的规则发行的仓单，也是有价证券。有价证券的基本作用在于，它作为一定的财产性权利的载体，支持该权利的运行。它不是单纯的证据证券，因此，在通常情况下，即使通过其他方法能够证明权利的存在，也不能行使权利；它也不是单纯的资格证券，因为它本身就代表一定的权利，而不仅仅是权利人的资格证明；它也不是一般的金额证券，不能直接作为金钱的代用物而使用，它只代表一定的财产性权利。从财产性上看，有价证券完全具备自身财产价值性。此外，在有价证券的场合，权利的行使对证券有着绝对的依赖性，权利人行使权利必须持有证券；证券的持有人单凭"持有证券"这一点即可以行使权利，义务人向其履行义务即可免责。在这一点上，与资格证券相同。但是，不持有证券的人即使能够通过其他方法证明其权利，也不能行使权利，只能根据法律的规定通过其他特殊的途径才能行使权利，在这一点上又与资格证券不同。在流通性上，有价证券具有高度的流通性，而且其设定目的恰恰就是为了用于流通。可以说，有价证券与其他证券最大的区别，就在于此高度的流通性上。综上，就有价证券自身的属性来说，它应该属于一种物化的权利。

证券的分类

	典型	作用	财产性	依赖性	流通性	性质
证据证券	借据、收据	证明某种事实	无	无	无	文件
资格证券	存折、寄存票	权利人资格	无	有限	无	证书
金额证券	邮票、印花税票	金钱的代用物	有	绝对	有限	财物
有价证券	票据、股票	代表一定权利	有	绝对	有	权利

三、有价证券

（一）有价证券的概念

关于有价证券的概念，起初通行的理解是："有价证券是一种表示具有财产价值的民事权利的证券，权利的发生、移转和行使均以持有证券为必要。"[1]然而，随着有价证券种类的增多，这个定义显得过于狭窄，于是，很多学者又采用了另一个定义，"有价证券是指代表一定的财产性权利，并只有持有该证券才能行使该权利的证券"[2]。前一定义，被称为"狭义的有价证券"，又称为"完全的有价证券"；后一定义，被称为"广义的有价证券"，又称为"不完全有价证券"。[3]

综上，并非自身具有财产性价值的证券就是有价证券。作

---

[1] 谢怀栻：《票据法概论》，法律出版社 2006 年版，第 8 页。
[2] 赵威：《票据权利研究》，法律出版社 1997 年版，第 6 页。
[3] 谢怀栻：《票据法概论》，法律出版社 2006 年版，第 8 页。

为有价证券必须具有以下三个方面的基本特征。

第一，有价证券是财产性权利的表现，是一定的财产价值的转化物，它可以表现为债权，也可以表现为物权，或者表现为股权。

第二，有价证券是权利与证券完全的结合，而不是单纯的权利的证明，它是二者的统一物，对于有价证券来说，权利就是证券，而证券就是权利。

第三，有价证券是权利运行的载体，证券上的权利的发生、转移和行使，其全部或者一部必须依证券才能进行，有证券就发生效力，无证券就不发生效力。

而作为票据（汇票、本票、支票）而言，其完全符合上述有价证券的基本特征，因此，票据的法律性质为有价证券，这是票据与其他类似凭证之间的本质区别。此外，提单、仓单、股票、债券、各种交通票证（车票、船票、机票）、购物券、影剧票等都属于广义上的有价证券。

（二）有价证券的分类

有价证券可以依不同的标准进行分类，以下只举出与本书所要阐述的内容有联系的几种最基本的分类。

1. 完全的有价证券与不完全的有价证券。有价证券依其所表示的权利与证券的关系的不同，可以分为完全的有价证券和不完全的有价证券。完全的有价证券又称为绝对的有价证券，证券上所表彰的权利的发生、转移和行使，均须依证券才能进行。不完全的有价证券又称为相对的有价证券，证券上所表彰的权利的发生、转移和行使，其中之一不依证券也得进行。前述广义的有价证券即包括完全的有价证券（狭义的有价证券）和不完全的有价证券。

2. 表彰债权的有价证券、表彰物权的有价证券和表彰社员权的有价证券。依其所表彰的权利性质的不同，有价证券分为表彰债权的有价证券、表彰物权的有价证券和表彰社员权的有价证券。[1]

表彰债权的有价证券，即以债权为证券所表示的权利内容的有价证券，这是有价证券中范围最广的一类，包括：①以请求支付金钱为债权内容的，如票据、各种债券等；②以请求交付物为债权内容的，如仓单、提单等；③以其他给付为债权内容的，如车票、电影票等。[2]

以物权为证券所表示的权利内容的有价证券，即为表彰物权的有价证券。在特殊的情况下，当需要把某种物权表现在证券上，以便以证券的形式进行流通时，才产生表彰物权的有价证券。在我国还没有纯粹表彰物权的有价证券，提单和仓单虽属表彰债权的有价证券，但是由于这种证券的交付与物的交付有着相同的效力，可以说其兼具表彰物权的有价证券的性质。[3]

表彰社员权的有价证券，即以社员权为证券所表示的权利内容的有价证券。公司股东的股东权是一种社员权，因此，股票是典型的表彰社员权的有价证券。

3. 记名证券、指示证券和无记名证券。有价证券依其权利人记载方式的不同，可以分为记名证券、指示证券和无记名证券。

记名证券又称为指名证券，是在证券上记明特定人为权利

---

〔1〕 刘琳琳：《商业证券权利研究——以有价证券理论为基础》，2009 年吉林大学博士学位论文，第 37~38 页。

〔2〕 谢怀栻：《票据法概论》，法律出版社 2006 年版，第 10 页。

〔3〕 谢怀栻：《票据法概论》，法律出版社 2006 年版，第 10 页。

人的有价证券。因在此类证券上明确地指明某一特定人为权利人，所以只能由该特定人行使权利。

指示证券是以证券上所记载者或者该人所指定者为权利人的有价证券，因此种指定通常依背书的方式进行，所以又称为背书证券。例如，记载有"付给张三或其指定的人"等指定文句的，即为指示证券。

无记名证券是在证券上不记载特定人为权利人，或者只写"持票人"、"来人"等文句，所以以正当持票人或者以来者为权利人的有价证券。

4. 无因证券与有因证券。有价证券依其所表彰的权利与该权利发生原因之间的关系的不同，可以分为有因证券和无因证券。

有因证券又称为要因证券，即证券上权利的效力以作为证券发行原因的、证券外法律关系的存在与否或者有无瑕疵而转移的有价证券。绝大多数有价证券均属于有因证券，股票、仓单、提单等都是典型的有因证券。

无因证券又称为不要因证券或者抽象证券，是指证券上权利的效力不受原因关系存在与否或者有无瑕疵的影响的有价证券。

此外，有价证券又根据证券上权利的发生与证券作成的关系的不同，分为设权证券和非设权证券：设权证券为证券上权利依该证券的作成方式发生的有价证券，而非设权证券为证券上权利在证券交付前即已存在，证券的作成不过是对该权利的单纯表示的有价证券。根据作成方式的不同，有价证券可以分为要式证券和不要式证券：证券上的记载内容及记载方式，均须依照法律规定的方式进行的，为要式证券，而对证券的记载内容及记载方式没有严格的法律规定的，为不要式证券。根据权利与所载文义的关系的不同，有价证券分为文义证券和非文义证券：文义证券为证券上权利的内容完全依证券上的记载决定的有价证券，而非文义证券为证券上权利的内容不完全依证券上的记载决定的有价证券。[1]

（三）英美法中的"流通证券"

英美法中没有与大陆法中的"有价证券（wertpapier）"一词完全等同的概念，而有"流通证券（negotiable instruments）"、"商业票据（commercial paper）"等词。流通证券是指以背书或者以单纯交付而转让的证券，包括汇票、本票、支票、无记名股票、无记名公司债券等，其范围较之有价证券狭窄；而商业票据大体上接近我国的票据。此种差异来自于着眼点的不同，大陆法系将证券的价值性作为考虑的重点，英美法系则将证券的流通性作为考虑的重点。[2]

---

〔1〕 赵新华：《票据法论》，吉林大学出版社 2007 年版，第 7~8 页。
〔2〕 〔日〕小室金之助、樱井隆：《会员权证券法论》，成文堂 1979 年版，第 1 页。

第一章

票据概述

第一节　票据的概念

在日常生活中，人们习惯于在较为宽泛的意义上使用票据这一概念，将一切体现民商事权利或者具有财产价值的书面凭证，诸如发货票、银行电汇凭证、企业的会计凭证等也称为票据。有的学者基于这一现实状况，把包括上述各种凭证的票据称之为广义的票据。但是，严格说来，票据的概念应该有其科学的定位，票据法理论上所称的票据与发货票、会计凭证等存在着本质上的差别，它们之间具有完全不同的意义和作用，也必须适用完全不同的法律规范或者规则。因此，我们不应该在广泛的意义上笼统地使用票据一词，以免模糊票据作为商业货币所具有的特性，混淆票据法律规则与一般民商事法律规则的区别，给票据实务带来不必要的混乱。

一、票据的定义

（一）立法上的定义

在世界各国票据法中，对票据并没有做出实质性定义，而是通过确定票据所涵盖的具体内容来体现票据的内涵。但是由于所采取的立法体例的差异和商事习惯上的不同，法律上所确认的票据的具体内容，并不完全一致。

1. 在"票据"这一总称下规定汇票、本票和支票三种证券。例如美国从票据的流通性特征出发，在《美国统一商法典》第三编"商业票据"中，将汇票、本票、支票三种证券加上具有流通性的存款单（certificate of deposit）统称为"商业票据"（第 3 ~ 104 条）。英国虽然没有"票据"这一统称的概念，但是 1882 年的英国《汇票法》（Bill of Exchange Act）中不仅规定了汇票，同时还规定了本票（note）和支票（check），也就是将汇票、本票和支票规定在一部法律中。在我国，传统习惯和现行法律都认为"票据"一词是汇票、本票和支票的总称，《中华人民共和国票据法》（以下简称我国《票据法》）第 2 条第 2 款也明确规定："本法所称票据，是指汇票、本票和支票"。

2. "票据"只包括汇票和本票，不包括支票。例如德国、法国和日本在立法上也使用"票据"这一概念，但是其票据法只规定了汇票和本票，不包括支票，支票规定在单独一部《支票法》中。又如《瑞士民法典》第五编第五章第四节标题为"票据"，在这一部分只规定了汇票和本票，将支票单独在第五节"支票"中加以规定。在这些国家，票据仅指汇票和本票。

（二）学理上的定义

在票据法理论上，一般认为，票据是由出票人签发的，约定由自己或者委托他人，在见票时或者在票据所载日期，无条件支付确定的金额给收款人或者持票人的一种有价证券。对此定义，可作如下理解。

1. 定义中所使用的用词的含义。"出票人"是指签发或者发行票据的人，此人可以是银行，也可以是公司，还可以是个人。"委托他人"意味着出票人对其所签发的票据不承担直接的付款责任，而是委托票据上所记载的付款人进行付款。"见票时"是指持票人随时可以请求付款，当持票人出示票据请求付款之时，即所谓见票时。"票据所载日期"与"见票时"相对应，是指持票人不得随时请求付款，必须在票据上所记载的付款日期到来之后的法定时间内方可请求付款。"确定的金额"是指票据上明确记载的一笔金额，体现具体的票据权利义务内容。"收款人"是出票人签发票据时在票据上记载的权利人，他是票据最初的或者原始的权利人。"持票人"，简单地说就是持有票据的人，如果票据尚未转移，收款人即票据权利人，也是现实持票人，如果票据几经转让，合法取得票据的现实持票人就是票据权利人。

2. 票据金额的付款，可以是出票人自己付款，也可以委托他人付款。根据付款人的不同，票据可分为不同的种类。

3. 票据金额的付款日期，可以是见票时，也可以是票据上所载的具体日期，即票据可以是即期付款的，也可以是远期付款的。

4. 票据是无条件支付一定的金额给收款人或者持票人的凭证。票据的签发人要么无条件支付，要么无条件委托他人支付。此处的无条件并非指出票人对其直接交易相对人的承诺，因为在交易中不可能无条件，而是指出票人或者其他票据行为人不得将交易中的条件记载在票据上，出票人也不得将与其委托付款人之间的委托付款条件记载在票据上，以确保票据流通的方便与效率。[1] 票据可以看作是一个合同，"无条件支付"意味着该合同不能是附条件合同。

---

〔1〕 王小能编著：《票据法教程》，北京大学出版社 2001 年版，第 15 页。

5. 票据是一种有价证券，而且从证券和权利的结合程度上看，票据属于完全的有价证券。票据权利的产生以作成票据为必要；票据权利的转让以交付票据为必要；票据权利的行使以提示票据为必要，即票据权利的产生、行使和转让，都以票据这一证券的存在为必要，因此，票据是完全的有价证券。

二、票据的特征

票据的法律性质为有价证券，这是票据与其他具有类似外观的凭证之间所存在的本质区别。但是，作为一种有价证券，票据除了具有有价证券的基本特征之外，还具有区别于其他有价证券的独自的特征。这就是票据所具有的债权证券性、完全有价证券性、无因证券性、设权证券性、指示证券性、要式证券性和文义证券性。[1]

（一）票据是金钱债权证券

有价证券代表一种权利，而这种权利可以是物权，可以是债权，也可以是股权。票据所表彰的权利是票据权利人请求票据义务人按照票据所载的内容支付一定金额的请求权，是一种债权请求权，因此，票据属于债权证券。另外，根据所表彰的债权的具体内容，又可分为金钱债权证券和物品债权证券，票据上的债权请求权是以支付一定金额的金钱为内容的，而非其他物品或劳务，所以票据是金钱债权证券。

（二）票据是完全的有价证券

票据权利的发生、转移和行使，都必须依赖于票据这一证券才能进行。票据权利的产生以作成票据为必要；票据权利的转让以交付票据为必要；票据权利的行使以提示票据为必要。

---

[1] 赵新华：《票据法论》，吉林大学出版社 2007 年版，第 6 页。

因此，票据是完全的有价证券。

（三）票据是无因证券

票据是金钱债权证券，并具有流通性，在一定的程度上发挥着货币的作用。票据法为保障票据的可靠性、票据效力的相对稳定性，使人们放心地接受票据，便于使用票据，规定票据的效力与签发票据的原因彻底分离，只要票据具备法定形式，即生效力，即使签发原因不合法或不存在，票据仍然有效。[1]因此，持票人行使票据权利，以持有有效票据为要件，无须另行证明取得票据的原因；如果票据义务人认为持票人以欺诈、恶意等不正当手段取得票据，对此由票据义务人负举证责任。

（四）票据是设权证券

票据所表彰的权利是由票据行为——出票行为创设的，票据上权利在票据作成之前，仅仅是原因关系上的债权，而非票据债权，在票据作成之后，票据债权方始发生。换言之，票据签发前，当事人之间可能基于各种交易行为而存在债权债务，但是，票据签发之后，出票人为自己或者自己委托的人设定了按照票据所载内容支付一定金额的义务，相反为票据权利人设定了请求票据上载明的债务人按照票据所载内容支付一定金额的权利。票据为票据权利人创设了一个崭新的金钱债权，而此种权利彻底独立于签发票据前的债权债务。

（五）票据是指示证券

所谓指示证券，是指由证券上记载的权利人或该人所指示的人作为权利人行使证券权利的证券。票据在通常情况下均记载权利人名称，但同时允许权利人依背书而指示他人为新的权利人，因此，票据是指示证券。

---

[1] 刘心稳：《票据法》，中国政法大学出版社 2008 年版，第 21 页。

（六）票据是要式证券

票据的签发必须严格按照票据法规定的方式进行；票据上的记载事项，也必须严格遵循票据法的规定。如果不按照票据法的规定制作票据，或者不按照票据法的规定进行票据记载，就会影响票据行为的效力，甚至会导致票据无效。

（七）票据是文义证券

票据上的权利义务内容，完全根据票据上所记载的文字内容确定，即使票据上记载的文义存在错误或者与实际情况不符，也不能用票据以外的其他证明方法加以变更或补充，而必须严格根据票据所载内容行使权利、履行义务。

第二节　票据的种类

关于票据的种类，有学理上和票据法上的两种分类。

一、学理上的分类

在票据法理论上，可以根据不同的标准对票据做出多种不同的分类。

（一）即期票据与远期票据

根据票据付款期限的不同，可以将票据分为即期票据和远期票据。

即期票据也称为见票即付票据，是指在票据上无到期日的记载或者明确记载见票即付的票据。这类票据，在收款人或者持票人向付款人提示票据请求付款时，即为到期，付款人应当即时履行付款义务。

远期票据是指在票据上记载到期日，付款人在到期日届至时承担付款的票据。远期票据根据到期日记载方式的不同，又可以分为定日付款的票据、出票后定期付款的票据、见票后定期付款的票据。定日付款的票据又称为定期票据，是指以确定的日期为到期日的票据。出票后定期付款的票据又称为约期票据，即约定以出票日后一定期间届满时为到期日的票据。见票后定期付款的票据又称为注期票据，是指在收款人或者持票人向票据上所载付款人提示见票、并自付款人在票据上注明见票之日后、一定期间届满时为到期日的票据。

（二）一般票据与变式票据

根据票据当事人地位的不同，票据可以分为一般票据和变式票据。

一般票据是指票据上的出票人、付款人和收款人三个基本当事人，分别由三个不同的人担当的票据。

变式票据是指票据上的出票人、付款人和收款人三个基本当事人中，由同一个当事人兼具两种或者两种以上身份的票据。在变式票据中，出票人与付款人为同一人的，称为对己票据或者己付票据；出票人与收款人为同一人的，称为指己票据或者己受票据；收款人与付款人为同一人的，称为付受票据。在极特殊的情况下，也可能出现出票人、付款人和收款人均为同一人的票据，这称为己付己受票据。

（三）支付票据与信用票据

根据票据功能的不同，将票据分为支付票据和信用票据。

支付票据是指只能由银行或者其他金融机构充当付款人并且仅限于见票即付的票据。这种票据起到了类似现金的作用，是为了支付上的便利创设的，如支票。支付票据克服了使用现金所带来的空间上的障碍，减少了现金的往返运送，避免了风险，节约了费用。但是，支付票据不能克服使用现金在时间上的障碍，因此，只在有资金的情况下才能签发和使用，否则构成空头支票，出票人为此要承担相应的法律责任。[1]

信用票据是票据金额必须在指定的到期日后才能支付，在票据到期日之前，凭借着出票人的信用而在商事活动中使用、流通的票据，如汇票和本票。信用票据不仅克服了使用现金在空间上的麻烦，也能克服使用现金在时间上的困难。因此，其签发和使用不受有无资金的限制，在没有现金的情况下，仍然可以使用。

（四）记名票据、无记名票据与指示票据

根据对票据权利人的记载方式的不同，将票据分为记名式、无记名式和指示式三种票据。

记名票据是指在票据上明确记载特定的人为权利人的票据。无记名票据是指票据上不记载权利人的名称，或者把权利人记载为"持票人"或"来人"等的票据。指示票据是指在票据上记载"特定人或其指定的人"为权利人的票据。[2]

记名票据和指示票据必须依背书的方式转让，而无记名票据可以依单纯交付而转让。此外，记名票据的出票人可以在票据上记载"不得转让"文句，从而限制票据的流通；而指示票据的出票人不可以记载"不得转让"字样，以免与其先前的记载相矛盾。[3]

（五）国内票据与国际票据

根据票据所涉及的各种行为发生地域的不同，将票据分为国内票据和国际票据。

国内票据是出票、背书、承兑、保证、付款和追索等行为均发生在我国境内的票据；国际票据就是出票、背书、承兑、

---

〔1〕 于莹：《票据法》，高等教育出版社 2008 年版，第 18 页。
〔2〕 王小能编著：《票据法教程》，北京大学出版社 2001 年版，第 17 页。
〔3〕 王小能编著：《票据法教程》，北京大学出版社 2001 年版，第 17 页。

保证、付款和追索等行为分别发生在不同国家的票据。

我国票据法中明确规定了国内票据和国际票据的区别。在通常情况下，国内票据应适用我国票据法的规定；而国际票据则可能根据我国票据法关于涉外票据法律适用的规定，适用相关的国际条约或外国票据法的规定。

二、法律上的分类

我国《票据法》第 2 条第 2 款规定："本法所称票据，是指汇票、本票和支票。"可见，在我国票据法上，法定的票据种类包括汇票、本票和支票三类。根据立法体例的不同，有的国家把汇票、本票和支票在一部票据法中统一立法，而有的国家仅将汇票和本票作为票据统一立法，而将支票独立于票据之外单独立法。

（一）汇票

1. 汇票的概念及特征。根据我国《票据法》第 19 条第 1 款的规定，汇票是指出票人签发的，委托付款人在见票时或者在指定的日期无条件支付确定的金额给收款人或者持票人的票据。

汇票具有以下特征：第一，汇票通常有三个基本当事人，即出票人、付款人和收款人，其中出票人和付款人为票据义务人，收款人为票据权利人；第二，汇票通常需要由付款人进行承兑，以表明到期承担付款的意思，在付款人尚未进行承兑时，汇票上所记载的付款人并无绝对的付款义务；第三，汇票的付款，既可以见票即付，也可以约期付款；第四，汇票对于出票人和付款人没有特别的限制，既可以是银行，也可以是银行以外的公司、其他组织和个人。

2. 汇票当事人。汇票上的基本当事人有三方：出票人、付款人和收款人；其他当事人包括承兑人、背书人、被背书人、保证人。出票人又称为发票人或开票人,是签发汇票、委托他人进行付款的人。付款人是汇票上所记载的受托承担付款的人,在其进行承兑行为之后,即成为承兑人。收款人是票据上所记载的有权接受付款的人,它既是票据持票人,也是最初的票据权利人。而当收款人将该票据进行背书转让时,即成为背书人,而受让人则为被背书人。背书人是指在票据背面或粘单上记载一定事项,从而转让票据权利的人。被背书人是经背书人所为的背书行为而受让票据权利的人。如果说,收款人是票据的原始取得人,被背书人则是票据的继受取得人,如果被背书人不再转让票据,他便是最后的持票人,成为票据权利人。此外,汇票上还可能存在保证人。保证人是指在票据上记载相应的事项,从而为某一票据义务人履行票据义务提供担保的人。保证人应当由票据上原有的义务主体之外的人来担当,其在实施保证行为之前,不属于票据当事人,在进行保证行为之后,保证人即成为票据义务主体,应当对票据权利的实现负担保义务。与保证人相对应,还有被保证人,他是保证人所担保的对象,被保证人必须是票据上的义务主体。

(二)本票

1. 本票的概念及特征。本票是出票人签发的,承诺自己在见票时或者在指定的日期无条件支付确定的金额给收款人或者持票人的票据。

与汇票相比较,本票具有以下几点特征。第一,汇票通常有三个基本当事人,即出票人、付款人和收款人,而本票只有出票人和收款人两个基本当事人。第二,汇票在出票时其上所记载的付款人是否承担付款是不确定的,因此需要付款人进行承兑,而本票的出票人即为本票的付款人。因此,本票在出票时,付款人亦即出票人到期承担付款一事即已确定,无须进行承兑。第三，汇票经承兑后，主债务人即由出票人转为承兑人，而本票的主债务人始终是出票人。第四，汇票是出票人委托付款人进行付款，体现了出票人对付款人"无条件支付的委托"，而本票是出票人到期由自己承担付款，体现了出票人"无条件支付的承诺"。

2. 本票关系当事人。本票上的基本当事人有出票人和收款人，这点不同于汇票。此外，当收款人将该票据进行背书转让时，即成为背书人，而受让人则为被背书人。如果被背书人不再转让票据，即成为最终的票据权利人。在存在票据保证时，本票上还存在保证人和被保证人。

（三）支票

1. 支票的概念及特征。支票是出票人签发的，委托办理支票存款业务的银行或者其他金融机构在见票时无条件支付确定的金额给收款人或者持票人的票据。

支票具有以下特征：第一，支票有三个基本当事人，即出票人、付款人和收款人，其中出票人和付款人为票据义务人，收款人为票据权利人；第二，支票无须由付款人进行承兑，因为支票上的付款人并不承担绝对的付款义务，而仅在出票人在付款人处有足够的实际存款足以支付票据所载金额时，才承担付款义务；第三，支票的付款仅限于见票即付，而不能约期付款；第四，支票对其当事人有特别的限制，如付款人只能是银行或者其他金融机构，非银行的公司、组织或者个人不得为支票的付款人；第五，支票出票人与付款人之间必须具有真实的资金关系，即出票人必须在付款人处有足额的支付资金。

2. 支票关系当事人。在支票关系中，包括三个基本当事人，即出票人、付款人和收款人。由于支票是作为一种支付工具而存在，所以支票的付款人只能是银行或者其他金融机构。支票也可以背书转让，此时，收款人为背书人，而受让人则为被背书人。我国《票据法》在支票部分并未规定保证行为，也没有关于准用汇票保证的规定，对此应理解为支票中不适用保证制度。[1] 因此，在我国，支票关系中不存在保证人和被保证人。

第三节　票据的历史发展

一、票据的起源

（一）我国票据的起源

1. 飞钱。一般认为，在我国，完整意义上的票据出现在公元9世纪初叶唐宪宗时期。这一时期，国内各地区之间的贸易往来非常频繁，但是当时的交易以铜钱、绢布为媒介。这两种东西都不便携带，商品交易量的增加更使商人带上大量铜钱外出经商有很多不便之处。另外，当时对外贸易也日渐增多，许多国家与唐朝密切通商，其国家也流通唐朝的铜钱，唐朝官府与民间也经常以铜钱购买外国货物。随着对外贸易的发展，唐朝的铜钱大量外流，各地经常出现"钱荒"。因此，各地方政府逐渐禁止携铜钱出境，以防止铜钱流入海外。于是"飞钱"应运而生了。据《新唐书·食货志》记载："宪宗以钱少，复禁用铜器，时商贾至京师，委钱诸道进奏院及诸军、诸使富家，以轻装趋四方，合券乃取之，号曰'飞钱'。"[2] "飞钱"有官办和私办两种形式。各地的商人在京城将卖商品取得的钱，交付地方驻京的进奏院（相当于今天的驻京办事处）及各军各使等机关（官办），或者交给在各地方设有联号的富商（私办），由这些部门开具联单式的票券，半联交给商人，另半联寄往相关

---

[1] 王小能编著：《票据法教程》，北京大学出版社2001年版，第32页。
[2] 《新唐书》卷五十四《食货志》。

各地方的进奏院或商号。商人可以以一张票券轻装回到地方后，"合券"（即将两个半联票券合成一个完整的票券）而取回钱。总之，飞钱是商人为了旅途安全或减轻行装，将现金交给有关机关或个人而换取的可以在异地取款的凭证。因为它起到了代替现金输送的作用，所以被形象地称为"飞钱"。这实际上就是最初的票据汇兑功能的表现。从票据形式上看，"飞钱"的功用相当于今天的汇票。

2. "便钱"与"交子"。到商品经济发达的宋代，票据得到了进一步的发展，相继出现了"便钱"和"交子"等新的票据形式。

公元970年宋太祖开宝年间，为便于商人的活动，政府设立了一个票务机关，即"便钱务"。商人将钱交给所在地的"便钱务"，"便钱务"就发给商人一种票券，即所谓的"便钱"，商人携带此"便钱"可以到相关的地方政府取钱。当时中央政府为了使"便钱"能够得到广泛的应用，通令各地方政府对于持"便钱"前来取款的商人，应当日付款，不得延误，否则将会受到科罚。这种"便钱"类似于今天见票即付的汇票。

"交子"产生于北宋初期的蜀地。据《续资治通鉴》记载："初蜀氏以钱重，私为券，谓之交子，以便贸易。"[1]当时的货币实行铁本位制，重量大不便输送，于是，起初一些地方富户联合设立"交子铺"，发行称为"交子"的票券，用于往异地运送现款。此时的交子实际上是一种存款凭证。存款人把现金交给铺户，铺户把存款数额填写在用楮纸制作的纸卷上，再交还存款人，并收取一定的保管费。这种临时填写存款金额的楮纸券，即所谓的"交子"。随着市场经济的发展，交子的使用也

_____

〔1〕 转引自（台）梁宇贤：《票据法理论与实用》，五南图书出版公司1980年版，第5页。

越来越广泛。由于铺户恪守信用，随到随取，交子逐渐赢得了很高的信誉，商人之间的大额交易，为了避免铸币搬运的麻烦，也越来越多的直接用交子来支付货款。后来交子铺户在经营中发现，只动用部分存款，并不会危及交子信誉，便开始印刷有统一面额和格式的交子，作为一种新的流通手段向市场发行。这使得"交子"逐渐具备了信用货币的特性。但是，后来民间对交子的管理不善，有些富商衰败后还不起债务，又没有相应的对策，致使争讼迭起，扰乱社会秩序。于是，之后的一段时期，政府明令禁止交子的使用。再后来，禁止使用交子，对贸易不利，政府就设置"交子务"，将交子由民间管理改为官办，其发行的交子称为"官交子"。可以说，交子是当今本票的起源。

明朝末年（17世纪），山西地区商品经济发达，出现了"票号"，又称为"票庄"、"汇兑庄"。商人设立"票号"，并在各地设立分号，主要经营汇兑业务和存放款业务。于是，当时类似于票据的票券大为流行，习惯上有多种称谓，如汇券、汇兑票、汇兑信、汇条、庄票、期票等。[1]这种票号后来演变成"钱庄"，以19世纪中叶为营业鼎盛期。

在我国票据历史上，票据发展的黄金时期是在清代，此时各种形式的票据越来越完备，流通范围也越来越广泛，出现了像凭帖、兑帖、期帖等形式的票据。[2]不仅如此，这时的票据形式也走向规范化。据记载，当时北京所发行的钱票"宽二寸许，长约五寸，中记钱额，盖方印，左角又盖发行各铺之图记"。

清朝末年，西方的银行制度进入了我国，并带来了西方的

---

〔1〕 谢怀栻：《票据法概论》，法律出版社2006年版，第23页。
〔2〕 王小能编著：《票据法教程》，北京大学出版社2001年版，第12页。

票据制度。从而,我国固有的票据形式和票据制度逐渐被外来的票据制度所取代。

(二)外国票据的起源

一般认为,外国票据起源于欧洲。现代意义上的票据产生于 12 世纪的意大利。当时,欧洲各国贸易逐渐发达,而封建割据下各地使用的货币种类不一,还都是重金属货币,加上交通不便,商人往异地输送现金困难且危险。于是,出现了以专门从事货币兑换为业的货币兑换商。具体做法就是货币兑换商在某地收取现金后,给对方一个目的地付款的书面凭证,商人持该书面凭证到兑换商在异地的分店和代理店支取货币。史称这一时期的票据为"兑换商票据",它具有当今本票的特征。

12 世纪中叶以后,兑换商的业务中增设了付款委托证书的授受,这种付款委托证书就是今天汇票的前身。[1] 这种制度逐渐流行,致使兑换商之间为了扩展经营范围,创设了接受其他兑换商的委托证书和委托其他兑换商的证书。这些证书的使用,实际上就是两地的兑换商互相委托,商人凭借此证书可到接受委托的兑换商处领取货币,而不论发出证书的兑换商在当地有无分店或代理店。这类证书的广泛运用,省略了以前各类凭证的发行,现代意义上的汇票也由此逐渐形成。[2]

(三)小结

从以上票据的最早起源上看,正是"汇"和"兑"的需要,才使票据得以产生。也就是说,票据在最早的时候是作为一个在外汇实践中避免货币运输、货币兑换风险的汇兑工具而产生的。

从票据的发展沿革来看,在票据的汇兑功能产生之后,票

---

〔1〕 王小能编著:《票据法教程》,北京大学出版社 2001 年版,第 13 页。
〔2〕 王小能编著:《票据法教程》,北京大学出版社 2001 年版,第 13～14 页。

据的支付功能即随之产生。据记载，在公元 10 世纪前后，我国北宋初期，即已出现了以票据支付的方式代替笨重的金属铸币进行交付的做法。[1] 而在国外，公元 16 世纪前后，在欧洲的一些主要城市，定期的集市交易发达起来，在若干交易商持有由兑换商发出的以市场交易日为到期日的票据时，相互之间则可以以票据代替现金的支付，进行差额结算，由此使票据成为交易商在市场上进行交易时的支付手段。

这一时期的票据，一般称为"兑换商票据"，而相应地在整个票据的发展历史上将这一时期称为"兑换商票据时期"。

二、票据的发展

（一）我国票据的发展

虽然我国固有的票据很早即已产生，但大多数封建统治者实行抑商重农的经济政策，导致商品经济时起时落，致使完善的票据制度始终未能建立，加之法制不健全，最终被西方的票据制度所代替。1929 年，当时的国民政府颁布的《票据法》中确定了"汇票"、"本票"和"支票"这三种由西方传来的票据形式。我国习惯上固有的各种票据逐渐消失。

新中国成立之后，曾经有一段时期严格限制票据的使用。这是因为在当时计划经济体制下，经济形式基本上限于国有经济，生产资料和消费资料的分配调拨也绝大部分依靠国家计划，商品经济难以发展。在金融方面，注重银行信用，基本取消了商业信用，国家实行严格的现金管理，致使票据无存在的必要。因此，在当时，汇票、本票在国内不得使用，汇票仅限于国际贸易中；个人不得使用支票，企业与其他单位使用支票时也以

---

[1] （台）梁宇贤：《票据法理论与实用》，五南图书出版公司 1980 年版，第 8 页。

转账支票为主。[1]

进入20世纪80年代以后，随着改革开放，商品经济蓬勃发展，适合中国特色的票据形式也以新的面貌出现了。国家允许银行发行银行汇票和银行本票，国家企事业单位可以发行商业汇票和商业本票，个人（包括个体户）也可以使用支票。

（二）外国票据的发展

西方的情况不同于我国。15世纪，法国各地的市场贸易已相当繁荣，商人定期群集于市进行各种交易。在交易过程中，他们往往以交付票据来代替现金的支付。此时，兑换商的业务就是为商人进行票据金额的换算或兑换，其换算或兑换的方法，与今天的票据交换近似。由于这项业务的兴起和发展，相应地产生了一系列的票据制度，如承兑、参加、保证以及拒绝证书等。

票据发展到16世纪，人们更开始意识到它的流通性，便产生了背书转让制度。最初，意大利各都市商人经常在票据下端记载提示票据之人的姓名，以表明此人有受领该票据金额的权利。后来，法国商人在其所持票据的背面记载该票面金额由第三人代领。再往后，第三人支付相当的对价给背书人即可取得该票据的所有权。[2]至此，背书即成为让与权利的手段。背书制度的产生，使票据得以流通，票据的功能上升到一个新的阶段，其更为广泛地被应用。此时的票据，一般称为"流通票据"，而这一时期也就是票据发展历史上的"流通票据时期"。

---

[1] 王小能编著：《票据法教程》，北京大学出版社2001年版，第13页。
[2] 王小能编著：《票据法教程》，北京大学出版社2001年版，第14页。

三、票据的现状

（一）票据贴现

票据发展到现代，产生了新的功能——融资功能。票据的融资功能，主要是通过票据贴现来实现的。票据贴现就是未到期票据的买卖，即持有未到期票据的人卖出票据而取得现金。因为票据的付款日期通常是在未来的某一天，所以在票据尚未到期时，持票人可能就发生资金周转困难的情况。为调度资金，持票人可以将其所持有的未到期的票据以买卖方式转让于他人，从而获得资金。票据贴现是利用票据融通资金的一种有效方式。现在多由专业银行经营此项业务，中央银行经营再贴现，而银行经营贴现业务，实际上就是向企业提供资金。随着票据贴现制度的出现，票据的融资作用日益突出。如果需要资金的人为了调度资金而专门发行远期票据向银行贴现，这种票据就不再是单纯的支付工具而成为融资手段了。

（二）融通票据

融通票据，金融学上又称为"金融票据"，是商业票据的对称，它是指没有真实的商品交易背景，纯粹以融资为目的而签发的票据。融通票据的双方当事人不直接融通现金，而是由融通人在票据上签章后将票据交付给被融通人，由被融通人将该票据另作背书转让而获得资金的一类票据。融通票据上的融通人虽然签发了票据，但实际上并没有收取被融通人相应的对价，只是将自己的姓名或信用借给他人使用。简言之，融通票据就是融通人出借其信用而签发的票据。融通票据也属于票据的一种，当然具有票据的基本性质和功能，只不过它更集中体现了票据的融资功能和信用功能。由于它是建立在商业信用的基础之上，所以对社会整体商业信用的要求也较高。我国票据法不承认融通票据。[1]

（三）电子票据

从国际、国内经验和金融市场基础设施的发展潮流来看，票据市场的电子化和电子票据的产生是票据市场发展的必然趋势。

1. 电子票据的概念及特征。电子票据，是指以数据电文形式制作，并以电子签章代替实体签章的票据。电子票据不依附于实物票据，从票据权利产生到消灭的全过程以电子形式存在，票据的签发、提示、付款等也都以电子方法完成。因此，它的存在形式和交付方法与实体票据存在着电子与书面的差异，但是，在其功能上与实体票据没有区别。

2. 电子票据的优势。较之于纸质票据，电子票据具有以下优势。第一，能够降低纸质票据业务的操作风险。电子票据统一采用可靠的电子签名，把各类票据行为业务进行了标准化，保证了其唯一性、完整性和安全性，降低了纸质票据容易被克隆、变造、伪造以及丢失、损毁等各种风险。第二，能够降低票据交易成本，提高交易效率，促进全国统一票据市场的形成。电子票据的出票、承兑等票据行为均在网上票据系统登录记载，相对于纸质票据需要多次审核、查询、长途运转交付等操作环节，不仅大大降低了人力及财务成本，而且将交易时间由几天缩短至几小时或几十分钟。第三，电子票据系统记录企业支付信用，有利于建立企业信用，推动票据市场的发展。第四，电子票据能够拓宽企业的融资渠道，有助于缓解中小企业的融资难题。第五，电子票据有利于对票据业务进行精确统计，为宏

---

[1]　我国《票据法》第10条第2款规定："票据的取得，必须给付对价，即应当给付票据双方当事人认可的相对应的代价。"根据这一规定，要取得票据必须给付相对应的对价。无疑，此规定成为在我国发展融通票据的障碍。

观经济决策提供准确的依据。

3. 我国电子票据的发展。2005 年，我国票据开始迈入电子时代。起初，国内个别银行（招商银行、民生银行、工商银行等）推出了行内电子票据产品。典型的就是招商银行推出的"票据通"——网上票据业务。这是国内金融机构在票据电子化方面最早的尝试。付款人通过网上银行开出招商银行电子票据，招商银行联网传递，收款人可以随时查询到电子票据的相关信息；同时，收款人也可以通过电子背书向他方转让电子票据；另外，持票人也可以把实体票据或者电子票据托管于招商银行，通过招商银行网上业务查询到托管票据的状态和信息。随后，工商银行和民生银行也陆续推出了网上银行票据业务。到 2007 年 6 月，中国人民银行建立的全国支票影像交换系统上线运行，该系统综合运用影像技术和支付密码技术，将纸质支票转化为影像和电子信息，实现纸质支票截留，利用信息网络技术将支票影像和电子清算信息传递到出票人开户行提示付款，从而实现了支票的全国通用。但是，严格来说，以上的银行业务只能算是票据的电子化管理，还不是真正意义上的电子票据。因为这些行为只是将传统纸质票据业务流程的一部分或者大部分在计算机系统中进行，主要是对纸质票据的信息进行电子化管理，而不是电子票据。所谓的电子票据，应当是在确认电子票据合法性的基础上，建立统一的电子票据交易和清算系统，从而，实现票据签发、承兑、交付、背书转让、付款、贴现全过程的电子化处理。2009 年 10 月 28 日，中国人民银行电子商业汇票系统正式建成，并投入使用。电子商业汇票是出票人以数据电文形式制作，委托付款人在指定日期无条件支付确定的金额给收款人或者持票人的票据。电子商业汇票是一种真正意义上的电子票据。

4. 电子票据的风险及其解决。由于互联网有非面对面性、充分公开、管理松散及不设防护的特点，电子票据的使用也存在着一定的风险。

一般认为，电子票据信息的安全性包括：①信息的保密性，即只有合法的接收者才能解读信息；②信息的真实完整性，即接收到的信息确实是由合法的发送者发出的，信息内容没有被篡改和替换；③信息的不可否认性，即发送者日后不可否认其已发出的信息等内容。

要实现这三个方面的安全，必须在电子票据业务系统中，对交易各方的身份进行确认。也就是说，如何在网络上识别对方身份是电子票据发展的关键环节。传统的身份认证一般是通过物品（如身份证、护照、工作证等）的有效性来确认，而在电子商务中，通常是通过电子签名来确认交易双方的身份。因此，为了解决电子票据信息的安全性问题，就必须确立电子签名在电子票据业务中的法律地位并确认其法律效力。可以说，电子签名是电子票据安全制度的核心。于是，2005 年 4 月 1 日起，《中华人民共和国电子签名法》正式施行。根据该法的规定，电子签名获得了与传统的手写签名同等的法律效力。

第四节　票据的功能

票据是最早产生且最典型的有价证券，被誉为"有价证券之父"。曾被马克思称作"商业货币"的票据，是市场经济活动中不可或缺的重要工具，起着加强商业信用、促进商品流通、加速资金周转的重大作用。一些学者甚至将票据比喻为"交易活动的血管中流动的血液"、"能够带来金钱的魔杖"，更是认为

"商事活动需要票据，如同船需要水"〔1〕。马克思对票据作了最为经典的表述，他认为在商业和资本主义生产方式的发展中，票据"是绝对地当作货币来发生作用"的，而且"真正的信用货币不是以货币流通（不管是金属货币还是国家货币）为基础，而是以汇票的流通为基础"的。〔2〕可以说，票据制度与公司制度一起，构成了近代资本主义发展的两大基石。〔3〕

一、票据的汇兑功能

票据的汇兑功能是票据最原始的功能。在经济贸易和其他日常事务中，往往需要将一笔款项送往异地，而票据的汇兑功能使得异地之间转移金钱变得简便安全。当人们需要在异地之间转移金钱的时候，可以把相应的款项交存当地的银行，取得以异地银行为付款人的票据，而后再从异地银行提取该款项。现代的国际贸易，几乎绝大多数是利用票据的汇兑功能，进行国际结算，以减少现金的往返运送，从而避免风险，节约费用。票据的这一功能，被认为是"克服了金钱支付上的场所间隔"，"把不在的金钱变为实在的金钱"。〔4〕

商品经济发展到今天，虽然在异地之间的付款方式上出现了"网上转账"、"电汇"、"邮汇"等新的手段，但是在国际贸易中，绝大多数仍然是利用票据的汇兑功能，进行国际结算。

二、票据的支付功能

通过票据的支付，代替现金的直接支付，从而满足金钱支

〔1〕 ［日］铃木竹雄：《手形法·小切手法》，有斐阁1989年版，第64页。
〔2〕 ［德］马克思：《资本论》（第3卷），人民出版社1966年版，第457页。
〔3〕 汪世虎：《票据法律制度比较研究》（序），法律出版社2003年版，第1页。
〔4〕 （台）梁宇贤：《票据法理论与实用》，五南图书出版公司1980年版，第8页。

付的需要，即为票据的支付功能。在大量的商品交易活动中，金钱支付是极其平常且必要的事。而直接以现金支付，在保管、清点交接等方面，均可能发生诸多不便。尤其是需要频繁支付或者支付数额较大时，更为繁杂困难。此时，如果以票据进行支付，则可以解决现金支付上的诸多困难。通常情况下，需要支付价款的人，事先将资金存入银行或者其他金融机构，而在需要支付时，向银行发出票据，委托其代替支付，从而以最为便捷、安全的方式完成支付。支付功能是票据的基本功能。

以票据作为商品交换活动中的主要支付手段，是商品经济发展的需要，也是商品经济发展到较高级阶段的表现。[1]从以物易物的支付到一般等价物亦即货币的支付，再从货币的支付到票据的支付，反映了商品经济从低级到高级的发展历程。在商品经济发展的较高级阶段，商品"不是为货币而卖，而是为一种定期支付的文据而卖"，而这种定期支付的文据可以"包括在汇票这一总的范畴内"[2]。这是马克思对票据支付功能所做的最精彩的概括。

三、票据的流通功能

票据在一定程度上可以代替货币进行流通，以完成商品的交换过程，这就是票据的流通功能。这是票据的目的性功能，即票据之所以被创造出来，最根本的目的就是为了让其代替货币进行流通。但是，票据的流通又不完全等同于货币的流通，因为票据的流通不具有强制性，所以只能在愿意接受票据转让的当事人之间，才能存在票据的流通。票据的流通使得票据的功能有了飞跃性的发展，甚至可以说，票据的各项功能，只有

---

〔1〕 赵新华：《票据法论》，吉林大学出版社 2007 年版，第 15 页。
〔2〕 〔德〕马克思：《资本论》（第 3 卷），人民出版社 1966 年版，第 457 页。

通过其流通性，才能表现出来。[1]因此，有学者说，"转让是票据的必然属性，离开了转让以及由多次转让形成的流通，票据就失去了其作为票据的特点，票据制度在经济上也失去了作用"[2]。

票据的流通功能，在现代社会经济生活中也是极为重要的功能。票据的背书转让是票据得以流通的基本方式。接受票据支付的持票人，在票据到期前如有新的支付需要，即可将所持有的票据经背书后转让给第三人，从而使一张票据实现了多次支付，实现了票据的流通。通过票据的流通，可以节约货币的使用，减少流通费用，并简化结算手续，从而提高资金的利用率。

为了充分发挥票据的流通功能，票据法诸多制度的设计也是围绕着这一点进行的，如票据行为的无因性、独立性原则，以背书代替债权的转让通知，以及票据付款时，付款人仅进行形式审查，"认票不认人"等。这一方面可以保证票据作为信用货币代替现金进行支付和流通，从而减少商品流通环节中的货币资金流量，加快商品的周转速度；另一方面，票据的背书转让制度要求背书人对票据承担担保义务，从而票据背书转让的次数越多，对票据承担责任的人就越多，票据的信用程度就越高，权利人实现票据权利的可能性就越大，反过来又会提高票据的流通性，使票据的使用日益频繁和广泛。[3]

四、票据的信用功能

约期支付的票据，以约期支付的汇票为例，如果出票人签

---

〔1〕 赵新华：《票据法论》，吉林大学出版社 2007 年版，第 15 页。
〔2〕 谢怀栻：《票据法概论》，法律出版社 2006 年版，第 74 页。
〔3〕 于莹：《票据法》，高等教育出版社 2008 年版，第 21 页。

发了一个月后到期的汇票，在交付汇票时即能获得相对方一定商品的支付，而自己则可以在汇票到期时，再实际地支付货款。在这种情况下，出票人在事实上等于获得了相应期限的贷款。因此，可以说，此时在票据上所表现的不仅仅是价款，而且还表现了一个月的信用关系，票据也就同时是支付手段和信用手段。票据的这一功能，即为票据的信用功能。当然，票据的信用功能不仅仅局限于出票，在背书人于票据到期前，将票据再行转让时，也能够获得同样的信用。而背书制度在一般情况下实际上增加了票据的信用，所以学者称这种情况是"信用的证券化"。[1]票据的信用功能，是票据的核心功能。商品经济发展至今日，支付手段和汇兑工具的多样化，在一定程度上，确实弱化了票据的影响力。但是，票据的功能未被完全取代，仍作为重要的金融工具使用的原因之一，就在于票据的信用功能。

由票据的信用功能所带来的"信用"，其在性质上属于一种商业信用。在现代商品交易活动中，信用交易是大量存在的。卖方在出售商品的时候，通常不能在交货的同时获得价金的支付，而只是取得买方承诺在将来的一定期限内给予清偿的期限债权。这实际上就是由卖方向买方提供了商业信用。当这种商业信用只表现为挂账信用的一般债权时，在权利的外观上是不明确的，在清偿的时间上是不确定的，在转让的手续上也是复杂的，并且很难找到到期前提前变现的途径。在同样的情况下，如果买方向卖方开出约期支付的票据，把挂账信用转化为票据信用，把一般债权转化为票据债权，则可以使权利外观明确、清偿时间确定、转让手续简便，获得更大的资金效益。同时，持票人在需要资金的时候，还可以将票据以贴现的方式转让给

---

[1] 谢怀栻：《票据法概论》，法律出版社2006年版，第25页。

银行，从而提前取得相应的资金，这实际上就是将票据信用这一商业信用，再次转化为银行信用，从而也就获得了真正的信用。[1]

与票据的汇兑功能、支付功能以及流通功能相比，票据信用功能的形成较晚，但它一经产生，即成为票据最主要的功能，在商品经济的发展中，发挥了重要的作用。学者所称"克服了金钱支付上的时间间隔"、"把未来的金钱变为现在的金钱"等意指票据的信用功能。

五、票据的融资功能

票据的融资功能，是票据的最新功能。票据是一种非常重要的短期融资工具，票据当事人可以通过票据转让和票据贴现来融通资金。票据的融资功能建立在票据转让规则和票据贴现规则的基础上，票据权利人可以将未到期的票据依据贴现规则和转让规则先行转让，从而为自己融通短期资金。可见，票据的融资功能实际上就是将远期票据的信用力短期贴现为货币资金。票据市场作为融通短期资金的场所在一国的金融市场中处于基础市场的地位，发挥着其他金融市场所无法替代的作用。现代各国不仅由专业银行经营票据贴现业务，各国中央银行还同时开展再贴现业务。除此之外，如果需要资金的人，为了调度资金而专门发行远期票据向银行贴现，这种票据已不再是支付工具，而成为单纯的融资工具了。[2]

然而，在我国目前的票据法体制下，票据的融资功能受到了极大的限制，甚至被禁止。[3]首先，我国票据法对各类票据

---

〔1〕 赵新华：《票据法论》，吉林大学出版社 2007 年版，第 16 页。

〔2〕 谢怀栻：《票据法概论》，法律出版社 2006 年版，第 26 页。

〔3〕 董安生：《票据法》，中国人民大学出版社 2009 年版，第 12 页。

规定了较短的付款期限，其可以转让的期间最长不得超过 6 个月。其次，我国的票据立法并未完全确认票据关系的无因性原则与形式主义原则，因此，我国最重要的远期票据实际上处于票上效力不确定的状态，即使是经承兑的汇票通常也存在着被退票的风险。最后，我国的票据立法不仅在背书转让规则上不利于票据的流转，而且在票据市场制度上也并未考虑到票据交易的要求，例如，现有的票据交换市场仅可由银行机构参加，现有的票据贴现市场仅为银行机构"市场"，而商业当事人欲贴现票据时必须证明其与前手间的"真实的商品交易关系"，并且须提供"增值税发票和商品发运单据复印件"。

第二章

票据法概述

第一节　票据法的概念

票据法是关于票据和票据上法律关系的规范，它是民商法的重要部门法之一。理论上，票据法有广义和狭义之分。

一、票据法的定义

（一）广义的票据法

广义的票据法是对一切有关票据和票据关系的法律规范的总称。也就是说，从广义上看，票据法不仅包括专门的票据法律、法规，也包括其他法律、法规中有关票据的规范，如民法中关于权利能力和行为能力、民事法律行为、代理、质押等的规定；刑法中关于伪造和变造金融票证罪的规定；民事诉讼法中关于票据诉讼、公示催告、除权判决的规定；破产法中关于票据债务人受破产宣告的规定；税法中关于票据印花税的规定等等，是票据法不可缺少的必要补充，都构成票据法规则的组成部分。

（二）狭义的票据法

狭义的票据法即专门的票据法规范，它是规定票据的种类、形式和内容，明确票据当事人之间的权利义务，调整因票据而发生的各种社会关系的法律规范。通常所指的票据法仅指狭义上的票据法。在狭义上的票据法中，既包括以"票据法"命名的专门立法，如《中华人民共和国票据法》；还包括有关票据法的施行法及实施细则，如《票据管理实施办法》以及《最高人民法院关于审理票据纠纷案件若干问题的规定》等。但是，须注意的是，狭义票据法的范围，不包括银行管理规章亦即金融法规，如中国人民银行制定的《支付结算办法》。我国《票据法》第2条第1款规定："在中华人民共和国境内的票据活动，适用本法。"因此，狭义上的票据法是指调整因票据而发生的各种社会关系的法律规范。

二、票据法的立法目的

票据法的立法目的，通常应包含两种不同层次上的目的：一是立法的一般社会性目的；二是立法的自身价值性目的。而这两个不同层次上的目的，既相互联系，又有区别。事实上，可以认为，前一目的实际上是通过后一目的来实现的。[1]

一般而言，票据立法的一般社会性目的，与国家立法的总体目是相一致的，明显体现出国家的根本利益和社会生活的基本要求。基于这一点，不同国家的票据法，其立法目的显然不尽相同。我国《票据法》第1条明确规定："为了规范票据行为，保障票据活动中当事人的合法权益，维护社会主义经济秩序，促进社会主义市场经济的发展，制定本法。"这是我国票据法所要达到的一般社会性目的，体现了我国票据立法的社会性要求。

---

〔1〕　赵新华：《票据法论》，吉林大学出版社2007年版，第18页。

票据立法的自身价值性目的是票据法所特有的、需要由票据法并且只能由票据法加以实现的特殊性要求。票据立法所具有的自身价值性目的，正是票据法之所以产生并持续存在的理由。基于这一点，即使是不同国家的票据法，其立法目的有可能呈现出某种一致性。而根据票据立法的自身价值性目的，确定了票据法所应遵循的基本原则，这些原则主要表现为迅速性原则、安全性原则和保障持票人权利原则。

三、票据法的基本原则

（一）迅速性原则

在商品经济活动中，对于交易中发生的债权债务，要求以快捷的方式加以确认并实现。票据的产生，适应了这种社会经济生活的需要，而票据法则需要以确定的规则，保障票据这一经济活动的工具所具有的快捷性特点，由此，迅速性原则就成为票据法的一项基本原则。实际上，票据法的很多具体规则，都体现了迅速性原则，如票据法对于各种票据行为所做的严格的要式性规定，使票据行为在最大程度上实现了固定化、模式化，简化了票据债权的设立、转让、行使等程序，使之具有一般债权所不可比拟的快捷性。此外，基于票据法规定而产生的票据债权的短期时效性、权利保全的特别期限性以及追索权行使的非诉讼性，无一不体现了票据法的迅速性原则。[1]

（二）安全性原则

票据作为一种与商品交易活动紧密相连的债权清算手段，无论是从社会一般经济秩序的角度，还是从当事人具体利益要求的角度，都需要对债权的实现有确实的保证。因此，安全性

---

[1] 赵新华：《票据法论》，吉林大学出版社 2007 年版，第 19 页。

的要求当然也就成为票据得以流通使用的重要基础条件之一，安全性原则也就必然成为票据法的一项基本原则。在票据法上，票据的安全性要求，并不是通过牺牲票据的迅速性来实现的，反而，在某种情况下，体现了迅速性原则的若干规则的同时，实际上也体现了安全性原则。例如，票据法中票据背书的权利证明效力，既体现了票据在转让方式上的迅速性原则，也体现了安全性原则，亦即票据以背书的方式转让，相对于一般债权的转让更为迅速快捷，而且持票人只要持有背书连续的票据，即能证明其合法持票人身份，无须提供其他的特别证明，从而使其实现票据权利获得相应的保证。票据法上的安全性原则，是从维护整个票据活动安全的角度考虑的，但是，应该指出的是，票据法所保障的交易安全，主要是着眼于动态的安全，即保护权利人行使票据权利的安全，在动态安全保护的原则之下，同时也考虑到保护义务人履行票据义务的安全。[1] 票据法上关于票据文义性的规定、关于禁止转让背书规则的规定，都体现了针对票据义务人的安全性原则。

综上，票据立法应当尽可能地保障票据使用的便捷，从而实现票据的顺畅流通，同时，票据立法还应当保障票据权利人安全地享有票据权利、实现票据权利，保障票据义务人安全地履行义务。因此，可以说，票据法应当是"促进票据流通"与"维护交易安全"的统一。

（三）保障持票人权利原则

迅速性原则和安全性原则是几乎所有的商事立法都应当遵循的基本原则，而保障持票人权利原则是票据法所特有的一项原则。从票据的发展沿革来看，票据债权最早起源于契约并受

---

[1]　赵新华：《票据法论》，吉林大学出版社 2007 年版，第 19 页。

契约债权的制约，持票人所拥有的票据债权，并不优于与之相关的契约债权。因此，最初的票据也还仅仅是一种债权证书，即使持票人作为票据债权人，也只能获得作为一般债权人所能获得的法律保障。[1]这对于票据的使用和流通来说，无疑是一个极大的障碍。随着商品经济的发展和票据活动的扩大，开始要求对票据持票人的权利给予更大的保障，于是产生了票据法的保障持票人权利原则。根据这一原则，票据法在实际上赋予了持票人以超出一般债权人的特别法律保护。例如，票据法规定了比一般民法上的善意取得更为宽泛的票据善意取得制度，承认持票人在一定条件下可以从无权利人手中，合法取得票据权利。此外，有关对人抗辩限制亦即抗辩切断的规定、背书及保证的无条件性的规定、持票人自由行使追索权的规定等等，都体现了保障持票人权利原则。

四、票据法的调整对象

（一）票据关系

票据法的调整对象是因票据而发生的各种社会关系，简称为票据关系。但是，须注意的是，票据关系并非票据法律关系：票据关系是票据法的调整对象，而票据法律关系是票据关系经票据法调整之后所产生的结果，亦即票据权利义务关系。

一般来说，作为票据法调整对象的票据关系，必须符合如下的条件：第一，该关系是票据当事人之间所发生的关系，非票据当事人之间或者票据当事人与非票据当事人之间，均不发生票据关系；第二，该票据当事人之间所发生的关系，需要经票据法加以调整，亦即该关系应该是依票据法规定而由票据法

〔1〕 赵新华：《票据法论》，吉林大学出版社 2007 年版，第 20 页。

加以调整的关系；第三，该关系经票据法调整之后，能够形成票据上关系或者票据法上关系，亦即能够产生票据上的权利义务或者票据法上的权利义务。[1]

基于上述条件，应由票据法所调整的票据关系，分为确定票据关系和转化票据关系。确定票据关系，即完全属于票据法规定应由票据法加以调整的社会关系，包括基于票据行为而在票据当事人之间发生的各种关系，如票据发行关系、票据转让关系、票据承兑关系、票据保证关系等。此外，也包括基于票据法的规定而在票据当事人之间发生的各种关系，如利益偿还关系、怠于追索通知的损害赔偿关系等。

转化票据关系，即本属于非票据关系，但基于票据法的特别规定，而转化为票据关系，并依票据法的规定发生效力的关系。例如，依票据交换规则而发生的票据交换关系，原本属于非票据关系，但基于票据法的规定，当事人通过票据交换系统提示付款时，视同提示付款，从而，票据交换关系也就转化为票据关系，根据票据法关于提示付款的规定发生效力。再如，依票据贴现规则而发生的票据贴现关系，本来也不属于票据关系，但由于票据贴现时是依票据法规定的票据转让方式进行的，票据贴现关系也转化为票据关系，根据票据法关于票据转让的规定发生效力。

（二）票据关系的基本当事人

在我国《票据法》上，作为票据关系的基本当事人，通常为以下五个当事人，即出票人、收款人、持票人、保证人、付款人。

出票人是作成票据，在票据上签章并交付票据的人。票据关系因出票人的出票行为而发生。在通常情况下，汇票的出票

---

[1]　赵新华：《票据法论》，吉林大学出版社2007年版，第20页。

人，为进行支付委托的人；本票的出票人，为承诺承担付款的人；支票的出票人，为发出支付命令的人。

收款人是票据上载明的有权请求支付票据金额的人，亦即票据权利人。由于票据上载明的收款人是最初持有票据并有权依该票据行使票据权利的人，因此，收款人也就是第一持票人或原始持票人。

持票人通常是依背书转让而从票据上所载的收款人处受让票据的人，也就是被背书人，而转让票据的收款人则为背书人。持票人当然可以再次背书转让票据，从而成为新的背书人，而从持票人处受让票据的人则成为新的持票人即现实持票人。

付款人是票据上载明的承担付款责任的人。汇票的付款人，在其进行承兑之后，即成为承兑人，承担绝对的付款义务；本票的付款人，即为出票人本人；支票的付款人为出票人所指定的付款银行。

保证人是为特定的票据债务人履行票据债务提供担保的人。保证人由票据上原有的义务人之外的人来担当，在被保证人不履行票据义务的情况下，由保证人负责支付票据金额。

在上述五种主要的当事人之间，可能发生以下 10 种关系：①出票人与收款人的关系；②出票人与付款人的关系；③收款人与付款人的关系；④收款人（背书人）与持票人（被背书人）的关系；⑤持票人与付款人的关系；⑥持票人与出票人的关系；⑦保证人与出票人的关系；⑧保证人与收款人之间的关系；⑨保证人与持票人之间的关系；⑩保证人与付款人之间的关系。以上的这些关系构成了基本的票据关系，是票据法调整的主要对象，而调整票据基本关系的规定构成了票据法的核心内容。

第二节　票据法的性质与特征

一、票据法的性质

票据法的性质，即票据法的基本属性及其在法律体系中所处的地位。通常，可以从以下几个方面来理解票据法的基本性质。

（一）票据法属于私法

根据所调整的社会关系的性质及其所适用的法律原则的不同，可以将法律规范分为公法规范和私法规范，这就是通常所说的公法与私法的划分。公法调整的是非平等主体之间的社会关系，即国家与个人之间的关系，以确认公权并使其服从于法律规制为根本任务；私法则调整平等主体之间的社会关系即个人之间的关系，以确认私权并保证其实现为根本任务。[1]

票据法调整的是平等主体之间基于票据而发生的社会关系，确认票据权利人所享有的票据权利并保障其实现。因此，票据法应该属于私法。同时，为保障票据的流通和使用安全，从立法技术的需要及法律适用上的便利出发，在票据法中论立了若干具有公法性质的条款，例如，我国《票据法》第102条和第103条关于对票据欺诈行为追究刑事责任的规定，即属于票据法中的公法规范。但这并不能否定票据法属于私法这一基本属性。

（二）票据法属于商法

票据法不仅是私法，而且属于私法中的商法规范。无论是实行民商分立体例的国家，还是实行民商合一体例的国家，都不否认存在着商法规范，不同之处仅在于：在立法技术上是采

---

〔1〕　王保树主编：《中国商事法》，人民法院出版社1996年版，第10页。

取民法与商法分别立法，在民法典之外单独制定商法典，还是采取民法与商法统一立法，不在民法典之外单独制定商法典的立法技术处理方式。与其他私法规范相比较，商法有其特殊性：商法有特殊的主体，即商人；有特殊的调整对象，即商事关系；有特殊的立法原则，即保障交易迅速与安全原则。同时，商法有其自身的体系，一般来说，商法主要由商主体规范、商行为规范、公司法、票据法、保险法和海商法构成。由此可见，票据法是商法的重要组成部分。

（三）票据法是民法的特别法

一般认为，民法构成私法规范的重要部分，而商法则是民法的特别法。无论是在民商分立的国家，还是在民商合一的国家，无不如此。因此，属于商法规范的票据法，当然也就是民法的特别法。票据法是民法的特别法，这意味着：第一，票据法规范的基础是民法，因此，民法的一般规定，当然也适用于票据关系的调整，如在有关票据行为的效力上，适用民法关于法律行为效力的基本规则，即有关行为人行为能力的规则和意思表示规则；第二，基于票据关系的特殊性，在票据法规范中，形成了不同于一般民法规范的特别规则，如有关抗辩限制的规则、权利保全的规则等，这可以说是票据法对民法的一般规范所做的必要的变更与补充。

二、票据法的特征

如前所述，票据法作为商法的重要组成部分属于私法范畴。但是，票据法又具有不同于其他私法规范的特征。

（一）票据法具有强行性

私法的典型特征就是尊重当事人的意思自治，因此，在私法领域多属于任意性规范，但是，票据法作为私法规范，却更多地体现出强行性特征。在票据法中，从票据的种类及格式、票据行为的构成以及票据权利义务的享有和承担来看，绝大多数都属于强制性规定，当事人可以自由选择的余地很小。票据是金钱债权证券，其所表现的是一种债权，票据关系也就体现为一种债权关系。在这一意义上，票据法本应与民法中的债权法具有一致性，成为任意性规范。但是，由于票据具有较强的流通性，票据关系不仅涉及进行票据授受的直接当事人之间，还涉及经辗转流通间接取得票据从而参与到票据关系中的第三人。所以，票据法就总体上来说，并不属于体现平等自愿原则、对当事人多为任意性授权规定的一般债权性规定，而大多是要求当事人必须执行的、强行性规定，当事人必须严格按照票据法的规定进行相应的票据行为，除法律另有规定的场合以外，一般不承认当事人另行约定的优先效力。但是，必须注意的是，票据法作为私法，其强行性和公法上的强行性是不同的。票据法具有强行性，并不意味着票据法是具有强制性的禁止规范，它是一种效力规范。换言之，在当事人未依票据法规定为一定行为时，通常并不发生违法责任，亦即并不因此而受到制裁，仅产生其行为不发生票据法上效力的后果。票据法的这种强行性，不仅是保障票据当事人合法权益的需要，同时也是维护社会经济秩序、促进商品经济迅速发展的需要。

（二）票据法具有技术性

法学理论认为，法律中的某些规范明显地体现着特定社会道德伦理之价值取向，反映了法律与社会主导伦理观念的一致性；而一些法律规范则并不直接体现道德伦理观的要求，而是具有较强的技术性。[1] 从整体上看，商法的各种规范都表现出

---

[1] 董安生：《票据法》，中国人民大学出版社 2009 年版，第 13～14 页。

一定的技术性规范的特征，但在商法规范中，票据法的技术性特征又是最为显著的。例如，票据法中关于票据文义与形式的规定，关于票据行为无因性的规定，关于背书连续的规定，关于抗辩切断的规定，关于付款责任的规定等等，都是为了保证票据使用的安全，确保票据的流通与票据的付款，从方便与合理的角度出发，由立法者设计出来的，而不是基于一般的道德伦理或者遵循一般的法律原则而规定的。由一系列特别设计的票据规则构成的票据法律制度，成为具有独自体系的、结构完整的法律部门。

（三）票据法具有统一性

票据法的技术性特征，也使得票据法能够脱离一定的地域性或社会性的影响，随着商品经济活动范围的扩大而逐渐走向统一。[1]由于票据法是人们在商品交易活动中必须遵守的、有关票据使用与票据流通的共同的规则，所以票据法必然与一定的商品交易活动区域相关联。当商品交易活动仅局限在某一个区域时，与此相应，会形成区域性票据法；而伴随着商品交易活动区域的扩大，原有的仅适用于各自区域的区域性票据法显然就不适应发展中的商品交易活动的需要，不同的票据立法之间的冲突也会越来越激烈。于是，随着商品经济的进一步发展，必然会产生统一票据法的需求。

票据法的统一，表现在以下两个方面。首先，地方法向国家法的统一，即在一个国家内部各个地方所实行的地方性票据规则，统一为国家的票据规则。德国票据法的发展就反映了这种统一的过程。为适应区域商品经济发展的需要，到19世纪中叶，德意志各邦乃至各城市都有了自己的票据法，总数多达56

〔1〕 赵新华：《票据法论》，吉林大学出版社2007年版，第26页。

种。当各地之间的商品经济联系不断扩大的时候，这种纷繁的立法就对票据的使用和流通带来了极大的障碍。于是，产生了统一票据法的强烈要求，遂于 1847 年制定了普通德意志票据条例，并于 1871 年进一步制定为德国票据法。其次，国内法向国际法的统一。随着国际贸易的不断扩大，产生了在各国之间统一票据法的需要。为了推进世界经济的发展，各国立法者都试图在尽可能的条件下使本国的票据法与国际上的票据规则接轨，国际社会也一直在谋求着国际票据法的统一，并且已经取得了显著的成绩。1930 年的《日内瓦统一汇票本票法》和 1931 年的《日内瓦统一支票法》就对世界上许多国家和地区的票据法产生了深刻的影响。

第三节　票据法的体系和发展

一、票据法的体系

在票据法的发展过程中，在世界上先后形成了三个主要的票据法体系，即法国票据法体系、德国票据法体系、英国票据法体系。从一般法律传统来说，法国票据法体系和德国票据法体系，属于大陆法系的票据法体系，而英国票据法体系则属于英美法系的票据法体系。

（一）法国票据法体系

法国票据法体系一般又称为拉丁法系，是世界上最早形成的票据法体系。法国最早的票据立法是法国国王路易十四于 1673 年颁布的《商事条例》第五章及第六章中所规定的票据法规范。一般认为，路易十四的《商事条例》中关于票据法的规定，是近代各国票据法的开端，也是法国票据法体系的基础。法国大革命之后，拿破仑于 1807 年主持制定了《法国商法典》，该法典第一编第八章即为票据法律规范。《法国商法典》中有关票据的规则，其主要内容基本上承袭了 1673 年《商事条例》的票据规则，仅在个别地方做了部分修改。但是，以上两部法律中的票据规定，仅限于汇票和本票，而无支票的相关规定。此后，在 1865 年，法国又制定了《支票法》，作为特别法。可见，法国票据法所称的票据，仅指汇票和本票，支票属于另外一种有价证券。法国票据立法的这一做法，开创了大陆法系票据立法的特有体例。[1]

由于法国票据法制定的当时，资本主义经济的发展还远未达到成熟的程度，从而适应这一时期市场经济活动的需要，在法国票据法上，也反映出早期票据法的一些特征，主要表现在以下方面。①多沿用旧的商业习惯，认为票据是输送金钱的工具，即将票据作为汇兑工具而使用。因此，对票据在汇兑和支付过程中的各种关系规定得较为详细，强调票据当事人之间必须有资金关系，并且规定资金关系可以随同票据的转移而转移，把本属于原因关系的资金关系，作为票据关系成立的必要条件加以规定。②与严格的资金关系要求相对应，不太注重票据的形式，对于票据的绝对必要记载事项也没有做出严格的规定，若干记载事项的欠缺，并不影响票据的效力。可见，此时的法国票据法中，票据关系与票据基础关系未能完全分离，票据是证明其基础关系的契约，把资金关系作为票据关系发生的条件，致使票据具有原因色彩，不利于票据的流通，不能适应现代法律生活的需要。[2]

即便如此，法国票据法对当时欧洲大陆各国票据法影响较大，西班牙、意大利、希腊、波兰、比利时、土耳其以及拉丁

---

[1] 赵新华:《票据法论》，吉林大学出版社 2007 年版，第 27 页。
[2] 赵新华:《票据法论》，吉林大学出版社 2007 年版，第 27 页。

美洲各国，都曾效仿法国票据法的体例而制定了本国的票据法。这样就形成了以法国票据法为代表的最早的票据法体系——法国票据法体系。随着商品经济的发展，法国票据法上的一些规定，尤其是关于资金关系的规定阻碍了票据信用功能的发挥，不利于票据的流通。因此，先前曾效仿法国票据法的各个国家先后修改了本国的票据法，使法国票据法体系逐渐解体。法国也于1935年签署了《日内瓦汇票、本票统一法公约》和《日内瓦支票统一法公约》（以下统称为《日内瓦统一票据法》）之后，依照《日内瓦统一票据法》的规定，修改了本国的票据法，法国票据法体系也随之终结。

（二）德国票据法体系

德国票据法体系一般又称为日耳曼法系，是继法国票据法体系之后形成的又一票据法体系。德意志各邦从17世纪起，相继颁布了票据法规，法规数多达56种，但由于内容相互抵触，适用不便，不利于维护商品交易秩序。于是，1846年，由关税同盟倡导，掀起了一场统一各邦票据法的运动，并于1847年，以普鲁士邦法案为基础，制定了《普通票据条例》。《普通票据条例》是德国票据法体系的最早立法。该条例其后经过多次修改，最后于1871年正式确定为《德国票据法》，并在全国颁布实施。与《法国商法典》中的票据规则相同的是，德国票据法中的票据也仅指汇票和本票两种，而《支票法》于1908年6月12日另行订立。在这一点上，德国票据立法沿袭了由法国票据立法所创立的票据法体例，使这一大陆法系的票据立法体例进一步得到强化。德国现行的票据法是于1933年6月21日在参考《日内瓦统一票据法》的基础上制定颁布的《票据法》和《支票法》。

德国法系以1871年颁布实施的《德国票据法》和1908年

颁布的《德国支票法》为基础。德国票据法制定当时，资本主义经济获得了长足的发展，而市场经济的发展对票据规则产生了新的需要。德国票据法及时回应了这种需要，反映出与早期产生的法国票据法不同的特点，主要体现在：①侧重于票据的信用和流通两大功能，着重规定了票据作为信用工具和支付工具所发生的各种权利义务关系；②为利于票据信用的发挥，促进票据流通，严格规定了票据的形式，若干票据记载事项的欠缺，直接导致票据无效；③将票据关系与票据基础关系完全分离，不再强调当事人之间的资金关系，票据原因关系的效力对票据关系不生影响。

德国票据法的产生，将欧洲各国的票据法推向了一个新的阶段。瑞士、瑞典、丹麦、奥地利、葡萄牙等国，均效仿德国制定了本国的票据法。曾以法国票据法为蓝本的意大利、西班牙、土耳其、比利时等国，也转而效仿德国，以德国票据法为蓝本，重新制定了本国票据法。于是，逐渐形成了以德国票据法为代表的、由有亲缘关系的欧洲各国票据法构成的德国票据法体系，并最终为大陆法系票据法的代表，在世界上占有重要的地位。[1]

（三）英美票据法体系

英美票据法体系是由英国票据法和美国票据法形成的票据法体系，主要以 1882 年《英国票据法》和 1896 年《美国统一流通证券法》为基础。英国票据法长期以来是以习惯法的形式存在的。1882 年，在收集整理历来的习惯法、特别法令、判例等的基础上，形成了英国票据法。其内容除了包括汇票和本票的规定之外，还把支票作为特别汇票，即作为即期汇票，统一

---

〔1〕 赵新华：《票据法论》，吉林大学出版社 2007 年版，第 29 页。

规定于汇票之内，而没有单独的支票规定。而美国曾长期沿用英国的票据习惯法，各州还有各自的地方性州立法，这给票据的使用带来极大的不便。为此，美国统一州法委员会于1896年制定了《统一流通证券法》。尽管《统一流通证券法》并不具有强制各州适用的效力，而由各州自行决定是否适用，但由于各州陆续采用了《统一流通证券法》，因而在事实上实现了美国票据法的统一。此后，《统一流通证券法》经过若干修改，被纳入《美国统一商法典》，成为其中一编。该法典的第三编为"商业证券"，以汇票、本票和支票为主要规范对象，完全取代了早先的《统一流通证券法》。

英美票据法体系的特点与德国票据法体系相似，即注重票据的信用功能，并保障票据的流通性，强调票据关系与票据基础关系完全分离。不过，与德国票据法体系不同，英美票据法体系在立法形式上，采用汇票、本票和支票统一立法的方式，而不采用将支票单独立法的方式。这也是英美法系的票据法体系与大陆法系的票据法体系的显著区别。另外，对于票据的形式主要侧重于票据在实际运用方面的便利，而不像德国票据法体系那样规定严格的形式要求。属于英美票据法体系的国家，除英国和美国外，还包括澳大利亚、加拿大、印度以及其他原属于英国殖民地的国家。

比较上述三大法系可知，法国票据法体系与德国票据法体系，在形式上大体相同，但在内容上存在实质性的差别；而英美票据法体系和德国票据法体系，虽然在形式上存在较大差别，但在本质上区别不大。详言之，在立法形式上，法、德两大法系都以汇票和本票为票据，支票则单独制定支票法；而英美票据法体系则将汇票、本票和支票统一规定在一部法律之中。在内容上，法国票据法体系较之德国票据法体系和英美票据法体系而言，注重的是票据的汇兑功能，强调票据关系与票据基础关系之间的联系；而德国票据法体系和英美票据法体系则都注重票据的流通功能和信用功能，强调票据关系和票据基础关系的分离，因此，本质上的区别非常明显。此外，德国票据法体系采取严格的形式主义，而英美票据法体系的规定则较为缓和。

在 1934 年《日内瓦统一票据法公约》生效后，法国票据法体系各国和德国票据法体系各国都纷纷采用日内瓦统一票据法体制，修改或制定了本国的票据法。至此，大陆法系各国的票据法已基本趋于统一，法国票据法体系与德国票据法体系的区分亦不复存在。英美由于本国的国情和立法原因，不愿参加日内瓦统一票据法公约，于是，目前世界上存在两大主要的票据法体系——日内瓦统一票据法体系和英美票据法体系，而这两个票据法体系，应该说主要是在形式上存在着较大的差别，而在实际上并无本质上的不同。

二、国际票据法的统一

随着国际贸易的不断发展，票据的使用范围超出了一国的地域，成为国际贸易间商业信用与交易结算的工具。然而，各国票据法对票据制度的规定不一，使得国际票据活动受到阻碍，进而影响到国际经济贸易活动的开展。因而，谋求票据法的国际统一，就成为必然之势。自 19 世纪后期开始的票据法统一运动，先后经历了海牙统一票据法、日内瓦统一票据法和联合国统一票据法三个发展阶段。

（一）海牙统一票据法

海牙统一票据法阶段，是国际统一票据法的第一阶段，这一阶段是从 20 世纪初开始的。1910 年，由德国和意大利两国提议，在荷兰政府的主持下，在海牙召开了第一次国际统一票据法会议，有 31 个国家参加了此次会议。在会议上，拟定了统一汇票本票法草案和统一汇票本票法公约草案。1912 年，在海牙召开了第二次票据法统一会议，有 37 个国家与会，会议在修正第一次会议草案的基础上，制定了《统一汇票本票法规则》（80条）和《统一汇票本票法公约》（31 条），此外，还制定了《统一支票法规则》（34 条）。上述有关汇票、本票和支票的规则与公约，被称为海牙统一票据法。

当时参加海牙会议的德国、法国等 27 个国家，在海牙统一票据法公约上签了字，而英国和美国自始持保留态度，并未在公约上签字。但是，未待签署公约的各国完成本国的批准手续，即发生了第一次世界大战，战争阻断了国际票据法统一的进程，海牙统一票据法遂告终止。尽管如此，它仍然成为 20 世纪 20 年代各国票据立法的样板。[1]

（二）日内瓦统一票据法

日内瓦统一票据法阶段，是国际统一票据法的第二阶段，这一阶段是从 20 世纪 20 年代开始的。第一次世界大战后，世界各国为确保国际社会的和平与发展，于 1919 年成立了国际联盟。自 1920 年起，国际联盟即着手继续进行因战争而阻断了的国际票据法统一的工作。1926 年，特别设立票据事务专家委员会，以专门研究票据法的统一问题，并于 1927 年草拟出统一票据法规则。1930 年，国际联盟在日内瓦召开了国际票据法统一会议，有 31 个国家的代表参加了会议。在此次会议上，签署了有关汇票和本票的三个公约，即《汇票本票统一法公约》、《解决汇票本票法律冲突公约》、《汇票本票印花税法公约》。这三个公约彼此相互独立，各国可以分别加入。其中，最为重要的是

---

〔1〕 汪世虎：《票据法律制度比较研究》，法律出版社 2003 年版，第 23 页。

《汇票本票统一法公约》。该公约包括本文 11 条、第一附件 78 条、第二附件 23 条。公约的第一附件，实际上就是统一附件所规定的统一规则，以原文或本国文字公布，并在所辖领域内适用。而公约的第二附件，则是对各缔约国规定、允许对第一附件中的统一规则做出保留的条件。1931 年，国际联盟在日内瓦召开了第二次统一票据法国际会议。有 37 个国家的代表参加了第二次会议。在这次会议上，签署了有关支票的三个公约，即《支票统一法公约》、《解决支票法律冲突公约》、《支票印花税法公约》。这三个公约也是相互独立的，各国可以分别加入。

以 1930 年的《汇票本票统一法公约》和 1931 年的《支票统一法公约》为主体的各公约，通常被称为《日内瓦统一票据法》，其最大特点是兼采三大票据法系之长。参加该公约的各国包括德国、法国、意大利等大多数欧陆国家，日本及部分拉丁美洲国家，这些国家也都相继依统一票据法，修订了本国的票据法，在本国采用了统一汇票本票规则和统一支票规则。至此，大陆法系各国的票据法基本趋于统一，法国法系和德国法系也就不复存在。但是，英国和美国认为，日内瓦公约基本以德国法律为起草蓝本，与英美诸国长期形成的银行、金融、商业实践及习惯相距甚远，有些则是根本对立的，如果参加这一公约，必然引起本国票据法制及票据司法的混乱，因此，虽然派出代表参加了此次会议，但未签署《日内瓦统一票据法》的主要公约，英美诸国仍保留原有的票据法律制度。故日内瓦公约未能从真正意义上统一世界各国的票据法，目前世界上仍存在两大票据法系，即日内瓦统一票据法体系和英美票据法体系。[1]

（三）联合国统一票据法

联合国统一票据法阶段，是国际票据法统一的第三阶段，

---

〔1〕 汪世虎：《票据法律制度比较研究》，法律出版社 2003 年版，第 24 页。

这一阶段是从 20 世纪 70 年代以后开始的。两大法系的对立，并不能涵盖当今世界票据立法的全部。如伊朗、约旦、卢森堡等国，既未参加日内瓦公约，也未以此为蓝本制定本国的法律，仍然延续以法国旧法为基础制定的票据法。智利、墨西哥等国则有自己独特的票据立法，很难将其归入哪一法系。不仅如此，非洲一些国家票据的使用，仍然取决于商业习惯，并无票据法的存在。面对这一局面，迫切需要一部能为各国政府普遍接受的，符合时代发展潮流和国际贸易发展需要的国际票据统一法。为此，联合国国际贸易法委员会自 20 世纪 70 年代开始草拟国际统一适用的票据法草案。1972 年，在联合国国际贸易法委员会第 4 次大会上，决定着手继续进行统一国际票据法的工作。在 1973 年的第 5 次大会上，设立了国际流通证券工作小组，着手拟定国际汇票本票公约草案。此后，在 1984 年的第 17 次大会、1986 年的第 19 次大会以及 1987 年的第 20 次大会上，分别对工作小组拟定的草案进行了审议，并最后通过了公约草案。1988 年 12 月，在联合国第 43 次大会上，通过了《联合国国际汇票和国际本票公约》。

《联合国国际汇票和国际本票公约》尽管是在考虑到日内瓦统一票据法体系与英美票据法体系之间现存差异的基础上制定的，但其目的并不在于直接调和两大票据法体系，而仅仅着眼于解决国际贸易中汇票和本票使用上的不便。因此，该公约的适用范围与法律效力都与日内瓦统一票据法有所不同。该联合国公约的适用范围仅限于"国际票据"，即出票地、付款地和收款人所在地中至少有两地不在一个国家之内的票据，不适用于缔约国国内的票据使用。此外，按照公约的规定，该公约对于缔约国的当事人而言，不具有强制适用的效力，可以依照出票人或者承兑人的选择，决定是否适用该公约的规定。因此，可以说,《日内瓦统一票据法》是完全的统一法,即不仅是适用于国际的票据法规范,也是适用于缔约国国内的票据法规范;而《联合国国际汇票和国际本票公约》则是不完全的统一法,即仅仅是适用于国际的票据法规范,而不是同时适用于缔约国国内的票据法规范。〔1〕该公约虽尽可能地融合了两大票据法系的不同规定,但却难以从根本上消除两大法系的对立,无论是英美票据法体系国家,还是日内瓦统一票据法体系国家对此都有意见,而该公约至今仍未生效的事实就是很好的证明。〔2〕

三、中国票据法的发展

我国的票据使用由来已久,最早可以追溯到公元 9 世纪的唐代,但由于长期的封建政治制度和经济制度,使票据在我国历史上未能发挥其应有的功能,票据的形式也始终停留在原始的状态,没有发展成为近代的票据,关于票据的规范也大多是习惯,尚未形成近代的票据法。直到清朝末年,随着西方列强的侵入,西方的票据制度传到了我国,我国才开始制定票据成文法。

（一）旧中国的票据立法

1907 年 7 月,清政府聘请日本学者志田钾太郎负责起草票据法,志田钾太郎整理了中国以往的票据习惯,参考了 1910 年在海牙召开的第一次国际票据法统一会议上拟定的统一票据法草案和相关公约草案以及当时德国和日本的票据法,于 1911 年完成了《大清票据法草案》。后由于辛亥革命推翻了清政府,该草案未能公布施行。

1913 年,民国政府当时的法典编纂会以志田钾太郎作为顾

〔1〕 赵新华:《票据法论》,吉林大学出版社 2007 年版,第 32 页。
〔2〕 汪世虎:《票据法律制度比较研究》,法律出版社 2003 年版,第 24~25 页。

问重新起草了票据法，该草案又名"志田案"，其内容主要遵循
1912 年在海牙召开的第二次国际票据法统一会议上制定的《统
一汇票本票法规则》和《统一汇票本票法公约》等。后由于第
一次世界大战的爆发，且又不符合中国的实际需要，该草案也
未能颁行。

　　1922 年，北京政府修订法律馆推举五人成立票据法编纂会。
该票据法编纂会调查了各地的票据习惯，并参考了"志田案"，
起草了一部票据法草案，被称为"共同案"或"修订法律馆第
一案"，共 4 章 11 节 109 条。与此同时，法籍顾问艾斯拉克根
据海牙统一票据法规则也起草了一部票据法草案，并主张将其
纳入商法典。此后，又相继出现了四个草案，但终究因军阀混
战、局势动荡而夭折。

　　1929 年，国民政府立法院制定了"票据法立法原则"19
条，立法院商法委员会根据此立法原则，参考先前的各次票据
法草案、海牙统一票据法规则以及德、日、英、美诸国的票据
法，起草了一部票据法草案，该草案共 5 章 139 条，于 1929 年
9 月 28 日经立法院第 21 次会议通过，并由国民政府于同年 10
月 30 日公布施行。这是我国历史上第一部正式的票据法。次年
7 月 1 日，国民政府又公布了《票据法实施法》共 20 条。这部
票据法在我国大陆地区施行到 1949 年，后经多次修订，在我国
的台湾地区施行至今。

　　(二) 新中国的票据立法

　　新中国成立后，废除了旧中国所有的法律，当然也包括票
据法。在此后相当长的时期内，我国一直是用行政办法来管理
票据，而此种管理多采用限制式或者禁止式。[1]20 世纪 50 年

---

〔1〕 王小能编著:《票据法教程》，北京大学出版社 2001 年版，第 6 页。

代末，我国对资本主义工商业的社会主义改造已经完成，国民经济逐渐走上了全面计划经济、高程度国营经济的道路。国家实行严格的金融管理，大力推广银行信用，限制甚至取消商业信用，票据的使用也被限制在极小的范围内。从而，自20世纪50年代开始到80年代之前的三十多年间，我国国内取消了汇票和本票，只允许使用支票，使其成为单纯的结算工具，因此，在票据立法方面，也仅在银行结算办法中对支票做了一些简单的规定。如1955年9月制定的《国营企业、供销合作社、国家机关、部队、团体间非现金结算暂行办法及结算放款暂行办法》，1959年9月制定的《中国人民银行非现金结算办法》，都规定了支票的使用规则；1972年制定、1977年修订的《中国人民银行结算办法》中也规定了支票结算方式。应该说，这些有关支票的规定，从性质上看，并不属于一般意义上的支票法规范，而仅仅是规范银行与客户之间关系的结算办法。[1]

党的十一届三中全会之后，随着经济体制改革的深入和商品经济的发展，我国逐渐恢复了票据的使用，调整票据活动的规则也逐步增多。1983年12月，中国人民银行制定了《票汇结算办法》，允许参加全国联行的银行机构办理票汇业务。1984年9月，国务院制定了《商业汇票承兑贴现办法》，允许企业签发银行承兑的商业汇票，并规定持票人在汇票到期日前可向银行申请贴现。1988年12月，中国人民银行颁布了《银行结算办法》，规定可以使用商业汇票、银行汇票、银行本票、支票作为支付结算手段。这一规定，可以说是我国票据发展史上的一个重要的转折点，它标志着我国的结算制度已经开始从非票据结算向票据结算转变。[2]但是，从严格的意义上，这些规定仍然

---

〔1〕 赵新华：《票据法论》，吉林大学出版社2007年版，第33页。
〔2〕 赵新华：《票据法论》，吉林大学出版社2007年版，第33页。

不属于票据法规范，只能是银行结算规则。

上述的规章、办法及规定，切实解决了不少改革开放形势下新出现的票据活动问题，但由于各地方、各部门的规定尚不统一，更由于这些规章、办法绝大多数属于行政规章，远远不能适应越来越开放、活跃的市场经济，制定严格意义上的票据法就显得十分急迫。[1]于是，20世纪90年代初，我国开始着手票据法的制定。1990年，中国人民银行成立票据法起草小组，于同年11月草拟了《中华人民共和国票据法（讨论稿)》。后经多次修改，最后于1995年5月10日由第八届全国人民代表大会常务委员会第十三次会议通过，并于1996年1月1日起施行。至此，中华人民共和国第一部票据法诞生了，它标志着我国社会主义市场经济中的票据活动走向了法制化的新阶段。

之后，中国人民银行于1997年8月21日发布了《票据管理实施办法》，同年10月1日起施行。与新法相适应，1997年9月19日中国人民银行制定了新的《支付结算办法》，并于同年12月1日起施行。此外，最高人民法院为保障票据法律、法规在司法实践中的正确适用，于2000年11月14日公布了《关于审理票据纠纷案件若干问题的规定》。《中华人民共和国行政许可法》公布实施后，第十届全国人民代表大会常务委员会第十一次会议于2004年8月对《中华人民共和国票据法》进行了修正。这些法律、部门规章和司法解释构成了我国票据活动的基本规范。

---

[1]　王小能编著：《票据法教程》，北京大学出版社2001年版，第6页。

第三章

票据行为

第一节　票据行为的概念

票据行为是票据法上的基本概念之一。我国《票据法》第1条明确规定，制定票据法的目的在于规范票据行为。票据行为是产生票据关系的唯一的基础，票据权利和票据义务只能基于票据行为而产生。因此，票据行为理论也被认为是票据法理论的核心。

票据行为有广义和狭义两种理解方式。广义的票据行为是指所有受票据法所规范的行为，《票据法》第1条中所称的票据行为，就是指广义的票据行为。广义的票据行为又可以分为票据上行为和非票据上行为两类；而在票据法理论上所指的票据行为，仅为票据上行为，也称为狭义的票据行为。在通常情况下，票据行为仅指狭义的票据行为。因此，以下所称票据行为为狭义的票据行为。

一、狭义的票据行为——票据上行为

（一）概念

票据行为作为一种法律行为，当然以意思表示为要素，以

发生票据上权利义务为目的。但是，票据行为又不同于一般的法律行为，因此，对于如何定义票据行为，各学者认识不一，存在多种表述。其中，着眼于票据的形式记载，为形式意义说；着眼于票据的实质关系，则为实质意义说。

日本学者田中耕太郎将票据行为定义为："以票据上的签名（或者签名加盖章）及其他方式为要件的法律行为。"[1]日本学者大隅健一郎亦认为："票据行为是作为票据上法律关系发生、变动原因的法律行为，以票据上的签名为不可或缺的要件。"[2]但是，这些在形式意义上理解票据行为的观点，存在明显的缺陷：须在书面上记载一定事项并签章的法律行为，比比皆是，并非是票据行为逻辑上的特殊性，显然无法体现票据行为概念的存在价值。但是，这种学说对票据行为"要式性"的关注是可以借鉴的。鉴于此，主张从实质意义上界定票据行为的学者，在对票据行为的概念表述上，均强调票据行为的要式性特征，吸收了形式意义说的合理成分。有的学者将票据行为与票据债务的发生相联系，主张票据行为是以负担票据上债务为目的的要式法律行为。这种定义方式，将票据行为与遗嘱等其他要式行为相区别，且从发生票据债务的层面上指出其与一般法律行为的不同性质。但是，这种将票据行为与票据债务的发生完全结合起来的观点，将期后背书、无担保背书等行为从票据行为中排除出去。

克服形式意义说与实质意义说的弊端，我国大多数学者将票据行为定义为：能够产生（发生、变更、消灭）票据上债权

---

〔1〕〔日〕田中耕太郎：《手形法小切手法概论》，有斐阁1935年初版，第113页。

〔2〕〔日〕大隅健一郎：《手形法小切手法讲义》，有斐阁2001年初版，第23页。

债务关系的要式法律行为；或者说是以发生票据上权利义务关系为目的的要式法律行为。[1]结合形式和实质两方面的特性，可以将票据行为界定为：行为人在票据上完成的一种法律行为，它是以行为人在票据上进行必备事项的记载、完成签名并予以交付为要件，以发生或转移票据上权利、负担票据上债务为目的的要式法律行为。[2]

根据上述的定义，可以对票据行为作以下几方面的理解：第一，票据行为是一种法律行为，具有一般法律行为的基本性质，必须要有行为人确定的意思表示，这一点能够与发生票据法上法律关系的非法律行为，如涂销、付款等行为相区分；第二，票据行为是要式法律行为，必须严格按照票据法规定的形式进行；第三，票据行为以产生票据上债权债务关系为目的，这不同于发生一般债权债务关系为内容的民事法律行为。当然，根据票据行为类型的不同，其目的也会不同。如出票行为，以发生票据权利为目的；背书行为，以转移票据权利为目的；承兑和保证行为，以负担票据债务为目的。票据行为是产生票据法律关系的基础，票据上的权利和义务都是由票据行为所引起。

（二）种类

1. 法定的分类。在我国《票据法》上，规定了出票、背书、承兑和保证四种票据行为。具体而言，就汇票规定了出票（《票据法》第19条~第26条）、背书（《票据法》第27条~第37条）、承兑（《票据法》第38条~第44条）、保证（《票

---

〔1〕 汪世虎：《票据法律制度比较研究》，法律出版社2003年版，第28页；曾世雄、曾陈明汝、曾宛如：《票据法论》，中国人民大学出版社2002年版，第28页；董安生主编：《票据法》，中国人民大学出版社2006年版，第55页；刘心稳：《票据法》，中国政法大学出版社2002年版，第48页。
〔2〕 赵新华：《票据法论》，吉林大学出版社2007年版，第37页。

据法》第45条~第52条）四种票据行为，就本票规定了出票
（《票据法》第75条、第76条）、背书、保证（《票据法》第80
条）三种票据行为，而就支票则仅规定了出票（《票据法》第
84条~第89条）、背书（《票据法》第93条）两种票据行为。

（1）出票。出票[1]是指行为人在票据上进行必要的记载
和签章，并将其交付相对人，从而设定票据权利的行为，又称
为"发行行为"。出票的行为人，称为出票人；接受票据的相对
人为收款人或者持票人。在汇票、本票、支票中都存在出票
行为。

我国目前使用的汇票、本票和支票，都是由各专业银行按
照中国人民银行规定的统一样式，[2]印刷相应的票据用纸，详
细载明票据文句及其他有关事项，出票人出票时只需在相应的
空白处，填写必要的内容即可。

（2）背书。背书[3]是指行为人在已发行的票据上，进行
背书文句的记载，完成签名，并将其交付相对人，从而转让票
据权利的行为。背书的记载是在票据的背面进行，所以叫作
"背书"。背书的行为人，称为背书人；受让票据的相对人，称
为被背书人。在汇票、本票和支票三种票据中，也都存在背书
行为。

通常在票据的背面，都预先印刷好若干背书栏的位置，记
载表示将票据权利转让给被背书人的文句，留出背书人及被背
书人的空白，供背书人进行背书时填写。另外，票据法一般并

[1] 我国《票据法》第20条规定："出票是指出票人签发票据并将其交付给
收款人的票据行为。"
[2] 我国《支付结算办法》第9条第2款规定："未使用按中国人民银行统一
规定印制的票据，票据无效。"
[3] 我国《票据法》第27条第4款规定："背书是指在票据背面或者粘单上
记载有关事项并签章的票据行为。"

不限制进行背书的次数，我国目前使用的商业承兑汇票和银行承兑汇票的背面，印有三个背书栏，写满之后，可以在票据上粘贴"粘单"，在粘单上继续进行背书。

（3）承兑。承兑[1]是指汇票上所载的付款人，在汇票上进行承兑文句的记载，完成签名，并将其交付持票人，从而表明到期愿意承担付款责任的行为。汇票上所记载的付款人，在完成承兑行为之后即成为承兑人。承兑行为只存在于汇票上。由于本票是由出票人本人承诺到期支付票据金额，支票是由与出票人有资金关系的银行进行支付，无须再由付款人进行承兑。但是，汇票付款人是出票人在出票时所记载的，其本人是否愿意承担付款尚不确定，因此，需要由付款人进行承兑。

（4）保证。保证[2]是指行为人在已发行的票据上，进行保证文句的记载，完成签名，并将其交付持票人，从而表明对特定的票据债务人的票据债务承担保证的行为。行为人称为保证人，由其提供担保的特定票据债务人，称为被保证人。根据我国《票据法》的规定，在汇票和本票中，存在保证行为，而在支票中，不存在保证行为。但在属于日内瓦统一票据法体系的国家，也承认就支票付款而为的保证行为。

2. 学理上的分类。狭义的票据行为还可以根据其作用的不同，分为基本票据行为和附属票据行为。

（1）基本票据行为。基本票据行为又称为主票据行为，是指创设票据权利的行为，也就是出票行为。只有出票行为有效成立，才能存在有效的票据，票据有效成立了，其他的票据行

---

〔1〕 我国《票据法》第38条规定："承兑是指汇票付款人承诺在汇票到期日支付汇票金额的票据行为。"

〔2〕 我国《票据法》中并未规定保证的概念，这是因为《票据法》中保证与《担保法》中保证的含义并无不同。

为才有可能发生。另外，票据的出票行为必须严格依照法律规定的方式进行（形式合法），如果出票行为不符合法律规定的形式，出票行为即为无效，票据本身也归于无效。而这种无效又是绝对无效，即使当事人事后追认或者进行修正，也无法使票据发生效力。票据无效的情况下，其上所为的附属票据行为当然也随之无效。

（2）附属票据行为。在完成出票行为的基础上，在已实际存在的票据上所为的出票行为以外的其他行为，即属于附属票据行为，又称从票据行为。背书、承兑和保证等行为都属于附属票据行为。附属票据行为效力的发生，依赖于有效票据的存在，而要使票据有效成立，出票行为须符合票据法的形式要求，即出票行为不能因形式上的原因归于无效。

二、非票据上行为

（一）概念

广义的票据行为，既包括狭义票据行为，即票据上行为，也包括狭义票据行为以外的行为，即非票据上行为。同票据上行为相比，非票据上行为有以下两点不同。第一，非票据上行为并非行为人的意思表示，因此不属于法律行为。非票据上行为之所以发生一定的权利义务，并不是基于行为人的意思表示，而是基于票据法的直接规定。第二，非票据上行为通常不具备票据上行为的形式要件，即不具备记载、签章、交付这三个形式要件。

（二）种类

非票据上行为也可以根据其发生原因及效力的不同，分为票据法上行为和票据违法行为两类。

1. 票据法上行为。票据法上行为，是指由行为人依票据法的规定而为,并产生票据法所规定的效果的行为。由于这些行为所发生的法律效果并非产生于行为人的意思表示,而来源于票据法的直接规定。因此,在性质上,具有准法律行为的特性。根据我国《票据法》的规定,票据法上行为包括付款、提示、追索、更改等行为。

付款和更改两种票据法上行为,属于票据义务人的行为。具体而言,在票据义务人依票据法的规定进行票据付款时,发生票据法上所规定的全部票据权利义务关系消灭的效果;而在票据义务人依票据法的规定进行更改行为时,发生相应的票据权利义务内容变更的效果。

提示和追索两种票据法上行为,属于票据权利人的行为。具体而言,在票据权利人依票据法的规定提示票据时,发生保全追索权的效果;相反,未进行提示或者未按照票据法规定期限进行提示,则发生丧失追索权的效果。而在票据权利人依票据法的规定进行追索行为时,发生权利行使的效果,票据权利人也由此获得偿还,并使被追索人获得权利代位而成为再追索权人。

2. 票据违法行为。票据违法行为是指行为人并无票据法上的根据而为的,但可能对票据权利义务关系发生一定影响并产生行为人法律责任的行为。由于这些行为缺乏票据法上的根据,所以通常是票据法所不容许的行为,不能受到票据法的保护,而应受到相应的制裁。根据我国《票据法》的规定,票据违法行为主要有两种,即票据伪造行为和票据变造行为。关于这些票据违法行为的效果,具体而言,在票据违法行为人为票据伪造行为时,该伪造的签章当然不发生票据签章的效力,但不影响票据上其他真实签章的效力;而在票据违法行为人为票据变造行为时,则导致票据行为人应该依其签章处于变造行为的前后，而分别承担不同的票据义务。

第二节　票据行为的特征

票据行为是一种法律行为，因此当然具有法律行为的一般特征。但是，基于票据这一金融工具的介入，票据行为又具有不同于一般法律行为的特征，这就是票据行为所具有的无因性、独立性与形式性。票据行为的特征，实际上也是票据行为的效力规则，是判断票据行为有效与否的原则。因此，亦可称为票据行为的无因性原则、票据行为的形式性原则、票据行为的文义性原则、票据行为的独立原则。

一、票据行为的无因性

每一个法律行为的实施，在其背后都有原因。民事法律行为根据行为效力是否受先前原因关系的影响和制约，分为有因行为和无因行为：如果某一法律行为的效力，受其原因关系的影响和制约，则该法律行为为有因行为；相反，如果某一法律行为的效力，不受其原因关系的影响和制约，则该法律行为为无因行为。票据行为属于无因行为，具有无因性。票据行为的无因性，是指票据行为与作为其发生前提的实质性原因关系相分离，从而使票据行为的效力，不再受原因关系存废或其效力有无的影响。票据行为的这种无因性，也称为票据行为的抽象性或无色性。

（一）票据基础关系

票据法律关系通常是基于一定的票据行为而产生，而且一经产生，就依票据记载的内容，独立地发生效力。但是，票据法律关系毕竟是一种现实的法律关系，在其背后，必然存在着票据法律关系的当事人进行票据授受的前提和原因。例如，在日常的商业活动中，票据行为的发生，通常都与实际的买卖关系、金钱借贷或者其他的经济往来密切相关，而当事人之间的这种买卖、借贷、经济往来，就是当事人签发票据、授受票据的前提和原因。由于这些事实原因是票据法律关系赖以产生的基础，所以称之为"票据基础关系"；而且，相对于形式的、抽象的票据法律关系而言，这些事实原因反映的是票据行为的实质内容，所以，又称之为"票据实质关系"。票据基础关系，主要包括票据原因关系、票据资金关系和票据预约关系。

1. 票据原因关系。票据原因关系，是指授受票据的直接当事人之间基于授受票据的理由而产生的法律关系。如出票人签发票据、收款人授受票据、背书人转让票据、被背书人受让票据、承兑人自愿承担票据债务、保证人为票据债务提供担保，总会存在一定的理由，而将这些当事人之间授受票据的理由，称为"票据原因"。在日常经济活动中，由于交易情况的不同，授受票据的原因也是千差万别。最常见的有：基于买卖合同，为支付买卖货物的价款而签发票据；因成立资金借贷而签发票据；基于租赁合同，为交纳租金而签发票据；为支付税款而签发票据；为赠与他人而签发票据等等。同一个票据行为，可以有众多不同的票据原因；在票据流通的每一个环节上又可以有不同的票据原因。虽然这些票据原因大为不同，但是，各个票据当事人之间的票据关系（票据金额的给付义务和授受权利）并没有太大的差别。所以说，原因关系是具体的、实质关系，而票据关系是抽象的、形式关系。基于上述的票据原因而产生的法律关系，即票据原因关系。

根据票据原因是否有偿，可以将票据原因关系分为有对价的原因关系和无对价的原因关系：我国《票据法》第 10 条第 2

款规定了有对价的原因关系；《票据法》第 11 条规定了无对价的原因关系。

2. 票据资金关系。票据资金关系，是指汇票或者支票的付款人与出票人之间所建立的委托付款法律关系。汇票的出票人之所以委托他人代为付款、支票的出票人之所以委托银行代为付款，而付款人愿意承兑或付款，就是因为他们之间存在着一定的资金关系。比如，汇票出票人与付款人约定，票据金额将在汇票到期前提供给付款人进行付款或者在付款后的一定期限内对付款人做出补偿等等。从实质上说，这种票据资金关系也是原因关系的一种，只不过这种原因关系只发生在付款人和汇票或支票的出票人等特定的票据当事人之间。

票据资金关系的种类很多，主要包括以下几种：[1] ①出票人和付款人之间订有支付合同，出票人预先将票据资金交给付款人，待持票人提示付款时，付款人进行支付，这在支票中最为常见，通常为支票合同；②出票人和付款人之间订有信用合同，付款人允诺为出票人垫付资金，如汇票的承兑人在尚未收到汇票资金时就对汇票进行付款、支票的透支合同等；③付款人对出票人负有债务，通过代为付款进行清偿；④出票人和付款人之间订有其他合同，如交互计算合同或继续供应合同等，基于合同的约定，付款人对票据进行付款；⑤付款人自愿为出票人进行付款，这种付款多构成民法上的无因管理。在我国《票据法》上，第 21 条第 1 款、第 82 条第 2 款规定了票据资金关系。

3. 票据预约关系。票据预约关系，是指票据行为人与其相对人之间就票据行为，尤其是对票据的签发或者转让等事项预

---

[1] 于莹：《票据法》，高等教育出版社 2008 年版，第 108 页。

先达成的合意。具体而言，当当事人之间产生了一定的原因关系之后，在授受票据之前，当事人往往就是否使用票据、使用何种类型的票据以及票据的金额、到期日、付款地等事项进行协商，达成合意，并在合意之后，根据预约的内容进行相应的票据行为，从而在当事人之间发生票据法律关系。可见，票据原因是票据行为的实质基础，票据预约则是票据行为的准备，而票据行为则是票据预约的实践，因此，有学者称票据预约关系是连接票据原因和票据行为的桥梁。[1]比如，甲基于一定的原因向乙签发一张汇票，在甲签发票据之前，亦即进行出票行为之前，会对票据的金额、到期日、付款地等事项预先进行约定，并根据所达成的预约内容进行一定的票据行为，建立相应的票据关系。

严格来说，票据基础关系分为原因关系、资金关系和预约关系，但是，本质上看，资金关系和预约关系也可以作为一种基础原因。所以有些教材对此未严格的区分，而直接以原因关系囊括资金关系和预约关系。

（二）票据行为无因性的体现

在一般情况下，作为某一法律行为前提的原因关系，与法律行为有着决定与被决定的关系，当原因关系消灭或无效时，相应的法律关系当然也就归于消灭或无效。但是，如果按照这种一般的法律规则来处理票据行为，作为票据受让人的第三人就必须时时关心其前手当事人之间所存在的原因关系的状态。他依受让所取得的票据权利，也必然受到原因关系的影响，而处于不稳定的状态。这势必对票据的使用与流通造成极大的障碍，不利于票据功能的发挥。

---

[1] 王小能：《中国票据法律制度研究》，北京大学出版社 1999 年版，第 103 页。

　　为了保障票据的流通性与安全性，就需要从法律上明确加以规定，将票据行为的效力与其原因关系相分离，不再受原因关系的影响。这就产生了票据行为的无因性。因此，所谓票据行为的无因性，并不是说票据行为的发生不存在原因关系，而是说基于某种需要，在法律上将二者予以分离，使票据行为的效力独立于原因关系而存在。换言之，票据行为的无因性是基于社会经济生活对票据所提出的要求，而由法律亦即票据法所特别赋予的，而并非票据行为所固有的。[1]总之，票据行为无因性理论认为，票据行为与作为其发生前提的基础关系相分离，票据行为是创设票据关系的唯一根据，票据行为与票据关系的效力不受基础关系存在与否及效力瑕疵的影响。票据行为的无因性，具体表现在以下三个方面。

　　1. 票据行为的效力独立存在。通常，首先是由买卖等基础原因而发生了行为人的价金支付义务，也就是发生了原因债权；而为履行价金支付义务，再由债务人实施票据行为，从而发生了票据关系，产生票据债权。这种票据债权债务关系一经形成，就与先前的基础原因关系相分离，不再受基础原因关系的影响，独立地发生效力；当原因关系发生改变，亦即原因债权发生改变时，票据债权债务关系，亦即票据债权并不随之变化。换言之，在基于原因关系的价金支付而进行票据授受之后，即使原因关系无效或者解除而导致原因债权消灭，票据授受的行为仍然有效，票据债权仍然存在。

　　2. 持票人不负证明给付原因的责任。由于票据行为的效力独立于基础原因关系而存在，因此，持票人无须证明自己以及前手是基于何种原因而取得票据以及原因债权的有效存在。持

---

　　〔1〕　赵新华：《票据法论》，吉林大学出版社2007年版，第43页。

票人只要能够依票据法的规定证明票据债权的有效存在，就可以对票据债务人行使票据权利。

在民法上，当第三人受让债权人的债权时，若要让该受让行为发生效力，第三人须证明原债权的有效存在，并证明自己受让行为的合法性；而在票据法上，票据的持票人只要能够证明所持有的是背书连续的有效票据，即可主张票据权利，至于其前手持票人的票据权利是否真实存在在所不问。

3. 票据债务人不得以原因关系对抗善意第三人。对于票据债权债务关系来说，票据债务人与票据债权人之间，可能有直接的原因关系，也可能没有直接的原因关系。通常，作为付款人的主债务人与受让票据的持票人之间是不存在直接的原因关系的。而票据行为的无因性，使票据债权债务关系与原因关系相分离，从而限制了票据债务人的抗辩能力，使其只能对有直接原因关系的持票人，以原因关系上的事由提出一般抗辩，而对于无原因关系的持票人，则不能以原因关系上的事由提出一般抗辩，只能在持票人为恶意时，提出恶意抗辩。

（三）我国票据立法对票据行为无因性的规定

1. 关于票据原因关系。我国《票据法》第 10 条第 1 款规定："票据的签发、取得和转让，应当遵循诚实信用的原则，具有真实的交易关系和债权债务关系。"第 10 条第 2 款规定："票据的取得，必须给付对价，即应当给付票据双方当事人认可的相对应的代价。"这些规定，很容易使人认为票据关系的成立与否受票据原因关系真实存在与否的制约。既然法律上作了明确的规定，如果违反，自然会导致票据无效或者票据行为无效，从而从根本上否定了票据的无因性原则。对此，如果不做出有效解释，将在司法实践中引起较大的混乱，影响票据的使用和流通。因此，最高人民法院颁布的《最高人民法院关于审理票据纠纷案件若干问题的规定》（以下简称最高人民法院的《司法解释》）第 14 条明确规定："票据债务人以票据法第十条、第二十一条的规定为由，对业经背书转让票据的持票人进行抗辩的，人民法院不予支持。"另外，我国《票据法》允许未给付对价或者未给付相当于票据金额的对价而取得票据。《票据法》第 11 条规定："因税收、继承、赠与可以依法无偿取得票据的，不受给付对价的限制。"

2. 关于票据资金关系。关于票据资金关系，我国《票据法》第 21 条第 1 款规定："汇票的出票人必须与付款人具有真实的委托付款关系，并且具有支付汇票金额的可靠资金来源。"第 83 条第 2 款规定，开立支票存款账户和领用支票，应当有可靠的资信，并存入一定的资金。《支付结算办法》第 75 条规定："商业承兑汇票的出票人，为在银行开立存款账户的法人以及其他组织，与付款人具有真实的委托付款关系，具有支付汇票金额的可靠资金来源。"第 76 条规定："银行承兑汇票的出票人必须具备下列条件：（一）在承兑银行开立存款账户的法人以及其他组织；（二）与承兑银行具有真实的委托付款关系；（三）资信状况良好，具有支付汇票金额的可靠资金来源。"从理论上说，资金关系并不是由票据法来调整的，而且上述的规定实际上确定了资金关系决定票据关系的原则，显然与票据行为无因性理论是相违背的。这显然不利于票据的使用与流通。为了缓解这一矛盾，最高人民法院的《司法解释》第 14 条规定，票据债务人不得以原因关系上的事由对抗持票人。

3. 关于票据预约关系。关于票据预约关系，我国《票据法》第 13 条第 2 款规定："票据债务人可以对不履行约定义务的与自己有直接债权债务关系的持票人，进行抗辩。"根据这一规定，票据债务人可以对与其有预约关系的直接相对人以预约关系事由提出抗辩。相反，对于非直接相对人不得以预约关系事由提出抗辩。这一规定，体现了票据行为的无因性原则。

（四）票据关系与基础关系的牵连

票据关系与票据基础关系是相互独立的法律关系。因此，通常情况下，二者相分离而存在，应分别做出效力判断。但同时，票据原因关系是票据关系产生的基础，二者不可能毫无联系，在某些情形下，票据关系与票据原因关系存在着一定的牵连关系。这主要表现在以下几个方面。

1. 在票据的直接当事人之间。票据法理论认为，在票据的直接当事人之间，基础关系的有效与否直接影响票据关系的效力。也就是说，在票据的直接当事人之间，基础关系欠缺或者存在瑕疵，票据义务人可以行使基础关系无效抗辩，以此对抗直接相对人行使权利。确立票据行为无因性原则是考虑到，流通中取得票据的第三人很难了解到先前当事人之间交易的真实情况。因此，为了保护善意第三人的利益，规定直接当事人之间的情况，不溯及第三人。当然，法律从不保护恶意之人，所以此处的第三人须为善意。然而，交易的直接当事人之间是非常清楚真实情况的，那么，基于公平、诚实信用原则，基础关系上的事实在知情的直接当事人之间应该发挥作用。我国《票据法》第13条第2款规定："票据债务人可以对不履行约定义务的与自己有直接债权债务关系的持票人，进行抗辩。"另外，有的学者认为，如果将我国《票据法》第10条要求的真实交易关系和债权债务关系限制在授受票据的直接当事人之间，则不但不会否定票据行为的无因性原则，而且有利于实现法律的公正，有利于节约诉讼成本。[1]

---

〔1〕 于莹：《票据法》，高等教育出版社2008年版，第106页。

2. 在票据行为人与恶意持票人之间。在票据行为人与第三持票人之间，如果持票人取得票据的手段不合法，如基于欺诈、偷盗、胁迫等手段取得票据，则不能享有票据权利。虽然持票人通过何种手段取得票据，在票据书面上无法得知，而且持票人票据的取得在形式上可能符合票据法的规定，但是，票据的无因性原则是为了保护善意的正当持票人，通过非法或者不正当手段取得票据的持票人，不但不应当得到法律的保护，而且应受到法律的制裁。《票据法》第12条第1款明确规定："以欺诈、偷盗或者胁迫等手段取得票据的，或者明知有前列情形，出于恶意取得票据的，不得享有票据权利。"如果该恶意取得人将票据转让给不知情的其他善意第三人，该善意持票人仍然取得票据权利。这就是票据的善意取得。为了促进票据的流通、维护交易安全，票据法对于善意第三人给予了胜过民法上善意第三人的特殊保护，善意持票人可以从无权利人处合法取得票据权利。

3. 在票据行为人与未给付对价取得票据的第三受让人之间。持票人取得票据是否给付对价，属于原因关系上的问题，而非票据关系的内容。据我国《票据法》第11条规定，票据的取得并不以给付对价为必要条件，持票人基于税收、继承或者赠与等原因取得票据的，不受对价关系的影响。但同时第11条还规定，未给付对价取得票据的持票人，不享有优于其前手的权利。也就是对未给付对价取得票据的持票人的票据权利进行了一定的限制。通常，如果持票人在取得票据时支付了对价，一般情况下就能享有优于其前手的权利，所享有的权利不受前手权利瑕疵的限制，持票人即可以主张善意取得、抗辩切断等。但是，如果持票人在取得票据时未给付对价或未给付相当于票据金额的对价，根据我国《票据法》的规定，其所享有的票据权利不能优于其前手。也就是说，持票人所享有的票据权利直接受前手票据权利状况的影响，如果前手享有票据权利，则该持票人也享有票据权利；如果前手不享有票据权利或享有的票据权利存在瑕疵，则该持票人也不享有票据权利或受前手票据权利瑕疵的影响，票据债务人可以以对其前手主张的抗辩事由，仍得向该持票人主张。

二、票据行为的形式性

（一）概念

民法上的一般民事法律行为实行形式自由主义，当事人可以任意选择行为方式；而票据是流通证券，为了使人易于辨认，票据行为具有严格的形式性。票据行为的形式性，也称为票据行为的要式性，是指票据行为具有法律规定的行为方式，行为人在进行票据行为时，必须严格按照法律规定的方式进行，不允许自行决定或变更，在某些必需的方式欠缺或者不符合法律规定的情况下，票据行为本身归于无效。

票据法之所以规定了票据行为严格的形式性要求，是为了使票据行为简单化、统一化，使票据的款式明确、便于票据的授受，加快票据的流通。票据行为的形式性，使得票据行为仅凭其外在形式即可判断行为效力。根据票据行为的无因性原则，票据行为的效力与其基础原因关系相分离。因此，无法从签发和授受票据的动机及原因上确定票据行为的效力；而根据票据行为的形式性，可以通过票据行为的外在形式来确认票据行为是否真实有效。

（二）具体表现

票据行为的形式性具体表现为以下两个方面。

1. 票据行为必须以书面方式进行。票据行为的形式性，首先表现为它是一种严格的书面行为。票据是一种完全的有价证券，票据权利的发生、转移和行使，都与作为票据存在形式的书面相关，因此，票据行为也就具有了完全书面方式的特征。而且，这种书面方式，还同时表现为唯一书面方式，所有的票据行为都必须通过与之相应的票据这一证券书面来进行意思表示。

2. 票据行为必须以固定的方式进行。票据行为的形式性还表现为它是一种严格的定式行为。票据行为不仅须采取书面方式，而且，为了确保票据的流通性与可靠性，还要求票据行为必须以法律事先确定的固定方式进行。法律对票据行为固定方式的规定，通常有两个方面：一是，在记载内容上具有固定的表述方式，如承兑文句、保证文句等；二是，在记载位置上有固定的划分方式，即限定某一票据行为，只能在票据的某一特定位置上进行，同时也限定在票据的某一特定位置上，也只能进行某一票据行为，如承兑必须在票据正面进行、背书必须在票据背面进行。未按照法律规定的固定方式所进行的票据行为，在一般情况下，不发生票据行为的效力，而视该票据行为自始不存在。

（三）我国《票据法》上的规定

我国《票据法》第22条对汇票出票行为记载事项的规定，第46条对汇票保证行为记载事项的规定，第75条对本票出票行为记载事项的规定，第84条对支票出票行为记载事项的规定等等，都体现了票据行为的形式性要求。

三、票据行为的独立性

（一）概念

在同一个票据上，可能由不同的人分别完成若干个票据行为。例如，出票人完成出票行为后，背书人完成背书行为，承兑人又完成承兑行为，还可能存在保证人的保证行为，这样就形成在同一票据上同时存在多个票据行为的状况。从票据活动的过程来看，各个票据行为有着先后顺序，在先的票据行为自然成为后续票据行为的前提。就一般法律行为而言，后续行为的效力，取决于作为其前提的在先行为的效力；当作为前提的在先行为无效时，后续行为也归于无效。但是，就票据行为而言，票据的第三受让人对于在先的票据行为，只能从票据的外观即票据的形式上，来判断行为的效力，不容易确知真实的情况。因此，对于票据行为如果实行一般的法律原则，则可能使票据关系处于不确定的状态，不利于保护合法持票人，从而妨碍票据的流通性与安全性。为了保障票据流通的顺利进行，法律赋予票据行为以独立性原则。票据行为的独立性，是指就同一票据上所为的若干票据行为，互不牵连，分别依各个行为人在票据上所记载的内容，独立地发生效力，而不受其基础行为效力的影响。

（二）具体表现

1. 各个票据行为均独立地发生效力，相互间没有必然联系。虽然，从票据行为发生的实际过程来看，在先的票据行为是后续票据行为的前提，没有在先的票据行为，也就不可能有后续的票据行为。但是，就其本质来说，每个票据行为都是由各个不同的行为人所为、各自独立的意思表示。也就是说，每个票据行为的行为人都是根据自己的意思，独自决定是否为相应的票据行为，而并非由前一个行为人的行为必然引起。例如，在出票人完成出票行为后，持票人不一定必须进行背书行为，票上所载付款人也不一定必须为承兑行为。因此，在先行为人的行为，当然不能决定或影响后续行为人的行为；而后续行为人的行为，当然也不是在先行为人行为的延续。总而言之，在各个票据行为之间，虽然有着逻辑上的先后顺序，但并没有相继发生的必然性，因此，将票据行为的独立性原则又称为票据债务独立原则、票据上意思表示独立原则。

2. 在先票据行为无效，不影响后续票据行为的效力。票据行为有效与无效，体现了行为人能否或者应不应该就自己所为的票据行为承担相应的票据责任。在某一个票据行为有效时，要求行为人必须承担相应的票据责任；而在票据行为无效时，当然不能要求行为人承担票据责任。根据票据行为的独立性，票据行为人不能以在先票据行为的无效，而主张自己的后续票据行为无效，从而主张免除自己的票据责任。例如，在出票人为无行为能力人而实施出票行为时，出票行为当然归于无效；而在出票行为之后又有背书行为时，背书人则不能以出票行为无效，来主张自己的背书行为无效。因为背书人的背书行为，是依其独立的意思表示独自进行的行为，其必须对自己的行为负责。保证人与被保证的票据行为之间，也存在着同样的情况。当被保证人的票据行为无效时，保证人的票据行为并不因此而无效，保证人仍应承担其保证责任。

3. 一个票据行为无效，不影响其他票据行为的效力。在先票据行为无效，不影响后续票据行为的效力；而后续票据行为无效，也不影响在先票据行为的效力。这一点，应该说并不是票据行为独立性的特别要求，从一般理论上，后续行为无效时，通常并不影响在先行为的有效性。因此，可以说，票据行为的独立性，并不仅仅针对在先行为无效的情况，而是指任一票据行为的无效，都不影响其他票据行为的效力。此外，票据行为独立性原则的适用也不受票据行为种类的影响，无论是属于何种票据行为，不管是出票行为，还是背书、承兑及保证行为，都适用票据行为独立性原则。

须注意的是，适用票据行为独立性原则，不能违背票据行为的形式性要求，即要求某一票据行为必须在形式上是有效的票据行为。因为，形式上无效的票据行为，如果是出票行为，往往导致票据的无效，则在这形式欠缺的无效票据上所为的一切票据行为，均属无效的票据行为；如果出票行为之外的其他附属票据行为无效，则以该票据行为为前提的、后续票据行为的效力自然会受到影响。因为，如果某一个票据行为因形式不合法而无效，也就不存在相应的票据债权，那么，以该票据债权为基础进行的转让行为、保证行为，当然归于无效。只有在某一票据行为形式上有效，而实质上无效时，才能适用票据行为独立性原则。[1]我国《票据法》第49条对上述的情况做出了明确的规定。法律之所以如此设计，是因为实质上的事由（无行为能力、无代理权等）票据受让人不易察觉、难以掌握。因此，为保护正当权利人，法律不使其影响其他行为的效力。否则，每次转让票据时，受让人都要调查先前每一个行为人的票据行为是否存在实质上的瑕疵，导致人们不愿意接受票据，就会大大削弱票据的流通功能。至于形式上的事由，都是体现在票据外观上的事由（未签名、未记载、记载方式不合法等），从票据书面上就能判断出来。因此，票据行为因形式上的欠缺而影响其他行为的效力，不至于使票据受让人蒙受损失，同时还可以维护票据法对形式要求的严肃性。

（三）我国《票据法》上的规定

我国《票据法》第6条关于无民事行为能力人或者限制民

---

〔1〕 我国《票据法》第49条规定："保证人对合法取得汇票的持票人所享有的汇票权利，承担保证责任。但是，被保证人的债务因汇票记载事项欠缺而无效的除外。"

事行为能力人所为的票据行为效力的规定，第 14 条第 2 款关于伪造变造签章效力的规定，第 50 条关于保证人票据责任的规定，均为对票据行为独立性原则的贯彻体现。

四、票据行为的文义性

（一）概念

票据行为的文义性，是指票据行为的内容必须以票据上的文字记载为准，即使票据上的记载与实际情况不符，也不允许当事人以票据外的证明方式加以变更或补充。换言之，在票据当事人之间，票据债权人不能向票据债务人主张票据上记载内容之外的权利；票据债务人也不得以票据上记载之外的事项对抗票据债权人。

票据行为的文义性，可以从票据行为的无因性推导出来。根据票据行为的无因性原则，票据关系与原因关系相分离，使票据关系独立于原因关系而存在。因此，原因关系上的事实，即票据外的事实不构成票据行为的内容，票据行为的内容仅以票据上的记载文义构成，从而票据行为的内容也必须依票据的书面记载来确定。

票据行为的解释不同于一般民事法律行为的解释。民法上的探求行为人真意原则，就是综合考虑各种有关情况来确定行为人的真实意思，在必要时，也可以依据其他事实，做出与书面所载文义相反的解释。但对于票据行为，必须依票据所载文义进行解释，而不允许依据票据记载以外的事实，对行为人的意思做出与票据所载文义相反的解释，或者对票据所载文义进行变更或补充。即使票据的书面记载内容与实际情况相悖，也以票据上的记载为准。

（二）我国《票据法》上的规定

我国《票据法》第 4 条第 1 款和第 3 款、第 5 条第 2 款、

第 14 条第 3 款等规定，均体现了票据行为的文义性特征。

第三节　票据行为的解释原则

在民法上，关于民事法律行为的解释采取探求行为人真意原则，综合考虑各种有关情况来确定行为人的真实意思，[1]但是，基于票据行为的特殊性，票据行为的解释当然不同于一般民事法律行为的解释。我国《票据法》对票据行为的解释并未做出特别的规定，而又不能直接适用民法上的解释规则，因此，有必要在理论上予以明确。根据票据行为的特征，一般认为，对于票据行为的解释应适用以下几项解释原则。

一、票据外观解释原则

票据外观解释原则，是指票据行为的效力，即票据上的权利义务仅以票据所载文义为准，即使记载内容与实质关系不符，仍不影响票据所载文义的效力。例如，即使票据上记载的出票日与实际出票日不一致，也以票据上记载的出票日为准发生效力。判断是否具备形式要件，也单从票据外观上进行判断，而不问票据上的记载内容是否与事实相符。

对于票据行为的解释适用外观解释原则是票据行为形式性、无因性和文义性的必然结果。根据票据行为的形式性特征，票据行为必须通过书面方式进行，从而可以认为，票据行为人是

---

〔1〕《中华人民共和国合同法》第 125 条规定："当事人对合同条款的理解有争议的，应当按照合同所使用的词句、合同的有关条款、合同的目的、交易习惯以及诚实信用原则，确定该条款的真实意思；合同文本采用两种以上文字订立并约定具有同等效力的，对各文本使用的词句推定具有相同含义；各文本使用的词句不一致的，应当根据合同的目的予以解释。"

为了引起票据上记载事项为内容的法律效果而实施票据行为；根据票据行为无因性和文义性特征，票据行为的内容，仅以票据上的记载文义构成，票据外的事实不作为票据行为的内容。因此，可以说票据上的记载并非是对既存事实的记录，即使票据上记载的事项与真实情况不符，票据行为仍然根据票据上的记载而发生法律效力。从这一意义上说，票据上的记载具有一种"创造"的作用。此外，票据外观解释原则是据以判断票据是否具备法定要件而有效成立的解释原则。因此，不问是否为授受票据的直接当事人，亦不问票据受让人为善意抑或恶意，均可适用。

二、票据客观解释原则

对于票据上所载内容的解释，应以票据本身的记载文义客观地进行判断，而不得以票据外的事实或证据去推定行为人的意思，对票据所载内容加以变更或补充，此项原则在学理上称之为"票据客观解释原则"。根据票据客观解释原则，票据所载文义不明确时，原则上不适用民法上的一般解释原则。民法上对民事法律行为进行解释时，要求探求行为人真意，不应当拘泥于当事人所使用的词句。而在票据的场合，由于其辗转流通于多数人之间，票据的第三受让人只能根据票面上的记载判断票据行为人的意思表示内容，在当事人对票据记载文义发生理解上的分歧或认识不一致时，只能对票据上所记载的文义进行客观解释，并根据票据上所记载的文字所表明的内容发生效力。

但是，应该注意的是，所谓票据客观解释原则，并不是要求必须拘泥于表示出来的文义，而绝对不能参照票据外的事实。行为人实施票据行为，在票据上进行文字记载，也必然以某种"观念"的支配下所为，这就决定不能完全排除考虑票据外事实。对于票据记载具体字句的理解，在合理的范围内，运用一般的交易观念或社会习惯等社会通行观念，合理地进行解释还是允许的，而且是必要的。正是因为在票据客观解释原则下也存在使用"票据外证据"的可能性，也就有必要强调"不得对票据记载文义进行变更或补充"。

三、票据有效解释原则

票据有效解释原则，是指解释票据行为，应尽量使其有效，以促进票据的流通、保护交易安全。特别是对于出票行为，如果判定出票行为无效，就有可能导致票据的无效，从而票据就成为一张废纸，票据上所为的所有的票据行为顿时全部归于无效。这使得票据关系人在授受票据时的成本会大幅度提高，显然增加票据流通的障碍。因此，对于流通中的票据不能轻易给予无效的评价，此谓"票据有效解释原则"。根据此项原则，对票据上的记载内容进行解释，不宜过分拘泥于形式而进行定型化解释，应适用一般交易社会上通行的观念、诚实信用原则等，对票据记载文字进行合理的解释。主要是文字有错误、脱落，或者文句有不通顺的地方，但尚未达到无法辨明的程度，应尽量通过解释进行完善。如票据金额所书"壹"字，字迹潦草而容易被误认为"臺"字，但经票据上所记载的阿拉伯数字能证明真意的"壹"字，即不能认定该票据无效，付款人不得以其无效对抗持票人。可见，根据票据有效解释原则亦不能完全排除票据外事实的适用。总之，对于流通的票据，与其以微小形式上的瑕疵而认定其无效，不如在不损害形式性的基础上进行尽量使其有效的解释，更加符合诚实信用原则、对事实状态的尊重以及保护交易安全的要求，并且亦可以防止票据债务人将票据的要式证券性作为免除其票据债务的手段而使用。

《美国统一商法典》以列举的方式，规定了含义不明条款的解释规则，从而内容记载不明的票据，并不当然归于无效。如《美国统一商法典》规定：①手写条款与打字和印刷条款相抵触的，以手写条款为准；打字条款与印刷条款相抵触的，以打字条款为准；②文字记载与数码记载不相符的，以文字记载为准，如果文字记载含义不明确的，以数码记载为准。另外，《日本票据法》第6条第1款、《台湾地区票据法》第7条、《联合国国际汇票和国际本票公约》第8条第1款、《日内瓦汇票和本票统一法公约》第6条第1款均规定，票据金额以文字和数字同时记载时，如果二者不一致，则以文字记载的金额为票据金额。这在理论上称为"文字优先原则"。类似的规定，还有《联合国国际汇票和国际本票公约》第8条第2款和《日内瓦汇票和本票统一法公约》第6条第2款的规定，明确如果票据金额多次以文字表示，或者多次以数字表示的，其间如果有差异，以较少的金额为票据金额。这在理论上，称为"最小金额原则"。而我国《票据法》第8条则明确规定，"票据金额以中文大写和数码同时记载，二者必须一致，二者不一致的，票据无效"。

第四节　票据行为的要件

票据行为在本质上属于一种民事法律行为。因此，为使票据行为有效成立，须符合民法上对民事法律行为所做的一般要求。这一要求是票据行为的实质要件，又称为票据行为的民法要件或者一般要件。由于票据行为又是一种特殊的民事法律行为，因此，为使票据行为能够有效成立，又要求票据行为必须符合票据法对票据行为所做的特殊要求。这一要求是票据行为的形式要件，又称为票据行为的票据法要件或者特别要件。此外，判断票据行为是否有效成立，首先须明确所涉票据是否是有效的票据，如果票据本身无效，那么在该无效票据上所为的所有的票据行为当然归于无效，无须逐一进行判断。判断是否是有效的票据，主要看票据外观上是否符合法定的形式要求，也就是应该考察票据行为（尤其是出票行为）是否具备了法定的形式要件。

一、票据行为的形式要件

基于票据这一有价证券的特殊性，票据上所为的票据行为也具有其特殊性，前已述及。民事法律行为可以以多种方式做出，包括口头、书面、行动甚至沉默。而票据是要式证券、文义证券。因此，票据行为的实施方式比较单一，而且必须符合法定的要求，一般分为以下三步：首先，进行必备事项的记载；其次，由行为人进行签章；最后，将票据交付于相对人。

（一）票据记载

票据行为的有效成立，首先要求必须依票据法的规定，进行相应的票据记载。票据记载的具体内容，称为记载事项。根据票据记载事项性质及效力的不同，可以将记载事项分为必要记载事项、无益记载事项和有益记载事项三类。

1. 必要记载事项。必要记载事项，是指法律规定应当在票据上记载的事项。这类事项通常是表明票据行为内容的基本事项，决定着票据权利义务关系的具体内容，是不可缺少的事项。必要记载事项的欠缺影响票据行为的效力。因此，各国的票据法上，对票据上的必要记载事项均做出了明确的规定，票据行为人必须按照票据法的规定，进行必要记载事项的记载。

必要记载事项，又可以分为绝对必要记载事项和相对必要记载事项两类。

（1）绝对必要记载事项。绝对必要记载事项是法律规定票据行为人在为票据行为时，必须进行记载的事项。如果行为人在票据上未记载或未按法律规定记载绝对必要记载事项，直接导致相应的票据行为无效的后果；如果该票据行为是出票行为，则会导致票据无效。如我国《票据法》第 22 条规定了六项汇票出票行为的绝对必要记载事项，即表明"汇票"字样、无条件支付的委托、确定的金额、付款人名称、收款人名称和出票日期，这些事项的记载欠缺任意一项，都会导致汇票无效。此外，《票据法》第 75 条规定了本票出票行为的绝对必要记载事项；第 84 条规定了支票出票行为的绝对必要记载事项；第 30 条规定了背书行为的绝对必要记载事项；第 42 条第 1 款规定了承兑行为的绝对必要记载事项；第 46 条规定了保证行为的绝对必要记载事项。

（2）相对必要记载事项。相对必要记载事项，也称为法定记载事项，是指法律规定在票据上应该进行的记载。但是，如果未记载，票据行为并不因此而无效，而是根据法律的规定推定为进行了该事项的记载。例如，我国《票据法》第 23 条第 1 款规定，汇票上应该明确记载付款日期、付款地、出票地等事项；同时该条第 2 至 4 款还规定，如果未记载付款日期，视为见票即付；未记载付款地，以付款人的营业场所、住所或者经常居住地为付款地；未记载出票地，以出票人的营业场所、住所或者经常居住地为出票地。此外，《票据法》第 29 条第 2 款规定了背书行为的相对必要记载事项；第 42 条第 2 款规定了承兑行为的相对必要记载事项；第 47 条规定了保证行为的相对必要记载事项。

（3）记载错误的情形。实践中经常出现当事人已经按照法律的规定进行了绝对必要记载事项的记载，但是记载内容存在错误的情况通常有以下几种。第一种情况是金额大小写不符。我国《票据法》第8条规定，票据金额以中文大写和数码同时记载，如果二者不一致，票据归于无效。第二种情况是出票日期记载错误。例如，出票日期记载为6月31日，而实际上6月份根本没有31日，显然是错误记载。对此，我国《票据法》没有明确规定，但是，应该说，票据法对记载事项的规定属于形式上的规定，根据《票据法》的规定，未记载必要记载事项的无效，而未明确规定必要记载事项记载错误的也无效。因此，在这种情况下，根据票据行为的有效解释原则，应当推定为该月的最后一天即30日为出票日。还有一种经常出现的情况就是票据出票日期的倒计行为，如出票日期记载为9月20日，到期日记载为8月25日。关于日期记载的倒置行为，学者一般认为，《票据法》上规定的付款日期的种类为见票即付、定日付款、出票后定期付款和见票后定期付款四种，因此，日期的倒置记载属于无益记载行为，而这种无益记载并非法律明文禁止的，所以不会导致票据无效，而应视为无此记载，那么根据票据法的规定，票据未记载付款日期的视为见票即付。因此，此时应将付款日期认定为见票即付。

2. 无益记载事项。无益记载事项，是指在票据上不应该进行记载的事项。这类事项相对于票据上权利义务的内容来说，是没有益处的记载事项，属于不必要的事项。因此，法律明确规定，票据行为人应该按照票据法的规定，不进行无益记载事项的记载。如果记载了无益记载事项，可能引起的法律后果有票据行为无效或者视为未记载、无记载。无益记载事项也分为绝对无益记载事项和相对无益记载事项。

（1）绝对无益记载事项。绝对无益记载事项，又称为有害记载事项、禁止记载事项，是指在票据上绝对不应该记载的事项，一旦记载，则可能导致票据行为无效。根据我国《票据法》第 33 条第 2 款的规定，将汇票金额一部分转让的背书或者将汇票金额分别转让给二人以上的背书记载，属于绝对无益记载事项，如有此记载，该背书行为无效。此外，《票据法》第 43 条规定了承兑行为的绝对无益记载事项，规定为："付款人承兑汇票不得附有条件；承兑附有条件的，视为拒绝承兑。"

（2）相对无益记载事项。相对无益记载事项，是指法律规定不应该记载的事项，但发生该事项的记载时，不影响票据行为的效力，而视为未记载，即该记载不发生法律效力。我国《票据法》第 33 条第 1 款对于背书行为明确规定，背书不得附有条件，背书时附有条件的，不影响背书行为的效力，只不过所附的条件不发生法律效果。此外，《票据法》第 48 条规定了保证行为的相对无益记载事项，规定为："保证不得附有条件；附有条件的，不影响对汇票的保证责任。"

3. 有益记载事项。有益记载事项，是法律规定可以记载的事项，或者法律未作任何规定，从而由行为人依自己的意思，选择是否进行记载的事项。法律明确规定可以记载的，或者法律没有作出规定的，就属于有益记载事项。有益记载事项，既不是必须记载的事项，也不是不应该记载的事项，而是可以进行记载的事项。对于有益记载事项，行为人在票据上进行了记载，就不得视为无记载；而在未进行记载时，也不得推定为已记载。从有益记载事项发生的法律效力上看，如果行为人选择记载有益记载事项，则会产生票据法上或其他法律上的效果。有益记载事项也分为绝对有益记载事项和相对有益记载事项。

（1）绝对有益记载事项。绝对有益记载事项，又称为任意记载事项，是法律规定可以由行为人任意选择进行记载的事项，行为人一经选择进行了该事项的记载，则发生相应的票据上记载的效力。我国《票据法》第 27 条第 2 款规定："出票人在汇票上记载'不得转让'字样的，汇票不得转让。"《票据法》第 34 条规定："背书人在汇票上记载'不得转让'字样，其后手再背书转让的，原背书人对后手的被背书人不承担保证责任。"这些规定，都属于绝对有益记载事项，行为人可以自行选择进行这些事项的记载，若进行了记载，则按照法律的规定发生相应的法律效果。

（2）相对有益记载事项。相对有益记载事项，是法律虽未明确规定可以记载，但行为人可以自行决定是否进行记载，在进行了该记载后，则可能发生一定的作用。如票据的编号、与票据相关的契约编号等。但是，根据《票据法》的规定，这类事项的记载，不发生票据法上的效果，只能发生票据外效力，如发生诉讼上的证据效力，或者发生同一认定的效力。例如，我国《票据法》第 24 条规定，汇票上可以记载本法规定事项以外的其他出票事项，但是该记载事项不具有汇票上的效力。

须指出的是，由出票行为进行的票据记载，是最初的票据记载，由此形成的票据，在票据法理论上称为"基本票据"，也称为"原始票据"或"原型票据"。其他后续票据行为的所有记载事项，都会在基本票据上进行记载。因此，基本票据上的记载内容，其形式上的效力及于后续的所有票据记载；当基本票据的记载事项，因形式欠缺而无效时，其后所有的后续记载，均归无效。换言之，欠缺必要记载事项的基本票据，不具有票据的效力，票据上也就不存在票据债权，因此，票据行为人对任何人无须承担票据债务。

（二）票据签章

1. 概述。票据行为人在进行了相应的票据记载之后，还必须进行票据签章。虽然票据签章也属于在票据上进行的一种记载活动，但是，它与票据记载有着明显的区别：[1]首先，票据记载所表明的是票据行为的内容，而票据签章所表明的是票据行为的主体，即票据行为人的身份；其次，票据记载不限于由票据行为主体在行为当时即时进行，也可以授权他人事后进行，而票据签章则要求票据行为人在行为当时即时进行，而且也不能授权他人在事后进行；最后，票据记载可能发生的问题是票据变造，而票据签章可能发生的问题是票据伪造。

票据签章是确认票据行为人意思表示存在的根本依据，也是对票据记载的进一步确认。票据签章具有两点法律意义：首先，票据签章是票据行为人确定参加票据关系、承担票据债务这一主观意志的体现，票据行为人依票据签章而最终确定地参与到票据关系中来，成为票据义务人；其次，票据签章又是判断票据行为人同一性的客观标准，即通过票据签章，可以确认实际的票据行为人与票据上所记载的票据行为人是否为同一人。基于票据签章所具有的上述的法律意义，相对于票据记载，票据签章是更为重要的票据行为的形式要件。在进行某一个票据行为时，如果仅完成了票据记载，而未进行票据签章，票据记载则变得毫无意义，不可能产生任何法律后果；而如果已经完成了票据签章，但未进行票据记载，则完全可能事后补全票据记载而使票据权利义务关系发生。因此，可以说，判断票据行为人是否实施了票据行为，起最终的、决定性作用的是票据签章。基于此，票据法上规定票据行为效力时，通常不使用"票据行为"这一术语，而是规定了票据签章的效力。例如，《票据法》第6条规定了无民事行为能力人或者限制民事行为能力人所为签章的效力，而未直接使用"票据行为的效力"这种表述。

〔1〕　赵新华：《票据法论》，吉林大学出版社2007年版，第51~52页。

又比如，《票据法》第 14 条第 2 款在规定伪造、变造票据上其他票据行为的效力时，以规定签章效力的方式来制定票据行为的效力规则。

此外，票据受让人在受让票据时，对于票据记载，只需确认是否具备法定的必要记载事项即可，无须考虑票据记载的真实性，但对票据签章，不仅要进行有无的形式判断，还须进行签章是否真实的实质判断。

2. 我国《票据法》上的签章规则。

（1）签章的方式。关于签章的方式，根据我国《票据法》第 7 条第 1 款和第 2 款的规定，自然人可以采取签名、盖章或者签名加盖章的方式进行签章；而法人和其他单位在票据上签章，须为该法人或者单位的盖章加其法定代表人或者其授权的代理人的签章。

签名是固有的、最原始的票据签章方式。签名即手书签名，是票据行为人依自己的意志，由本人在票据上亲自书写自己的姓名，从而完成票据签章的行为。事实上，只有手书签名，才能充分体现票据签章应有的法律意义：首先，签名是由本人亲自进行；其次，签名是以行为人自己的姓名进行；最后，签名是用行为人本人的笔迹进行。因此，签名最能起到行为人本人再次确认票据上意思表示内容（票据记载）的效果，也是最有利于做出行为人同一性的判断。但是，另一方面，手写签名又经常受到物理的或者精神因素的干扰，致使出现同一人的前后签名笔迹不一致的情况，从而在行为人同一性的认定上增加难度。因此，在很多国家，票据的手写签名在实际应用上并不十分广泛。

盖章是票据签章的变通方式，也是比较常见的签章方式。在法律效力上，签名与盖章具有同等的法律效力。盖章的方式，在体现票据签章的法律意义上，并不十分充分，因为它只表示了行为人自己的名称，而没有行为人本人的笔迹。所以只能推定为由行为人本人完成，而不能完全肯定是由行为人本人亲自进行。但是，与手写签名相比，盖章具有对照识别简便、外观形式固定等特点，易于辨认。再加上，在行为人本人不能亲自完成签章时，盖章完全可以授权他人代为进行（代行），因此，在实际的票据使用过程中被经常采用，成为一种最常用的票据签章方式。

签名加盖章，这是一种双重的票据签章方式，是在进行手书签名的同时再加盖印章的方式。但在法律上，这种双重的签章方式，与单独签名或单独盖章具有同等的效力，而不具有更高的效力。签名加盖章的形式，能够表明行为人特别慎重地实施了票据行为，从而起到加强票据信用的作用。

如果是法人或者其他单位进行票据行为，由于这些主体的票据行为通常是由作为其代表人的自然人进行，对法人和其他单位的签章也要求体现以下两点：第一，其票据签章必须能够表明代表法人或者单位进行票据行为的自然人；第二，其票据签章必须能够表明代表法人或者其他单位进行票据行为的自然人所代表的法人或者单位。为此，对于法人及其他单位的票据签章，要求必须加盖该法人或者单位的印章，同时再由法人或者其他单位的法定代表人或者其授权的代理人进行签章。

根据我国《票据法》的规定，票据行为人在实施票据行为时，既可以单独签名，也可以单独盖章，还可以签名并盖章。但是，不可以画押，画押不具有票据法上签章的效力。

（2）签章的内容。根据我国《票据法》第7条第3款的规定，票据上的签名应当为该当事人的本名。根据中国人民银行颁布的《票据管理实施办法》第16条的规定，票据法所称"本名"，是指符合法律、行政法规以及国家有关规定的身份证件上的姓名。票据签章是票据行为有效成立的形式要件之一，因此，根据我国《票据法》的规定，如果不使用本名进行签章，则该签章为无效签章，所为的票据行为也归于无效。如果这发生在出票行为上，直接导致票据的无效。这与国际上的通行做法不同。从国际上通行的票据习惯来看，并不要求必须签写本名。因为，如果以未使用本人的本名而否认该签章的效力，只能有助于真正的票据义务人免除票据责任而获取不当的利益，而不利于善意的票据受让人实现票据上权利。

在一般的票据法理论及判例上认为，票据上的签名，可以不限于官方登记簿上的名称，通称、雅号、艺名、笔名等均可。票据签章的作用，就在于确认票据行为人的身份，使票据受让人（取得人）知晓票据行为人具体为何人。因此，只要该签名具有周知性、在行为人的同一性认定上不发生误解和歧义，就可以认定为有效的签名。但是，如果要求签名必须是本名的话，当行为人在票据上的签名虽然为他人所周知但并非本名时，只能认定为无效签名，此举只会为行为人或者名义人提供免责的借口，而不利于合法票据权利人，也不符合票据法的立法宗旨。

（3）预留签章。在与银行相关的票据活动中，特别是需要由银行履行票据义务或者受托代为履行票据义务时，由银行承担着辨别票据行为人，也就是判断行为人签章真伪的责任，如果发生错误付款，所发生的损失由银行承担。因此，为了便于分辨签章真伪并获得必要的免责，要求票据行为人（通常为出票人）将自己的手写签名或者印章，事先送交银行，此称为预留签名或者预留印鉴，统称为预留签章。当持票人向银行提示票据请求付款时，银行将预留签章与票据上的签章进行对照，确定一致之后，再进行付款。我国《票据法》在有关票据签章的规则中，并没有明确规定票据签章必须是预留签章，仅在支票上和商业承兑汇票上规定了预留签章问题。[1]以上关于预留签章的规定，主要目的在于使银行获得免责，如果票据上的签章与预留签章一致而进行付款，即使该签章是伪造签章，银行也可以免责；如果票据上的签章与预留签章不符而拒绝付款，银行也可以免责。但是，对除了银行之外的票据当事人来说，要求签章必须是银行预留签章，并没有实际意义。因此，可以说，在票据签章时使用预留签章，不是票据法对票据签章的要求，而只是涉及银行的一项免责规定。因此，在行为人没有使用预留签章进行票据签章时，银行可以以此拒绝付款。但是，根据票据法理论，该签章并非无效签章，在票据有效成立的情况下，票据上的其他签章人，即出票人和其他票据行为人仍应承担票据责任。

进行票据记载和票据签章之后，即形成一张完整的票据。因此，在票据法理论上，将票据记载和票据签章合称为"票据的作成"，并与"票据的交付"相对应。

（三）票据交付

票据是完全有价证券，票据权利的行使、转让，都必须依赖于票据。因此，票据权利人必须占有票据，才能行使票据权利。所以在完成相应的票据记载和签章之后，票据行为人还要依自己的意思，将票据交给相对人，从而实现票据占有的实际转移。因此，票据交付是使票据行为最终能够有效成立的特殊形式要件。在出票行为中，出票人完成出票事项的记载并进行签章后，将票据交给收款人，从而发生出票的效力；在背书行

---

　　[1]《票据法》第88条规定："支票的出票人不得签发与其预留本名的签名式样或者印鉴不符的支票"；《支付结算办法》第23条第3款规定："支票的出票人和商业承兑汇票的承兑人在票据上的签章，应为其预留银行的签章。"

为中，背书人完成背书事项的记载并进行签章后，将票据交给被背书人，从而发生背书的效力。可见，只有在实现了票据交付之后，才最终完成了票据行为，使票据权利义务得以发生。

1. 票据交付的特殊性。与票据记载和签章相同，票据交付也是一种行为（具有一定意思表示内容的法律行为）。但不同的是，交付这一行为在票据书面没有任何体现，因此，票据行为人是否完成了有效的交付行为，无法在票据外观上查知，这导致第三人无从知道票据交付的真实情况。如果票据行为人完成了记载和签章，尚未进行交付，就将票据遗失，而后票据流通到善意持票人手中。此时，票据行为人能否以自己"尚未完成交付"为由拒绝承担票据债务？对此，票据法理论界，无一例外地都认为不能免除票据行为人的责任，票据行为人应该向善意持票人负担票据债务。这样看来，将"交付"作为票据行为的形式要件，又不是十分妥当。

欠缺交付通常发生在以下两种情况：第一，基于占有委托，如票据作成后托他人保管，而受托人违反委托意旨将票据转让给第三人；第二，基于占有脱离，如票据作成后被盗、遗失或其他违背本人真意的事由而为第三人取得。

2. 关于交付的学界学说。基于交付行为的特殊性，是否应将票据交付作为票据行为的有效要件之一，学界存在不同的观点。赞同者较多的就是双方行为说（契约说）和单方行为说。这些学说，又在于说明票据行为的性质，所以，又被认为是关于票据行为性质的学说。

（1）双方行为说。双方行为说又称契约说，认为票据债务人之所以负担票据上债务，是因为他与票据债权人订立了契约，票据本身就是一种契约。契约是以双方当事人意思表示一致而成立，因此，票据行为的成立，首先由票据债务人制作票据，并由票据债务人将票据交付于票据债权人，这就是要约；而票据债权人又必须受领该票据，这就是承诺；完成了要约和承诺，契约才告成立，票据行为才能最终完成。因此，按照契约说的主张，票据交付是票据行为的必备要件之一。但是，如此一来，欠缺交付的场合，票据行为因欠缺有效要件而归于无效。显然这种结果不利于维护善意持票人的利益。而对于善意的持票人来说，票据是否经过签章人有效的交付，在流通中是很难查证的。因此，为了保护善意持票人，主张双方行为说的学者又提出补充适用"权利外观理论"的观点。根据权利外观理论，存在一定签章事实的票据行为即具有公信力，亦即不问票据行为人的意思如何，凡在票据上存在可归责于票据行为人的事实，且有一种权利外形（有效票据）的存在，票据行为人应当承担票据责任。

（2）发行说。单方行为说认为，票据行为是一种单方行为，仅依行为人一方的意思表示即发生法律效力。单方行为说又分为发行说与创造说。

发行说认为，票据行为仅依票据行为人一方的意思表示即可发生效力。但是，发行说亦认为，票据行为的成立，不仅需要票据行为人完成票据记载并签章，还需要签章人依自己的意思，将票据实际地交付于相对人；当行为人制作票据，而未进行票据交付时，票据行为尚未完成，不发生票据行为的效力。总之，根据发行说的观点，交付是票据行为的有效要件之一，因此，欠缺交付则不能成立有效的票据行为，而这同样不利于对善意持票人的保护。为了弥补发行说对善意持票人保护的不力，发行说的支持者主张，凡是流通中的票据，均推定为已经过行为人的有效交付，从而票据行为人不得以欠缺交付为由拒绝履行票据义务。

（3）创造说。创造说主张，票据债务的发生始于票据行为人的"创造"，有无相对人在所不问。也就是说，只要票据行为人完成票据记载并签章（作成票据），无须另为票据交付，票据行为即有效成立，发生票据债务。根据创造说的观点，票据交付并不是票据行为的有效要件，这显然有利于保护善意第三人的利益。但是，创造说也存在理论缺陷。按照创造说的观点，票据作成之时，即产生票据权利及与其相对应的票据债务，那么，在票据交付之前，票据尚在票据行为人手中时，因尚未转移票据的占有，票据上记载的收款人还不是权利人，票据债务也就成了"无主债务"。另外，票据行为有效成立，则产生票据债权债务关系，但是，按照创造说的观点，行为人尚未与任何人发生联系，就已经形成了票据关系，不符合法理。

3. 我国《票据法》上的规定。我国《票据法》第 20 条规定："出票是指出票人签发票据并将其交付给收款人的票据行为。"第 27 条第 3 款亦规定，持票人转让汇票权利时，应当背书并交付票据。从以上规定中可以看出，我国票据立法采取的是发行说。因此，根据我国票据法的规定，票据交付是票据行为的有效要件，交付行为无效，票据行为也归于无效。对于流通过程中的票据，推定为已完成交付，出票人不得以未经交付对抗持票人，以此来保护持票人。不过，对于已知未经交付或者因重大过失不知未经交付而受让票据的持票人，即有恶意或重大过失的持票人，出票人可以主张票据未经交付的抗辩，拒绝履行票据义务，以此来保护出票人。

二、票据行为的实质要件

前文述及，票据行为是一种民事法律行为，从这个意义上，民法对法律行为的一般规定，应该适用于票据行为上。但是，民法上的一般规定，并不考虑票据这一证券的存在，因此，它不能是对票据外观形式的规定，而只能是对票据外实质内容的规定。而根据票据行为的无因性，票据行为的实质内容，也就是民法对法律行为的一般规定并不绝对适用于票据行为上，有些民法一般要件的欠缺，并不必然导致票据行为的无效或被撤销。以下逐一分析民法上对民事法律行为的一般规定，哪些可以适用于票据行为，从而属于票据行为的实质要件。民事法律行为的一般要件，包括行为人的权利能力和行为能力、行为人的意思表示和行为的合法性三个方面。

（一）票据能力

各国民法关于行为人能力的规定，都属于强行法，当事人不得随意抛弃或变更。因此，票据行为要有效成立，行为人必须具有票据权利能力和行为能力。学理上，将票据权利能力和票据行为能力统称为票据能力。

1. 票据权利能力。票据权利能力，是指享有票据权利、承担票据义务的资格。

（1）自然人。按照《中华人民共和国民法通则》（以下简称《民法通则》）的规定，自然人的权利能力始于出生，终于死亡。这一规定同样适用于票据行为。因此，所有的自然人终生享有票据权利能力，而且任何自然人均不受年龄、性别、职业等的限制，平等地享有票据权利能力。

（2）法人。根据《民法通则》的规定，法人的权利能力始于登记，终于解散后清算完毕。与自然人不同的是，法人的民事权利能力受目的范围的限制，亦即在其章程规定的目的范围内或者在其依法登记的营业范围内才具有民事权利能力。但是，票据行为不同于一般的民事法律行为，它是一种以单纯的金钱给付为目的的抽象性行为，亦即所有票据行为的内容都被抽象化为金钱给付请求。因此，对于票据行为来说，不存在是否超越业务范围的问题，只能发生作为票据行为产生基础的原因关系上的事实是否超越目的范围的问题。这也是票据行为无因性原则的当然结果。由于法人章程所确定的法人目的范围或其登记营业范围不会反映在票据书面上，如果票据行为人在法人目的范围外的原因而进行了票据行为，这属于基础原因关系上的事实，而票据行为具有无因性，原因关系事实不构成票据行为的内容。因此，票据行为不会因原因关系无效而归于无效。综上，就票据行为而言，法人也具有普遍的票据权利能力。

（3）关于合伙及其他非法人团体是否享有票据权利，我国《票据法》没有做出明确的规定。但是，在我国，合伙与其他非法人团体具有民事主体地位，可以独立参与民事活动，而且，《票据法》第4条第3款也规定，其他票据债务人在票据上签章的，按票据记载事项承担票据责任。因此，可以认为，如果合伙或者其他非法人团体，在票据上签章，实施了票据行为，就依票据所载内容承担相应的票据责任。

2. 票据行为能力。票据行为能力，是能够独立地进行有效的票据行为的能力，亦即行为人能够依自己的独自的行为，取得票据权利、承担票据义务的能力。各国票据法对票据行为能力没有做出特别规定，所以适用民法上对行为能力的一般规定。如此一来，可能会不利于善意的票据受让人，因为行为人有无票据行为能力，在票据外观上是无法观察到的，属于票据外的实质内容。所以票据受让人很难了解其直接前手之外的其他行为人有无行为能力。但是行为能力制度本身就是以牺牲交易安全来保护欠缺行为能力之人的制度，旨在对无行为能力人和限制行为能力人给予特别的保护，因此不允许仅在票据交易上排除这项制度的适用。

（1）自然人。自然人的行为能力，按照《民法通则》的规定，分为三种：完全民事行为能力人、限制民事行为能力人、无民事行为能力人，并且《民法通则》对行为能力的认定标准做出了规定，这些规定，基本上都适用于票据行为上。但是，有一点不同。根据我国《票据法》第6条的规定，无民事行为能力人或者限制民事行为能力人所为的签章无效。也就是说，我国《票据法》完全否认了无民事行为能力人和限制民事行为能力人的票据行为能力。因此，民法对无行为能力人和限制行为能力人的区分，在票据行为中就变得没有意义了，我国票据法上只存在完全票据行为能力人和无票据行为能力人之分，而且只有完全行为能力人才具有票据行为能力，独立地实施票据行为。

（2）法人。关于法人的票据行为能力，一般来说，法人是在其票据权利能力的范围内，具有票据行为能力。因此，法人普遍地具有票据权利能力，也就普遍地具有票据行为能力，无对行为能力的特别限制。当然，法人的行为能力都是通过法人机关（法定代表人）来实现的，所以，法人机关在其职权范围内代表法人所为的票据行为就是法人的票据行为，法人应该承担相应的票据责任。即使法定代表人超越职权所为票据行为，如法定代表人滥用职权，以法人的名义而为个人进行了票据行为，也仅属于法人的内部关系，只要签章符合法律规定的法人签章要求，对外应该由法人承担相应的票据责任，只能对知情的恶意第三人提出恶意抗辩。

（3）合伙及其他非法人团体。合伙及非法人团体的民事行为能力和法人的民事行为能力并无实质上的差别，因此，合伙及非法人团体也在其票据权利能力范围内享有票据行为能力。

3. 票据行为能力的判断时间。根据民法的一般原则，行为人行为能力的有无以做出行为之时的情况为准。但是，票据行为可以分阶段进行。记载与签章在一个阶段（票据的作成），而交付在另一个阶段进行，即票据行为人在完成了记载和签章之后，不立即交付票据，而隔一段时间再行交付。如此一来，就有可能发生：行为人在票据作成时有行为能力而在交付时无行为能力，或者票据作成时无行为能力而在交付时恢复了行为能力等情况。一般来说，有无票据行为能力的判断应该以交付时为准。如果票据行为能力人于票据作成时无行为能力，而在交付票据时恢复行为能力的，视为自始具有行为能力。因为在交付票据之前，票据尚在行为人手中，行为人于恢复行为能力后完全可以且有机会取消先前的票据行为，而仍进一步实施了票据交付，可以认为后一行为是对先前行为的"追认"。相反，如果票据行为能力人于票据作成时具有行为能力，而在交付票据时无行为能力的，视为不具备行为能力，所为的票据行为无效。

（二）票据行为的意思表示

票据行为作为民事法律行为的一种，以意思表示为核心要素。因此，票据上所记载的票据签章人，实际上未作出任何意思表示，即仅仅是票据名义人的情况下，即使相应的票据行为在外观上符合票据法所规定的形式要求，也不能发生票据行为的效力。比如，票据伪造中的被伪造人和被他人无权代理的本人，即为未作出任何意思表示的票据上的名义人。

1. 学界学说。对于意思表示这一实质要件，在票据法上并无特别规定。因此，根据法律基本适用规则，在票据法上没有规定时，应该适用作为一般法的民法规定。但是基于票据行为的特殊性，民法有关意思表示的规定能否直接适用于票据行为上，众说纷纭，莫衷一是。

（1）全面适用说。全面适用说认为，票据行为是一种民事法律行为，因此，票据法对意思表示未作特别规定时，应当直接适用作为一般法的民法关于意思表示的规定。也有很多学者对此持反对的意见，认为："票据法虽无明文规定，但票据法上的各个规定，均渗透着票据制度之立法精神；因此，绝对不能以无明文规定，即断然认为民法上之规定，当然照样全部适用于票据行为之意思表示，而毫无例外。由此推论，当民法上规定适用之结果，有违票据制度之立法精神时，至少应解释为得排除或限制其适用，始为合理。"[1]

（2）个别修正适用说。个别修正适用说认为，在票据行为的意思表示上，表示主义应优先于意思主义而适用，因此民法基于表示主义的规定，即明文规定不得以无效或可撤销对抗善意第三人的，可以且应当直接适用于票据行为；而基于意思主义的规定，则排除适用或修正适用。至于如何修正适用民法基于意思主义的规定，学者又提出了各种不同的修正方法：有的学者主张，民法关于意思表示的规定未设置有对善意第三人的保护时，依权利外观理论实现对善意第三人的保护；有的学者主张，民法关于意思表示的规定未设置有对善意第三人的保护时，而应类推适用设有第三人保护的其他规定来保护善意受让人。而反对该学说者认为："个别修正适用说之依据主要在强调票据行为之特质或表示外观之信赖，其理论未必正确，仅因票据行为之特质，而修正民法规定之适用，难谓有充分之依据，且部分适用，部分不适用，流于恣意，不能做统一之理解。"[2]

（3）一般修正适用说。相对于个别修正适用说对民法意思表示规定作个别修正以保护善意第三人的主张，一般修正适用说则试图对民法规定进行统一的修正。一般修正适用说主张，

---

〔1〕（台）李钦贤：《票据法专题研究（一）》，三民书局1996年版，第96页。

〔2〕（台）李钦贤：《票据法专题研究（一）》，三民书局1996年版，第95页。

民法关于意思表示的规定，仅在票据行为直接当事人之间予以适用，而在与第三人的关系上，则排除适用民法的规定。因为民法规范的是直接当事人之间的关系，但对票据行为来说，票据行为人的意思经由直接相对人到达第三人处，行为人即与第三人发生法律关系，而票据行为人与第三票据受让人之间的此种关系并非是民法所能预想到的，所以当然应该排除民法规定的适用。

（4）适用否定说。适用否定说主张，民法有关意思表示的规定完全不适用于票据行为。主张适用否定说的学者认为，票据行为是行为人认识到是票据，而进行具备法定形式的签章，则依此发生法定效果的作成行为，无关行为人的内心意思。因此，民法一般意思表示理论不适用于票据行为，即应全面排除适用意思表示的民法规定，而须树立独立适用的特殊规则。根据适用否定说，票据行为所要求的意思程度是"表意人认识到或者应当认识到是票据而为签章"，因此，只要票据行为人认识到或者应当认识到是票据而在该票据上进行符合法定形式的签章，票据债务即有效成立，票据行为人不得以民法上的事由而免除票据债务，仅对于知悉此等事由的相对人，或者依恶意抗辩或者将意思表示的瑕疵作为对人抗辩事由而拒绝相对人行使权利。

对此观点，也有很多学者提出了批评，认为：票据行为是一种民事法律行为，不能全然排除民法规定的适用，即使最终得到否定适用的结论，也不应自始就将票据行为断绝于一般法律行为。另外，适用否定说在采取民商分立立法例的国家，解释上尚有可能成立，但在采取民商合一立法例的国家，无法进行合理的解释。

票据行为的意思表示不同于一般民事法律行为的意思表示。

一般民事法律行为的意思表示大多存在于特定的当事人之间，对于当事人的真实意思较容易探究。因此，以尊重当事人意思的意思主义为原则，依当事人的真实意思确定法律行为的效力，在意思表示不真实或者意思与表示不一致时，法律行为无效或可撤销。[1]但是票据行为的意思表示，由于票据的辗转流通，而存在于不特定的多数当事人之间，当事人的真实意思很难查知，因此，为加强票据的流通性，并保护票据的善意受让人，采取注重票据上表示的表示主义原则，即以票据上的外观表示来确定行为的效力。基于这一原则，只要票据行为在形式上符合票据法的要求，就属于有效的票据行为，行为人就应该承担相应的票据责任，而不问行为人实施票据行为时意思表示是否真实、合法。仅在直接当事人之间，行为人才可以主张其真实意思与票据上的表示不一致，或者意思表示的过程存在瑕疵，来拒绝履行票据义务。但是，对于善意第三人，行为人不能行使上述抗辩。

2. 我国《民法通则》规定的适用与否。

（1）重大误解。根据我国《民法通则》的规定，行为人对行为内容有重大误解的民事行为，可以请求变更或者撤销。而对票据行为而言，行为人对行为内容有重大误解，可能有两种情况。一种情况是，行为人对票据行为本身有重大误解，例如，行为人误认为自己行为的对象并非票据，即不知道是票据而在票据上进行了签章。但是，在票据法上，只有完全行为能力人才具备票据行为能力，才能实施有效的票据行为，既然是完全行为能力人，不可能不知道票据，所以，这种误解通常是不可

---

[1]《民法通则》第59条规定："重大误解和显失公平的民事行为可以撤销或变更。"《民法通则》第58条规定："欺诈、胁迫或者乘人之危而使对方违背其真实意思所为的民事行为无效。"

能发生的。另一种情况是，行为人对票据行为的前提有重大误解，例如，行为人本来不负担债务，而误以为自己负担债务，而实施了票据行为。但是，就该误解的性质上，它应该属于票据行为原因关系上的重大误解。根据票据行为的无因性原则，此种误解也不影响票据行为的效力。综上，对于行为人有重大误解而为的票据行为，应排除适用民法上的一般规定，票据行为仍有效成立，仅对直接相对人提出原因关系抗辩，或对恶意第三人提出恶意抗辩。

（2）恶意串通以及受欺诈、胁迫而为的票据行为。对于恶意串通而为的票据行为，以及受他人欺诈、胁迫而为的票据行为，与重大误解而为票据行为的情况基本相同。恶意串通，还是受欺诈、胁迫，都属于原因关系上的事实，根据票据行为的无因性原则，票据行为的效力不受票据外因素的影响，所为的票据行为仍然有效。只是对直接责任人，行为人可以提出原因关系抗辩，或者对恶意第三人提出恶意抗辩。可见，在这种情况下，也排除民法一般规定的适用。我国《票据法》第 12 条第 2 款的规定，一方面允许行为人与以欺诈、胁迫等手段取得票据的人相对抗；另一方面，也反映出对行为人的抗辩加以限制，即仅对恶意第三人主张抗辩，而不能对善意第三人提出。

（三）票据行为的合法性

票据行为作为法律行为之一，当然也必须具备民法上的合法性要件，即票据行为不得违反法律或者社会公共利益。票据行为的合法性，包括形式上的合法性和实质上的合法性。形式上的合法性，要求票据行为必须符合票据法规定的各项形式要件，否则票据行为无效。对此，已在票据行为的形式要件中论述。

票据行为的实质合法性，主要包括票据行为目的的合法性和内容的合法性。[1] 以骗取他人钱财为目的签发票据或者为偿还赌债而签发票据时，出票行为不合法源于其目的的不合法。而票据行为的目的事实，属于原因关系内容，基于票据行为的无因性，票据行为的效力不受原因关系的影响，因此，原因事实不合法，不会导致票据行为无效。另外，所有的票据行为均以金钱给付为其内容，所以不发生内容不合法的情况。总之，行为人为票据行为的原因和目的对票据行为的效力不生影响，因此，关于民法上的合法性要求，票据行为只需符合形式合法性，无须考虑实质合法性。

第五节　票据行为的代理

票据行为在本质上是一种法律行为，同其他法律行为一样，也适用代理制度，由代理人代替本人实施一定的票据行为。

一、票据行为代理的形态

票据行为上可能存在以下两种不同形态的代理。

第一种形态，是代理人以自己的名义在票据上签章，明确表明为被代理人（亦即本人）实施票据行为。例如，出票人 A 委托代理人 B 替自己出票，向 C 公司签发票据。在这种情况下，应由代理人 B 在票据上进行出票签章，并明确记载自己为出票人 A 代理出票，在票据上同时表现出出票人 A 的名称和代理人 B 的名称，但是，出票人 A 的名称是票据记载，而代理人 B 的名称是票据签章。这是通常形态的票据行为代理，是一般民事代理在票据上的体现。票据法上所规定的代理制度，就是这种

---

〔1〕　于莹：《票据法》，高等教育出版社 2008 年版，第 43 页。

通常形态的票据行为代理，票据法理论上简称为"票据代理"。

第二种形态，是代理人不以自己的名义，而直接以被代理人的名义在票据上签章，由此为被代理人实施票据行为。这是特殊形态的票据行为代理，在我国票据法上并未作出规定，但在实际票据活动中被经常采用。特别是在公司、企业、单位中，有管理权限的法定代表人，通常委托实际工作人员代理进行相应的票据行为，多采取这种代理方式。为了使特殊形态的票据行为代理和通常形态的票据行为代理相区分，票据法理论上将这种代理简称为"票据代行"。但是，无论是通常形态的票据行为代理，还是特殊形态的票据行为代理，所为票据行为的效果都归属于本人。

二、票据代理

票据代理在其表现方式上与一般民事法律行为的代理并没有不同，因此，在通常情况下适用一般民事代理的基本规则。民法关于代理的一般原则，包括无行为能力人的行为应由法定代理人代理；代理人应当在代理权限内，以被代理人的名义实施法律行为；代理而为的法律行为的效力归属于本人等规则，适用于票据代理。但是，基于票据行为的特殊性，票据行为的代理也具有若干与一般民事代理不同的特殊规则。

（一）法律规定

基于票据行为是票据上的行为这一特殊性质，票据代理也必须在票据上进行。我国《票据法》第5条规定："票据当事人可以委托其代理人在票据上签章，并应当在票据上表明其代理关系。"从本条规定看，票据代理适用一般民事代理上的显名代理原则，不承认隐名代理。

（二）构成要件

根据票据法理论及我国《票据法》第5条的规定，票据代理的有效成立，必须具备以下几项要件。

1. 明示被代理人（本人）的名义。票据是文义证券，一切票据行为都以票据书面的记载为准，因此，票据代理只能是显名代理，必须在票据上明确记载被代理人的姓名或名称。只有在票据上明确指示本人名义的情况下，票据代理的效果才归属于被代理人，才由被代理人承担票据义务；如果代理人未在票据上明确表示被代理人的名义，即使已经得到被代理人的授权，甚至相对人知道代理人是代理本人而为票据行为，票据行为的效果也不能归属于本人，只能由实际签章人（代理人）负担票据义务。表明被代理人的名义，只要明确记载被代理人的名称即可，不以签章为必要。

2. 记明为被代理人代理的意思。根据《票据法》第5条第1款〔1〕的规定，一般都要求代理人在代理本人实施票据行为时，必须在票据上明示代理的意思。代理人除必须记载本人名称或姓名之外，还必须在票据上表明自己的代理意思。但是，票据法并没有规定表示的方式，如何在票据上表明代理意思，应该记载什么样的文句，没有做出明确的规定。如果仅仅有本人名义的记载和代理人的签章，没有表明代理意思的语句该如何处理？应该说，由于缺少的文句不是必要记载事项，因此，票据的效力不会受到影响，票据仍然是有效的票据。但是，需要明确的是，由谁来承担票据责任的问题。如果能够证明代理关系存在，或者根据票据上的记载内容和一般商业交易习惯可以认定代理关系的，成立有权票据代理，应该由本人负担票据义务；如果没有办法确定代理关系的存在，就视为本人与代理人的共同票据行为，应由本人和代理人共同承担责任。因此，

---

〔1〕《票据法》第5条第1款规定："票据当事人可以委托其代理人在票据上签章，并应当在票据上表明其代理关系。"

如果代理人在票据上明确表示本人的名义，而且自己也完成了签章，即使没有表明代理关系，只要构成票据有权代理，本人就应该负担票据义务。

3. 须有代理人的签章。票据是文义证券，因此，票据代理须在票据上有代理人的签章才能成立。如果没有代理人的签章，只有本人名义的记载和本人的签章，即构成票据代行。票据代行为有权代行的情况下，与票据代理的法律效果一样，票据代行的效果归属于本人，由本人负担票据义务；而如果为无权代行，则构成票据伪造，需追究行为人票据伪造的法律责任。因此，票据代理必须具备代理人的签章。

4. 须有代理权。所为的票据代理行为有效成立，代理人必须具有代理权。在未得到授权而实施票据行为的情况下，构成无权代理、越权代理或者表见代理。我国《票据法》第5条第2款规定，没有代理权而以代理人名义在票据上签章的，应当由签章人承担票据责任；代理人超越代理权限的，应当就其超越权限的部分承担票据责任。

通常认为，明示本人的名义、记明为本人的意思和代理人签章属于票据代理的形式要件，而代理人有代理权属于票据代理的实质要件。[1]以上票据代理的形式要件和实质要件，欠缺任意一项都不能发生票据代理的法律效果。但是，须注意的是，一项行为构成票据代理，首先该行为必须具备票据行为本身的有效要件，如果该票据行为欠缺有效要件而归于无效，无论是"代理人"还是"本人"都无须承担票据义务。

---

〔1〕 于莹：《票据法》，高等教育出版社2008年版，第52页。

三、票据行为的无权代理、越权代理和表见代理

（一）票据行为的无权代理

没有代理权而为票据行为的代理，构成票据行为的无权代理。广义的无权代理，包括狭义的无权代理、越权代理和表见代理。本书所称的无权代理仅指狭义的无权代理。

1. 票据行为无权代理的构成要件。票据行为的无权代理和有权代理的差异就在于代理人有无代理权。

第一，无权代理人所实施的票据行为必须具备票据行为的有效要件，包括形式要件和实质要件，如果欠缺有效要件而致票据行为无效，则无须再进一步探讨票据行为代理的效力问题。

第二，无权代理在形式上须符合票据行为代理的形式要件，欠缺的仅为实质要件即代理权。如果不具备形式要件，则不构成票据行为的代理，就没必要再讨论有无代理权的问题了。

第三，代理人无代理权。在无权代理关系中，本人与无权代理人之间无实质的代理关系，因此，无须承担基于票据行为而发生的任何票据义务，有关的票据行为应视为无权代理人自己的票据行为，承担由于该票据行为产生的一切法律后果。

2. 票据行为无权代理的法律后果。票据是文义证券，票据上的记载内容和签章是确定票据义务内容和票据义务人的唯一根据。在构成票据无权代理的情况下，虽然无权代理人无代理权而以本人的名义实施了票据代理行为，该代理行为因无合法根据而无效。但是无权代理人所为的签章是行为人自己的真实签章，因此，其所为的签章行为当然有效，无权代理人作为票据签章人应当自行承担由此发生的法律后果。我国《票据法》第5条第2款规定，没有代理权而以代理人名义在票据上签章的，应当由签章人承担票据责任。换言之，在票据行为无权代

理的情况下，不发生票据伪造的问题，而认为是签章人所为有效的票据行为，由签章人负担票据义务。与此相应地，无权代理人（签章人）可以向持票人行使自己的抗辩事由，也可以援用成立有权代理的情况下本人可以向持票人主张的抗辩事由。同时，持票人也可以向无权代理人主张有权代理情况下可向本人主张的权利。而且，在无权代理人已作为票据签章人履行票据义务时，相对人及第三人均不得主张其所为票据行为无效。

此外，民法上的追认制度当然也适用于票据行为无权代理的场合，票据无权代理的本人亦享有追认权，在本人对无权代理人的票据代理行为予以追认后，代理行为的法律后果归属于本人，由本人承担票据义务。

（二）票据行为的越权代理

1. 票据行为越权代理的表现形式。有的学者将票据行为的越权代理分为两种情况：一种是"质的逾越"；一种是"量的逾越"。[1]"质的逾越"，如代理人虽有代理本人进行一定事务的授权，但并没有代为签发票据的授权而签发了票据。这实际上属于狭义的票据行为无权代理的情形，而非票据行为的越权代理。应该说，越权代理主要指"量的逾越"代理，常见的有：增加了票据金额；提前了票据支付日期；改变了票据支付地等等。

2. 票据行为越权代理的法律后果。对于票据金额的越权代理，应如何承担该票据义务，票据法理论界存在着三种不同的学说：一种学说认为，越权代理人应当就票据金额的全部承担责任，而本人就代理权范围之内的票据金额部分，承担票据责任；第二种学说认为，应划分本人及越权代理人的责任金额范

---

[1] 赵德枢："论票据行为的代理、代表及代行"，载《政大法学评论》1993年6月。

围，本人就其授权范围内的金额承担票据责任，而越权代理人只就其越权部分的票据金额承担票据责任；第三种学说从票据债务的不可分原则及票据的文义性出发，认为本人无须承担票据责任，仅由越权代理人承担全部票据金额的票据责任。

　　我国《票据法》第 5 条第 2 款规定，代理人超越代理权限的，应当就其超越权限的部分承担票据责任。即根据我国票据法的规定，在构成票据行为越权代理的情况下，本人仅就其授权范围、越权代理人就其越权部分，分别承担票据责任。当然，对此也有学者提出异议，认为这种将权利分割成两个部分行使的做法使得票据权利人不能一次性获得全部的票据金额，从而不利于票据权利人票据权利的实现。因此，主张越权代理人和本人对善意的第三票据持票人承担连带责任，任何人对票据的第三善意受让人承担全部的票据债务。当然，任何一方在履行清偿义务之后，就其超越部分都有权向另一方追偿。[1]

　　在代理人越权提前票据支付日期或者改变支付地的场合，难以确定越权部分的内容，即使确定了也不能分别履行债务，所以不可能适用《票据法》第 5 条第 2 款分别承担责任的规定。为此，有学者提出，在这种情况下，本人票据债务的履行应以票据上的记载为准。因为虽然提前支付日期、改变支付地有可能加重本人的票据义务，但是毕竟只涉及票据债务的履行日期和地点，对票据债务的基本内容没有实质影响；代理制度为本人进行民事活动提供了便利，本人在享受这种便利的同时，也应当承担由此产生的风险，即既然相信代理人，授权代理人代为实施法律行为，则由此产生的风险由其本人承担也无可厚非。

　　当然，越权代理也可以适用追认制度，经本人追认，票据

---

　　〔1〕　于莹：《票据法》，高等教育出版社 2008 年版，第 54～55 页。

代理行为的后果归属于本人，由本人承担相应的票据义务。

（三）票据行为的表见代理

票据代理中，也有可能存在表见代理问题，即在代理人实施无权代理或者越权代理的情况下，如果相对人或者第三人有正当理由相信其有代理权而为票据行为的代理时，对于本人发生票据行为有权代理的效果，本人应承担票据义务。

对于票据行为的表见代理，票据法并没有做出特别规定，所以应当适用民法上关于表见代理的一般规定。根据民法一般理论，足以使第三人客观上相信存在代理权的事由，主要包括：①本人以自己的某种行为对第三人表明已将代理权授予代理人；②本人明知他人以其代理人的名义实施票据行为而不作反对的意思表示（默认）；③虽然本人对代理人的代理权进行了限制或者代理权已经消灭，但善意第三人无法得知这一事实；④有可归责于本人的其他事由而使第三人客观上可以相信代理人确有代理权。如果具备上述要件，即构成票据行为的表见代理。当然，行为在形式上还必须具备票据行为和代理行为所要求的一切形式要件。

成立票据行为的表见代理，本人应当对相对人承担票据责任。但是，这并不意味着表见代理当然地转换为有权代理，无权代理人无须承担责任。相反，无权代理人还得依票据行为无权代理的规定承担票据责任。此时，本人的票据责任和无权代理人的责任并存，持票人可以择其一行使票据权利，既可以依表见代理请求本人履行票据义务，也可以依无权代理请求无权代理人履行票据义务。当然，本人履行票据义务之后，可以向无权代理人追偿。

四、票据代行

与通常形态的票据代理不同，票据代行是票据代理人不以自己的名义，而直接以被代理人亦即本人的名义实施相应的票据行为。表现在票据书面上，只有本人的签章而没有代行人的签章，也没有代理文句的记载，因此，在票据上没有由代行人为本人代为进行票据行为的任何表示。因此，对于票据行为的相对人以及第三人来说，票据代行人所为的票据行为，即为票据名义人本人的行为。

　　票据代行不同于票据代理。票据代理虽然是代理本人实施票据行为，但是以自己的名义，依代理人自己的意思，为本人的利益实施票据行为。而票据代行的代行人仅仅根据本人的意思，机械地替本人完成签章行为，至于票据上记载的具体事项为何，代行人无须关注，即票据代行人在票据上没有任何意思表示。因此，代行人所为的票据行为应视为本人自己的行为，与本人亲自实施的票据行为发生相同的法律后果。

　　与票据代理一样，票据代行当然也应是有权代行，所不同的是，票据代行只能是有权代行，不发生无权代行和越权代行的情况。因为，如果代行人未经授权的情况下，直接以本人的名义进行票据签章，则构成票据伪造。但是，在表见责任方面，与票据代理相同，也可能成立票据行为的表见代行，并由本人承担票据义务。

　　票据代行一般都采取代行盖章的方式，即由代行人代替本人在票据上加盖本人的印章，完成相应的票据行为。因为盖章这一签章方式，在实际的操作过程中，不限于必须由本人亲自完成，所以票据代行一般都采用盖章的方式。

第四章

票据权利

第一节 导论：票据权利义务关系的基本结构

一、票据权利义务关系的本质

票据权利义务关系，本质上是一种债权债务关系。我国《票据法》第4条第4款规定，票据权利是指持票人向票据债务人请求支付票据金额的权利；第4条第5款规定，票据义务是指票据债务人向持票人支付票据金额的义务。以上规定中也可以看出，票据权利是表现在票据上的票据债权；票据义务是与票据债权相对应的票据债务。这种票据权利义务关系产生于票据行为，也就是说，实施票据行为的直接后果，即产生了当事人的票据权利和票据义务，亦即行为人的票据债务和相对人的票据债权。

二、票据权利和票据义务的种类

我国《票据法》第4条第4款明确规定，票据权利包括付款请求权和追索权。

付款请求权是持票人对票据主债务人享有的权利，是票据上的第一次请求权，具有主票据权利的性质。付款请求权又分为实质付款请求权和形式付款请求权。与票据权利人的付款请求权相对应，存在票据义务人的付款义务，付款义务也分为实质付款义务和形式付款义务。

追索权又称为偿还请求权，是在付款请求权未能实现时产生的权利，是票据上的第二次请求权，具有从票据权利的性质。追索权又称为追索权和再追索权。与票据权利人的追索权相对应，存在票据义务人的偿还义务。

此外，在存在票据保证时，持票人也享有对票据保证人的请求权。我国票据法仅规定付款请求权和追索权，未将辅助请求权独立出来，单独作为一类票据权利加以规定。相对于付款请求权和追索权来说，基于票据保证所发生的这种请求权具有辅助性权利的性质，因此理论上称之为"辅助请求权"。与票据权利人的辅助请求权相对应，票据保证人具有辅助义务。

关于以上三种票据权利之间的关系来说，权利人必须首先行使付款请求权，再行使追索权，不能越过付款请求权而直接行使追索权。辅助请求权是在付款请求权或者追索权未能实现时产生的权利。

第二节　票据权利概述

一、票据权利的概念

在一般意义上，凡属基于票据而发生的各种权利，均可以统称为票据权利。其中，既包括基于票据行为而发生的票据权利，也包括基于票据法的特别规定而发生的票据权利，此又称为广义的票据权利。由于以上两种权利性质相异，并无更多的统一性，为了便于区分，在票据理论上，所谓的票据权利仅指基于票据行为而发生的权利，通常也称为狭义的票据权利、票据上权利；将基于票据法的特别规定而发生的权利，称为票据法上的权利。

狭义的票据权利即票据上权利，是指持票人向票据债务人请求支付票据金额的权利。《票据法》第 4 条第 4 款所规定的票据权利，即为狭义的票据权利。由于票据权利表现为一种请求权，而且表现为一种金钱给付请求权，因此，票据权利的性质为债权，是金钱债权。但是，这种金钱债权不同于一般的金钱债权，它是依作为有价证券的票据来表现的金钱债权。因此，票据权利也可以称为票据上债权。票据权利是基于票据行为人的票据行为而产生。在票据行为人完成票据行为时，产生票据行为相对人的票据权利，同时产生票据行为人的票据义务。

二、票据权利的特征

票据权利是一种债权，因此具有一般债权的基本特征，同时，基于票据行为的特殊性，它又具有不同于一般民事债权的特征。

（一）证券性权利

实施票据行为的直接后果就是产生了票据这一有价证券，从而使原因关系上的债权物化为票据债权。而票据债权一经发生，即与票据证券本身合而为一，只有取得证券，才能取得票据权利；也只有依靠证券，才能行使票据权利。也就是说，票据权利人同时享有票据上债权和票据这一物的所有权。可以说，票据权利是票据上债权与票据所有权的统一。票据权利的这一特征，使其在权利的转移上表现出不同于一般债权转移的特征，即在转移票据权利时，要求必须一同移转票据的占有，进行票据交付。

（二）单一性权利

票据权利是票据上债权与票据所有权的统一，票据权利与票据证券具有不可分割性。因此，不可能由两个或者两个以上的人同时占有同一张票据。因此，在一个票据上，不可能同时存在两个以上的票据权利。如果把票据本身看作一个物，票据权利的单一性特征是遵循物权法上的"一物一权"原则的结果。[1]综上，在同一个票据上，可以同时存在两个或者两个以上的义务人，但是，不可能存在两个或者两个以上的权利人。

（三）二次性权利

票据权利虽然本质上是一种金钱债权，但又不同于一般的金钱债权。一般的金钱债权通常都是一次性的权利，权利人仅对一个债务人有请求权，当该请求权未能得到满足时，权利人只能通过其他途径求得法律救济。但是，票据权利是二次性权利，权利人可能对两个或者两个以上的不同的债务人享有请求权。因此，票据权利人首先可以向主债务人行使付款请求权即第一次请求权；在付款请求权未能实现时，可以再向从债务人行使第二次请求权，即追索权。当第二次请求权也未能得到满足时，与一般的金钱债权一样，还可以通过其他途径求得法律救济。

三、票据权利的种类

我国《票据法》规定了两类票据权利，即付款请求权和追索权（《票据法》第4条第4款）。此外，在存在票据保证时，持票人也享有对票据保证人的请求权。对付款请求权和追索权来说，这一请求权具有辅助性权利的性质。因此，票据法理论

<hr>

〔1〕　赵新华：《票据法论》，吉林大学出版社2007年版，第60页。

上称之为辅助请求权。

（一）付款请求权

付款请求权是持票人对票据主债务人享有的依票据而请求支付票据所载金额的权利。在票据权利的行使顺序上，付款请求权是票据上的第一次请求权，具有主票据权利的性质，持票人必须首先向主债务人行使第一次请求权即付款请求权，而不能越过它直接行使第二次请求权。票据权利人行使付款请求权，称为票据权利的正向行使。

付款请求权的行使对象是票据上的主债务人，而票据上的主债务人通常可以分为两种：一种是真正主债务人；另一种是形式主债务人。真正主债务人对票据金额承担着绝对的付款义务，在不能获得付款时，持票人可以通过诉讼程序强制主债务人履行付款义务。此可以称为"实质付款请求权"。一般来说，本票的出票人和汇票的承兑人承担着绝对的付款义务，是票据上的真正主债务人，持票人对他们享有实质付款请求权。而票据上的形式主债务人，不承担绝对的付款义务，因此，在不能获得付款时，持票人不能通过诉讼程序强制主债务人履行付款义务，只能转而行使第二次请求权即追索权。此可以称为"形式付款请求权"。一般来说，未进行承兑的汇票付款人和支票的付款银行不承担绝对的付款义务，是票据上的形式主债务人，持票人对他们的付款请求权属于形式付款请求权。

（二）追索权

追索权又称为偿还请求权，是指在付款请求权未能实现时发生的，持票人对从债务人享有的请求偿还票据所载金额和其他有关金额的权利。在票据权利的行使顺序上，追索权是票据上的第二次请求权，具有从票据权利的性质，它以第一次请求权即付款请求权未能实现为行使的前提条件，在付款请求权未能实现时，持票人才能转而行使追索权。票据权利人行使追索权，称为票据权利的逆向行使。

追索权既包括持票人向其前手行使的追索权，也包括已经履行追索义务的背书人向自己的前手行使的追索权。持票人向前手行使的追索权，称为"追索权"，这种追索权是主权利——付款请求权未能实现时启动的权利；被追索的背书人在履行偿还义务之后，对其前手行使的追索权，称为"再追索权"。追索权的权利主体是最后持票人，即现实的票据权利人；再追索权的权利主体是先前曾为票据权利人，之后依背书转让票据权利从而成为票据义务人的人。

（三）辅助请求权

在存在票据保证时，持票人也享有对票据保证人的请求权，称为"辅助请求权"。辅助请求权是指在付款请求权或者追索权未能实现时产生的，持票人对票据保证人所享有的、请求支付票据上所载金额及其他有关金额的权利。虽然我国票据法未明确规定辅助请求权，但是辅助请求权不同于付款请求权和追索权，是另一种票据权利。辅助请求权与付款请求权的区别在于，辅助请求权并非第一次请求权；辅助请求权与追索权的区别在于，辅助请求权的义务人并非是票据上的任意从债务人，而是特定的票据从债务人即票据保证人。如果保证人是为付款请求权的实现提供了保证，辅助请求权则具有相当于付款请求权的性质；如果保证人是为追索权的实现提供了保证，辅助请求权则具有相当于追索权的性质。[1]鉴于此，我国票据法上并未将对票据保证人的辅助请求权单独作为一类票据权利加以规定。

---

[1]　赵新华：《票据法论》，吉林大学出版社 2007 年版，第 62 页。

第三节　票据权利的取得

与民法上一般财产权利的取得方式一样，票据权利的取得也分为原始取得和继受取得两种方式。

一、票据权利的原始取得

持票人不经由其他前手权利人，而最初地取得票据权利，即为票据权利的原始取得。根据取得方式的不同，原始取得又可分为发行取得和善意取得两种方式。

（一）票据权利的发行取得

票据权利的发行取得，是指票据权利人依出票人的出票行为而取得票据权利。票据是设权证券，在票据作成之前，并不存在票据权利，在出票人完成了出票行为之后，票据上即产生票据权利，相对人通过票据的交付，实现票据的实际占有，从而原始取得票据权利。票据权利的发行取得，是其他取得方式的基础，没有票据权利的发行取得，票据权利的其他取得方式也就无从谈起。[1]

在通常情况下，票据权利的发行取得，都是基于出票人真实的出票行为，即由出票人本人在票据用纸上进行相应的记载，完成签章，并把作成的票据交付给相对人，从而使相对人原始取得票据权利。在票据法理论上，将基于真实的出票行为而取得票据权利，称为"票据权利的真实取得"。但是，在某些特殊的情况下，即使没有真实的出票行为，基于票据行为的独立性原则，相对人仍可能在形式上取得票据权利。例如，G 伪造 A

---

〔1〕　赵新华：《票据法论》，吉林大学出版社 2007 年版，第 62～63 页。

的签章，擅自以 A 的名义进行了虚假的出票行为，签发一张本票给 B，B 取得票据之后，进行了背书，将票据权利转让给了C。在这种情况下，虽然被伪造人 A 不承担票据义务，但是他的相对人 B 仍然在形式上取得票据权利，仍然可以将票据权利背书转让给他人，并由此承担对后手持票人的票据债务。票据法理论上，将这种不是出自真实出票行为的票据权利的取得，称为"票据权利的形式取得"。

（二）票据权利的善意取得

票据权利的善意取得是票据权利原始取得的特殊形态。在票据受让人善意且无重大过失的情况下，即使该票据的转让人是无权利人，该善意受让人仍然有效取得票据权利，无须向真实权利人返还票据，这就是票据权利的善意取得。善意取得的发生，是基于真实权利人因某种原因丧失对票据的占有；而善意取得制度的目的，就在于以牺牲真实权利人的利益来保护善意受让人，从而确保票据的流通性和安全性，充分发挥票据的功能。

在我国《票据法》上，并未直接规定票据权利的善意取得，但是，可以从相关的法律规定中推导出来。《票据法》第 12 条第 1 款规定，以欺诈、偷盗或者胁迫等手段取得票据的，或者明知有前列情形，出于恶意取得票据的，不得享有票据权利。根据该条规定，持票人明知前手存在欺诈、偷盗或者胁迫等情形，出于恶意取得票据的，不得享有票据权利，那么，持票人如为善意，则不适用该条规定，善意受让人应当取得票据权利，这在实际上承认了票据权利的善意取得。

由于票据权利善意取得的结果，会使先前的真正权利人丧失票据权利，因此，各国票据法都严格规定善意取得的构成要件，只有在符合善意取得要件时，才承认票据权利的善意取得。

成立票据权利的善意取得，必须具备以下几项要件。

1. 受让人必须是从无权利人处受让票据权利。票据权利善意取得的前提是受让人从无权利人处取得票据权利。如果让与人有票据处分权，有权转让票据权利，则无须主张善意取得。无权利人取得票据通常是基于两种方式：一种是盗取或拾得票据，从而使该票据脱离真实权利人的占有，此时，该盗取人或者拾得人为无权利人；另一种是以欺诈、胁迫等手段取得票据，根据我国《票据法》的规定，以欺诈、胁迫等手段取得票据的，不得享有票据权利，此时，实施欺诈、胁迫行为的人是无权利人。如果让与人无行为能力、意思表示有瑕疵或者欠缺代理权，受让人对票据权利的受让，则不适用善意取得制度，因为"依背书连续所能做出的推定，仅限于转让人为权利人，而不能进而对其是否为有行为能力人、是否有代理权等做出推定"[1]。

2. 受让人必须是善意且无重大过失。受让人从无权利人手中受让票据时，须为善意。所谓善意，是指受让人在受让票据当时，不知道让与人是无权利人而受让票据；如果受让人已知让与人为无权利人，仍受让其票据，即为恶意。同时，受让人在受让票据时，须无重大过失。所谓无重大过失，是指受让人在受让票据当时，对于让与人是否为权利人一事，已尽到相当注意，仍未能发现其瑕疵；如果受让人欠缺必要的注意，对本应发现的瑕疵未能发现，即为有重大过失。在实践中，认定受让人是否为善意须注意以下两个问题。第一，受让人知道在先的、其直接前手以外的某一个前手是无权利人，是否构成恶意？一般认为，对于受让人是否为善意且无重大过失，仅对受让人的直接前手让与人作出判断，即使受让人已知之前的某一个前

〔1〕 [日] 樱井隆：《比较票据法支票法》，成文堂 1993 年版，第 57 页，转引自赵新华：《票据法》，人民法院出版社 1999 年版，第 85 页。

手背书人是无权利人，只要不知道其直接前手背书人是无权利人且对该不知无重大过失，即构成善意且无重大过失。第二，受让人事后知道他的直接前手是无权利人是否构成恶意？应该说，善意、恶意等主观状态的判断，应以实施行为之时为判断标准，即应以受让人取得票据当时的情况为判断标准，而不能以事后发生的情况为准，只要受让人在接受票据转让的当时，不知道转让人是无权利人，而且对此无重大过失，即构成善意且无重大过失。

在举证责任的承担上，受让人对于其是否构成善意且无重大过失，不承担举证责任；相反，如果票据债务人主张受让人为恶意或存在重大过失，则应由其自己承担举证责任。

3. 受让人必须依票据法规定的方式取得票据。在我国《票据法》上，法律规定的票据转让方式是背书转让。因此，持票人只有通过背书转让方式取得票据才能获得票据法的特别保护，成立善意取得。如果持票人是基于继承、公司合并或者普通债权转让等方式取得票据的，则不能发生善意取得的法律效力。

须特别注意的是，作为善意取得的成立要件，不仅要求受让人须依票据法规定的背书转让方式受让票据，而且要求该背书须为有效的背书，如果让与人所为的背书无效，即使受让人是善意也不能获得善意取得的效果。因为善意取得制度所要解决的，正是受让人虽具备有效背书，却由于让与人无权利，而使票据权利的取得受到障碍的问题，因此，善意取得当然也就需要以对受让人的背书有效成立作为其前提条件，否则不能成立善意取得。我国《票据法》第32条第1款规定："以背书转让的汇票，后手应当对其直接前手背书的真实性负责。"这里的所谓"背书真实性"，是指背书签章的真实性，即不得为伪造签章；而所谓"负责"，是指后手应对直接前手签章真伪负认定之责。如果某一背书欠缺真实性，亦即为伪造签章时，所为的背书为无效背书，其直接后手必须接受不能成立善意取得从而不能成为票据权利人这一不利的后果。

4. 受让人必须依背书连续证明自己是合法持票人。所谓背书连续，是指在票据上签名的各个背书人与被背书人相互连接，后一背书的背书人，就是前一背书的被背书人，不发生中断。根据《票据法》第31条的规定，背书连续是判定持票人是否为合法持票人的形式要件，如果持票人所持有的票据是背书连续的票据，可以直接推定其为合法权利人，无须再证明自己基于何种原因如何取得票据，即可以行使票据权利。因此，对于票据权利的善意取得来说，当然也必须符合这一要求，受让人所取得的票据必须是背书连续的票据。

5. 受让人在取得票据时应给付对价。根据《票据法》第10条第2款和第11条的规定，受让人没有给付对价或者给付的对价明显低于票据金额时，所享有的票据权利不得优于其前手的权利。根据这一规定，受让人在取得票据时未给付对价，而前手让与人又是无权利人，那么，受让人的权利不得优于前手，亦即不能适用善意取得而取得票据权利，受让人亦为无权利人。

成立票据权利善意取得的直接后果，就是善意受让人原始取得票据权利，从而票据债务人不得以受让人是从无权利人处受让票据为由对抗善意受让人；先前的真实权利人也不能主张收回票据，善意受让人也没有返还票据的义务。

二、票据权利的继受取得

持票人从有权处分票据权利的前手权利人受让票据，从而取得票据权利，即为票据权利的继受取得。根据票据权利继受取得的不同途径，继受取得又可分为票据法上的继受取得和非票据法上的继受取得。

(一) 票据法上的继受取得

依票据法所规定的转让方式继受取得票据权利，即票据法上的继受取得。票据法所规定的票据权利的转让方式是背书转让，因此，票据法上的继受取得，主要指以背书的方式取得票据权利。具体而言，票据权利人在其所持有的票据上完成背书记载及签章，并把票据交付给相对人，从而完成票据权利的背书转让；对于持票人而言，从前手权利人处背书受让票据权利，且票据背书连续时，即可以继受取得票据权利。这种票据权利的取得是根据票据法的规定进行的，因此，受到票据法的特别保护，包括善意取得的保护和抗辩切断的保护。

在被追索的背书人履行偿还义务之后，持票人向背书人交出票据，履行偿还义务的背书人即成为持票人，[1]可以向其前手票据债务人行使再追索权。[2]履行偿还义务的背书人，对于在其后进行承兑或者保证的票据行为人，是否享有再追索权？例如，A 签发汇票给 B，在付款人 G 未进行承兑时，B 就将该汇票背书转让给了 C。此后，付款人 G 对该汇票进行了承兑，同时 D 也为出票人 A 进行了票据保证。汇票到期后，持票人 C 向承兑人 G 请求付款遭到拒绝，遂向 B 进行追索。B 履行偿还义务之后，是否享有对承兑人 G 和保证人 D 的追索权？履行了偿还义务的背书人 B，当然应取得对承兑人 G 和保证人 D 的再追索权，无论承兑人或保证人的票据行为是在背书行为之后还是在之前。这种背书人对票据权利的取得，在性质上属于权利的

---

[1] 我国《票据法》第 70 条第 2 款规定："被追索人清偿债务时，持票人应当交出汇票和有关拒绝证明，并出具所收到利息和费用的收据。"

[2] 我国《票据法》第 71 条第 1 款规定："被追索人依照法律规定清偿后，可以向其他汇票债务人行使再追索权，请求其他汇票债务人支付相关金额和费用。"

再取得，也是票据权利的继受取得。

此外，与背书人对票据权利的再取得相同，也存在着保证人对票据权利的取得，保证人在履行了保证义务之后，成为票据权利人，可以对被保证人及其前手行使再追索权。虽然此时保证人是首次取得票据权利，但是，如果说此为原始取得，尚有些牵强，应该属于继受取得。

（二）非票据法上的继受取得

非票据法上的继受取得，是指非依票据法规定的转让方式，而继受取得票据权利。非票据法上的继受取得，包括税收、继承、赠与、公司合并、法院的司法裁定、普通债权的转让等方式取得票据权利。持票人在依非票据法上的继受取得受让票据权利时，通常只能得到一般的法律保护，而不能得到票据法对合法持票人的特别保护，即不能适用善意取得、抗辩切断等规则。

第四节　票据权利的行使与保全

如果持有一种票据，应当如何行使票据权利，在何期限内、到何处、以何种方式行使票据权利，如果未按规定行使又会发生何种法律效果，都是在票据权利的行使问题中需要探讨的事项。根据我国《票据法》的规定，票据权利包括付款请求权与追索权，因此，票据权利的行使也包括两种权利的行使，即行使付款请求权请求付款以及行使追索权请求清偿。此外，实际上，权利的行使同时也是权利的保全过程，亦即票据权利的保全行为大多又是票据权利的行使行为。所以票据法通常将二者一并加以规定，如我国《票据法》第16条。

一、票据权利行使的方式

根据我国《票据法》第 4 条第 2 款[1]的规定，票据权利的行使方式为"提示票据"，即票据权利人（持票人）在票据法规定的期间内，向票据债务人出示票据，请求履行票据债务，包括提示承兑[2]和提示付款。这显然与一般金钱债权的行使方式不同，民法上一般债权的行使方式没有严格要求，口头请求亦可，书面请求亦可，均产生权利行使的效果。但是，票据权利的行使必须依赖于票据。因为票据具有流通性，辗转流通于不特定的多数人之间，这使得票据义务人无从得知最后的票据权利人为何人，所以只能通过票据权利人提示票据才能最终确定票据义务人履行义务的相对人。这一点又与一般债权的相对性不同。

二、票据权利行使的期间

票据权利行使的期间，分为提示承兑的期间和提示付款的期间。

1. 提示承兑的期间。

（1）定日付款、出票后定期付款的汇票。定日付款、出票后定期付款的汇票，根据《票据法》第 39 条第 1 款的规定，持票人应当在汇票到期日前向付款人提示承兑。

（2）见票后定期付款的汇票。见票后定期付款的汇票，根据《票据法》第 40 条第 1 款的规定，持票人应当自出票日起 1

---

〔1〕　我国《票据法》第 4 条第 2 款规定："持票人行使票据权利，应当按照法定程序在票据上签章，并出示票据。"

〔2〕　我国《票据法》第 39 条第 2 款规定："提示承兑是指持票人向付款人出示汇票，并要求付款人承诺付款的行为。"

个月内向付款人提示承兑。

（3）见票即付的汇票。见票即付的汇票，根据《票据法》第40条第3款的规定，持票人无须提示承兑。

2. 提示付款的期间。关于提示付款的期间，根据票据种类的不同而不同。

（1）汇票提示付款期限。根据我国《票据法》第53条的规定，见票即付的汇票，自出票日起1个月内向付款人提示付款；定日付款、出票后定期付款或者见票后定期付款的汇票，自到期日起10日内向承兑人提示付款。

（2）本票提示付款期限。根据我国《票据法》第78条的规定，本票的提示付款期限是出票日起2个月内。

（3）支票提示付款期限。根据《票据法》第91条的规定，支票的持票人应当自出票日起10日内提示付款；异地使用的支票，其提示付款的期限，中国人民银行另行规定。

三、票据权利行使的地点

关于票据权利的行使地点，通常为票据上载明的付款地，如果票据上未指定付款地时，根据《票据法》第16条的规定，在票据当事人的营业场所进行；票据当事人无营业场所的，在其住所进行。

四、未按规定行使票据权利的法律效果

第一，未按规定提示承兑。根据《票据法》第40条第2款的规定，汇票未按规定期限提示承兑的，持票人丧失对其前手的追索权。换言之，要保全追索权，必须在规定的期限提示承兑。但是，需要注意的是，此时持票人并不丧失付款请求权。

第二，未按规定提示付款。根据《票据法》第53条第2款

的规定，持票人未按照规定期限提示付款的，在做出说明后，承兑人或者付款人仍应当继续对持票人承担付款责任。即是说，持票人未按照规定期限提示付款，不丧失付款请求权，票据上的主债务人仍应当对持票人履行付款义务。而《票据法》第79条规定，本票的持票人未按照规定期限提示见票的，丧失对出票人以外的前手的追索权。根据这一规定，本票的持票人如未在规定期限提示付款，则丧失追索权。因此，如要保全追索权，本票的持票人必须在规定期限提示付款。但是，另一方面，根据《票据法》第79条的规定，保留持票人对本票出票人的权利，而本票出票人是本票上的主债务人，这意味着本票的持票人未按规定期限提示付款时，不丧失付款请求权。另外，《票据法》第91条第2款亦规定，支票的持票人超过提示付款期限见票的，付款人可以不予付款；付款人不予付款的，出票人仍应当对持票人承担票据责任。综上，持票人提示票据，主要在于保全追索权，如果持票人仅仅为了实现付款请求权，则不受提示期间的限制。

五、票据权利的保全

票据权利的保全，是指票据权利人未防止丧失票据权利而实施的各种行为。根据权利性质的不同，票据权利的保全也分为付款请求权的保全和追索权的保全。

（一）付款请求权的保全

付款请求权的保全，与一般债权的保全并无不同。付款请求权不因提示期间的经过而消灭，而是基于时效届至而消灭。《票据法》第17条第1款规定，持票人对票据的出票人和承兑人的权利，自票据到期日起2年不行使而消灭，如果是见票即付的汇票、本票，自出票日起2年不行使而消灭；持票人对支票出票人的权利,自出票日起 6 个月不行使而消灭。因此,持票人为防止其付款请求权因时效完成而消灭,可以采取法定的使时效中断的措施,以保全票据权利。持票人向主债务人(汇票承兑人、本票出票人)提示票据(向义务人主张权利),或者提起诉讼等事由而发生时效中断的效果,以此实现对付款请求权的保全。

(二)追索权的保全

追索权的保全,与一般债权的保全不同,票据法对追索权规定了特别的保全程序。

1. 提示票据。对于追索权来说,在规定的期限内向主债务人提示票据,请求承兑或请求付款,即能起到追索权保全的效果。

(1)提示付款。持票人向票据上的主债务人提示票据请求付款,如果付款要求遭到拒绝,即可转而行使追索权。因此,可以说持票人行使付款请求权,即能保全追索权。我国《票据法》第61条第1款规定,汇票到期被拒绝付款的,持票人可以对背书人、出票人以及汇票的其他债务人行使追索权。

(2)提示承兑。持票人于到期日前提示承兑,遭到拒绝,可以转而行使追索权。《票据法》第61条第2款规定,汇票到期日前,被拒绝承兑的,亦可以行使追索权。

综上,票据权利人提示承兑或提示付款遭到拒绝,即可行使追索权。但是,为此还须提供法律规定的相关证明文件,即出示有关证明文件证明曾经依法行使票据权利遭到拒绝或根本无法行使票据权利,才能行使追索权。

2. 出示有关证明文件。《票据法》第62条第1款规定,持票人行使追索权时,应当提供被拒绝承兑或者被拒绝付款的有关证明;第65条规定,持票人不能出示拒绝证明、退票理由书或者未按照规定的期限提供其他合法证明的，丧失对其前手的追索权。此外，《票据法》第63条规定，持票人因承兑人或者付款人死亡、逃匿或者其他原因，不能取得拒绝证明的，可以依法取得其他有关证明；第64条规定，承兑人或者付款人被人民法院依法宣告破产的，人民法院的有关司法文书具有拒绝证明的效力；承兑人或者付款人因违法被责令终止业务活动的，有关行政主管部门的处罚决定具有拒绝证明的效力。根据上述的法律规定，要求票据权利人在一定期间内，进行票据的提示，或者出示有关证明文件，从而实现对追索权的特别保全；在未依法律规定的期间进行相应的票据提示，或者未能提出规定的证明文件时，则丧失追索权。

第五节　票据权利的消灭

票据权利分为付款请求权和追索权，因此票据权利的消灭也须区分两种权利进行论述。

一、付款请求权的消灭

付款请求权的消灭，是指持票人基于票据得向票据主债务人请求支付票据金额的权利，因一定原因而归于消灭。[1]根据付款请求权消灭方式的不同，付款请求权的消灭可分为一般消灭和因时效完成而消灭两种情形。

（一）付款请求权的一般消灭

付款请求权的一般消灭，是指依一般债权的消灭原因而使付款请求权归于消灭。一般债权的消灭原因，即民法上规定的

---

〔1〕　赵新华：《票据法论》，吉林大学出版社2007年版，第65页。

债权消灭原因，包括清偿、抵销、免除、混同、提存等，而基于这些原因使债权归于消灭，就是付款请求权的一般消灭。对于票据来说，付款请求权消灭的最主要的原因，即为票据金额的清偿。[1]

但是付款请求权的一般消灭又与一般债权的消灭，并不完全一样。付款请求权的一般消灭，只是当事人之间实质性债权的消灭，并不表现为票据形式性债权的消灭；或者可以说，只是付款请求权的相对消灭（形式消灭），而不是绝对消灭。因为，即使进行了票据金额的清偿，只要票据在形式上仍有效存在，投入流通之后，即可能发生票据善意取得的情况，票据债务人对于善意取得人还须承担票据债务。为了避免上述情况的发生，票据义务人在履行票据义务之后，应及时收回票据并销毁，或者进行"付讫"记载，才能最终绝对消灭票据权利。

（二）付款请求权因时效完成而消灭

付款请求权同一般债权一样，也有其消灭时效。票据权利人经一定期间持续不行使付款请求权，付款请求权即归于消灭，票据义务人可以拒绝持票人依票据而提出的付款请求。

1. 付款请求权消灭时效的特征。与一般债权的消灭时效相比较，付款请求权的消灭时效有以下两点特征：第一，付款请求权的消灭时效是短期时效，为了加速票据的流通，促进资金的周转，票据法对付款请求权规定了短期时效，从而促使票据权利人尽快行使付款请求权；第二，基于票据的无因性，付款请求权的时效与票据原因关系债权的时效分别独立存在，互不影响，即使付款请求权因时效届至而消灭，只要其原因关系债权的时效尚未到来，仍得依民法规定，行使一般民事债权，或

---

[1] 《票据法》第60条规定："付款人依法足额付款后，全体汇票债务人的责任解除。"

者依票据法的特别规定行使利益偿还请求权。

2. 我国《票据法》的规定。我国票据立法对不同的票据付款请求权规定了不同的消灭时效。根据《票据法》第 17 条第 1款的规定，具体分为以下几种情况。

（1）持票人对汇票、本票的出票人及汇票承兑人的付款请求权。持票人对汇票、本票的出票人及汇票承兑人的付款请求权，自票据到期日起 2 年不行使而消灭；见票即付的汇票、本票，自出票日起 2 年内不行使而消灭。

（2）持票人对支票出票人的付款请求权。支票（包括普通、现金、转账）的持票人对出票人的权利，自出票日起 6 个月内不行使而消灭。由于支票往往要求短期内支付，因此规定了不同于本票和汇票的、较短的消灭时效。

二、追索权的消灭

（一）因保全行为欠缺而消灭

票据法上对追索权规定了特别的保全手段，即要求票据权利人在一定期间内，进行票据的提示，或者出示有关证明文件，从而实现对追索权的特别保全。未依法律规定的期间进行票据提示，或者未能提出规定的证明文件，则丧失追索权。[1]

（二）因时效完成而消灭

追索权也有消灭时效，也因时效的完成而归于消灭。《票据法》第 17 条第 1 款规定，持票人对前手的追索权，自被拒绝承兑或者被拒绝付款之日起 6 个月内不行使而消灭；持票人对前手的再追索权，自清偿日或者被提起诉讼之日起 3 个月内不行使而消灭。

---

〔1〕　参见《票据法》第 40 条第 2 款、第 65 条、第 79 条。

综上，对于付款请求权和追索权，票据法均规定了相应的消灭时效。但是，须注意的是，基于票据行为的独立性，票据上的付款请求权和追索权的消灭时效，均应独立地进行，时效中断的效力也只能发生在与该中断事由相关的当事人之间。这就有可能发生，在同一的票据上，对于其中部分票据债务人的票据权利因时效完成而消灭，而对另外一部分票据债务人的票据权利可能因时效尚未完成而得行使票据权利。

第六节　票据法上的权利

票据法上，除了付款请求权和追索权这两项票据权利之外，还有基于票据法的特别规定而产生的"票据法上的权利"。这种票据法上的权利也与票据权利的行使相关，本质上也是一种请求权，但是与票据权利不同的是，它不是根据票据行为而发生，而是根据票据法的特别规定而产生。我国《票据法》规定了利益偿还请求权和怠于追索通知的损害赔偿请求权这两项票据法上的权利。

一、利益偿还请求权

为了保证票据的流通性和安全性，票据法对票据权利规定了短期消灭时效和严格的权利行使的形式要件，从而容易导致实质上存在的票据权利因形式上的原因归于消灭。当发生这种情形时，一方面，在票据当事人之间会造成不公平的结果，因为原来的票据权利人不能以同时行使票据权利的方式实现其应得利益，而原来的票据债务人也不再承担票据债务，从而有可能使其获得额外利益；另一方面，如果原来的票据权利人根据民法的规定通过原因关系诉讼来主张自己的权利，则势必增加诉讼成本，加重举证责任。因此，从公平的观念出发，票据法规定了利益偿还请求权。

（一）利益偿还请求权的含义

利益偿还请求权，是指票据上权利因消灭时效的完成而归于消灭，或者因怠于为权利保全行为而丧失票据权利时，持票人得向因此而实质上获得利益的票据义务人，请求偿还与其未支付的票据金额相当的利益的权利。[1]我国《票据法》第18条规定了利益偿还请求权，该条规定："持票人因超过票据权利时效或者因票据记载事项欠缺而丧失票据权利的，仍享有民事权利，可以请求出票人或者承兑人返还其与未支付的票据金额相当的利益。"例如，A向B签发一张金额为1万元、以G为付款人的汇票来购买电视，B接受票据的同时，把电视交付给了A。后来，B将票据背书转让给了C，同时接受了C价值一万元的货物。之后，C没有及时向G提示付款，待发现时，该本票自到期日起已过两年零三个月。根据票据法的规定，该票据上的票据权利因时效期满而归于消灭，G即有权拒绝付款。但是此的出票人A仅得到了利益，尚未付出代价，因此，为公平合理起见，票据法规定，A应该在其所得到的利益范围内，负有返还的义务。这就是利益偿还请求权。以上可以看出，利益偿还请求权只能向获得利益的人行使，而不是付款人。

（二）利益偿还请求权的性质

利益偿还请求权是请求相对人给付一定利益的权利，是一种请求权。但是，不应该将利益偿还请求权定位为民事权利。首先，在权利性质上，利益偿还请求权并不属于民法上的不当得利返还请求权。不当得利返还请求权产生的前提是"无合法

---

[1]　赵新华：《票据法论》，吉林大学出版社2007年版，第69页。

根据而取得不当利益"，但是在利益偿还请求权的场合，票据债务人取得利益是基于票据法上的时效制度和权利保全制度，并不是没有法律根据的，因此不应该属于不当得利请求权。再者，利益偿还请求权又不属于不法行为的损害赔偿请求权。民法上的不法行为损害赔偿请求权是基于债务人不履行债务的不法行为而发生，而利益偿还请求权是债权人怠于行使票据权利而发生，因此也不应该是民法上不法行为的损害赔偿请求权。综上，应该说，利益偿还请求权是不同于民法上的请求权的票据法上的一种独立的请求权。

（三）利益偿还请求权的当事人

利益偿还请求权的权利人，是票据权利因时效届满或者因怠于实施权利保全行为而消灭时的正当持票人。该权利人通常是依背书连续能够证明自己为合法权利人的最后被背书人。此外，还包括依法履行追索义务后取得票据的持票人和依合并或继承而取得票据的人。而对于不能依背书连续证明自己为合法权利人的持票人，原则上不能行使利益偿还请求权。当然，如果该持票人能证明自己有实质上的权利，也应该承认其享有利益偿还请求权。

利益偿还请求权的义务人，是因票据权利消灭而实际获得利益的票据债务人，通常为汇票、本票、支票的出票人以及汇票的承兑人，特殊情况下也可能是背书人，如出票人与背书人之间实际的原因债务已经消灭或者自始不存在，背书人即成为利益偿还请求权的义务人。

（四）利益偿还请求权的行使条件

利益偿还请求权的行使需要必备法定的要件。从票据法的规定上看，利益偿还请求权的行使要件可以归纳为以下三点。

1. 票据权利曾经有效成立并确实存在。由于利益偿还请求权是票据权利基于法定事由的发生而消灭之后，为救济票据权利人的利益，赋予票据权利人的一种特别请求权。因此，其前提当然是票据权利曾经有效成立并确实存在。在票据因欠缺形式要件而归于无效，或者票据行为无效的情况下，自始不发生票据权利。因此，也不发生利益偿还请求权。可见，我国《票据法》将票据记载事项的欠缺作为启动利益偿还请求权的条件，值得商榷。

2. 票据权利是因时效届满或者因怠于进行权利保全行为而消灭。对于因其他原因而导致票据权利消灭时，不承认利益偿还请求权。而且此处的票据权利消灭是基于时效完成或者怠于实施保全行为，因此票据权利人是否有过失在所不问。此外，票据权利的消灭应为完全消灭，亦即对所有的票据义务人均丧失请求权，如果对某一票据债务人的请求权时效尚未完成，则不得行使利益偿还请求权。

3. 票据债务人须得到相应的利益。票据债务人所取得的利益，应该是现实的财产利益，包括积极的财产的增加和消极的债务的免除。但是，如果是单纯地使票据债务人所承担的票据债务得以免除，而并未因此取得现实的财产上利益，例如汇票承兑人在未取得付款资金的情况下免除付款义务，不能认为其得到利益。

（五）利益偿还请求权的时效

利益偿还请求权并不是票据权利，因此不能适用票据权利的消灭时效规则，而我国票据法上对利益偿还请求权的消灭时效，也没有做出特别规定。根据法学原理，在特别法没有特别规定时，适用一般法的规定。因此，关于利益偿还请求权的时效问题，应适用民法上关于一般债权消灭时效的规定。

二、怠于追索通知的损害赔偿请求权

怠于追索通知的损害赔偿请求权与利益偿还请求权不同，它是票据法对票据义务人所规定的一项特别的权利。

（一）怠于追索通知的损害赔偿请求权的含义

怠于追索通知的损害赔偿请求权，是指在发生追索时，追索权利人未在法律规定的期间内，将追索一事通知其前手，因而造成其前手的损失时，该受损害的前手得请求追索权利人进行赔偿的权利。[1] 我国《票据法》第 66 条第 1 款规定，持票人应当在收到被拒绝承兑或者被拒绝付款的有关证明之后，在法律规定的期限内，有义务将被拒绝事由书面通知其前手追索义务人。这对于义务人来说，有重要的意义：一方面，追索义务人可以提前筹措资金；另一方面，追索义务人也可以在接到通知后主动履行追索义务，使自己能够尽快向其前手进行再追索。特别是在前手财务状况日益恶化时，有必要及时行使再追索权。同时，《票据法》第 66 条第 2 款还规定，持票人怠于行使通知义务，仍然可以行使追索权，只是，因延期通知给其前手追索义务人造成损失的，应当由该追索权利人赔偿，而赔偿的金额以票据金额为限。

（二）怠于追索通知的损害赔偿请求权的行使条件

1. 须存在怠于通知的事实。对此，举证责任应由通知义务人负担。

2. 发生了实际损害。因通知义务人怠于通知，致使追索义务人实际发生了损害。虽然怠于通知，但是未发生损害，不能提出损害赔偿的请求。

---

〔1〕 赵新华：《票据法论》，吉林大学出版社 2007 年版，第 71 页。

（三）怠于追索通知的损害赔偿请求权的效果

不妨碍持票人追索权的行使，而只是同时承担赔偿责任，并且这种过失责任的赔偿范围以票据金额为限。

第五章

票据义务

第一节 票据义务概述

票据义务是票据权利的相对物，只要有票据权利存在，就有相应的票据义务存在。

一、票据义务的概念

《票据法》第 4 条第 5 款规定，票据义务是指票据义务人依票据上所载文义应当履行的向持票人支付票据所载金额的义务。可见，票据义务是票据权利的相对物，票据上的权利人享有请求支付票据金额的权利，与此相对应，票据义务人负担必须支付票据金额的义务。

票据义务的性质是金钱给付的义务，是一种金钱债务，因此，票据义务又称为"票据债务"或"票据上债务"，而票据义务人也就是票据债务人。票据义务基于票据行为的完成而产生，并与票据权利同时发生。由于票据行为具有无因性，票据义务也表现为一种无因债务，即票据义务的负担不受其原因关系的影响，即使票据原因关系归于无效，票据义务也并不随之消灭。此外，由于票据行为具有形式性，票据义务也是一种具有严格形式性要求的义务，它依行为人进行票据上必要事项的记载、完成签名并予以交付而发生，且依票据而存在。

二、票据义务的特征

票据义务在本质上属于金钱债务，因此具有一般金钱债务的基本特征，同时它又具有与一般金钱债务不同的特征。

（一）单方性义务

票据义务具有单方性。在票据权利义务关系中，票据权利人单纯地享有请求支付票据金额的权利，而票据义务人则单纯地承担无条件支付票据金额的义务。换言之，票据权利人对票据义务人享有票据上请求权，而票据义务人不享有对票据权利人的请求权。因此，对于票据行为人来说，不存在纯获利益而为票据行为的场合，而对票据行为人行为能力的要求也比较高，必须是完全行为能力人所为的票据行为才能发生效力。

在某些情况下，特定的义务人在履行票据义务之后，即享有一些票据权利。例如，在发生追索时，背书人在履行自己的追索义务之后，即享有向其前手进行再追索的权利。但是，这种权利与义务的对应，并不是在同一相对当事人之间发生的，而是前一票据义务人因履行义务而使自己成为新的票据权利人，而与其相对的新的票据义务人，是其前手票据签章人，并非先前的权利人。

（二）连带性义务

在票据法律关系上，票据权利人通常只能有一个，而票据义务人可能有一个或两个甚至两个以上。凡是在票据上进行必要事项的记载并完成签章的人，均为票据义务人，且这些票据义务人对票据债务承担连带责任。即在其中一个票据义务人无力偿还时，其他票据义务人均有代替偿还的责任。而且，这种连带责任是法定的责任，不能依当事人之间的特约而免除。

（三）双重性义务

票据义务带有金钱给付义务和担保义务的双重性。首先，票据义务人具有金钱给付义务，按照票据所载金额承担付款责任，如汇票承兑人、本票出票人的付款义务；其次，票据义务人具有担保义务，保证该票据能够得到付款，如果主票据义务人不承担付款时，则由前手票据义务人承担担保责任，如汇票出票人、支票出票人和票据背书人的担保义务。在票据义务中，付款义务是主要的票据义务，而担保义务是从属的票据义务，是为补充付款义务而存在。当然，票据义务人的担保义务也是法定的义务，不管当事人有没有要承担担保责任的意思，不管当事人之间有没有约定，任何票据义务人都必须承担。

三、票据义务的种类

我国票据法上规定了两类票据权利，即付款请求权和追索权，与此相对应，存在着付款义务和偿还义务两类票据义务。此外，与辅助性票据权利相对应，还存在着辅助性票据义务。

（一）票据付款义务

票据付款义务与付款请求权相对应，是票据上记载的付款人（承兑人）所应承担的义务。票据付款义务具有第一次义务的性质，是主票据义务。票据付款义务的发生，有赖于相应的票据行为的有效成立。例如，有效的出票行为产生出票人的付款义务；有效的承兑行为产生承兑人的付款义务。

通常认为，本票出票人的付款义务和汇票承兑人的付款义务，属于绝对的付款义务；而未经承兑的汇票付款人的付款义务和支票付款银行的付款义务，并不是绝对的付款义务。就汇票来说，汇票付款人在进行承兑之前，到期能否承担付款尚未确定，因此，只能说其具有形式上的付款义务；支票也存在类似的情况，支票的付款银行仅在其与客户之间有支票付款委托协议且客户在本行的账上有足额资金时才进行付款，也是一种形式上的付款义务。鉴于这种情况，可以把本票出票人和汇票承兑人的付款义务，称为实质上的付款义务；而将汇票付款人和支票付款银行的付款义务称为形式上的付款义务。

（二）票据偿还义务

票据偿还义务是与追索权相对应的、被追索人所应承担的义务。它是除付款人以外的其他票据义务人所应承担的义务，具有第二次义务即担保责任的性质，因此是从票据义务。票据偿还义务的发生，也依赖于相应的票据行为有效成立，主要是背书行为的完成，但其具体履行，尚须有相应的法律事实出现，即票据不获承兑或者不获付款。

通常，票据上的背书人承担的票据义务为主要的票据偿还义务；而汇票出票人和支票出票人所承担的票据义务，从形式上来说，也可以属于票据偿还义务。在票据付款义务未能履行时，相应的票据义务人即应负担票据偿还义务，向持票人进行票据金额的支付，因此，偿还义务具有补充付款义务的功能。[1]

（三）辅助票据义务

辅助票据义务是票据保证人所承担的义务，其具有代位义务的性质，在被保证人无法履行票据义务时，由保证人代为履行相应的票据义务。根据被保证人所承担的票据义务的不同，保证人代为履行的辅助票据义务的性质也会不同。如果被保证

---

〔1〕 赵新华:《票据法论》，吉林大学出版社 2007 年版，第 76 页。

人承担付款义务，保证人也承担付款义务；如被保证人承担偿
还义务，保证人也承担偿还义务。

第二节　票据义务的负担

票据行为人在票据上完成票据行为，即产生了自己的票据
义务，而各票据行为人的票据行为是独立进行的，由此而发生
的票据义务，也各不相同。票据义务具有双重性，包括金钱给
付义务（付款义务）和担保义务。票据上的主债务人（付款
人）承担的是付款义务，追索义务人承担的是担保义务。

一、出票人的票据义务

票据的出票人依其出票行为的完成而产生了自己的票据义
务，但根据票据种类的不同，出票人的票据义务仍有所区别。

（一）汇票出票人的票据义务

汇票的出票人在出票时是委托他人即汇票上所载的付款人
进行票据金额的支付，虽然在付款人进行承兑之前，其到期能
否承担付款尚不确定，但由于汇票规则的存在，由付款人担当
了汇票付款的角色，汇票的出票人则不直接承担付款义务，而
在付款人拒绝承兑之后，或者在经承兑的票据到期未获付款之
后，承担追索义务。因此，汇票出票人的票据义务，其性质应
为担保义务。根据我国《票据法》第 26 条的规定，汇票出票人
的票据义务包括担保承兑的义务和担保付款的义务。

1. 担保承兑的义务。汇票出票人实施出票行为即承担担保
该汇票获得承兑的义务，保证其签发的汇票在到期日前能够获
得承兑。这种担保承兑的义务属法定的担保义务，并非依出票
人的约定而发生。虽然担保承兑义务能否依出票人的约定而免

除，不同的国家采取了不同的立法态度，但是从我国的票据法规定来看，由于并未允许汇票出票人约定免除自己的担保承兑义务，可以认为，在我国汇票出票人不得依约定免除担保承兑义务。而在《日内瓦统一票据法》中，则采取了不同于我国的做法，明确规定汇票出票人在出票时做出约定免除自己担保承兑的记载，从而免除其担保承兑的义务。实际上，允许出票人约定免除自己的担保承兑义务，不过是允许其免除自己的期前追索义务，只承担到期的追索义务；换言之，汇票出票人通过这种对担保承兑义务的免除，而获得了相应的期限利益，即使汇票在到期日前未获承兑，也不能发生期前追索，而必须待汇票到期，才向持票人履行追索义务。[1]

2. 担保付款的义务。汇票出票人必须承担担保汇票获得付款的义务，保证其签发的汇票到期能够获得付款。与担保承兑的义务一样，担保付款的义务也属法定担保义务，不能特约免除。与担保承兑的义务一样，担保付款的义务也是法定的义务，任何情况下，均不得以特约加以免除。因此，在汇票到期而未获付款时，汇票出票人即应向汇票持票人偿还被追索的票据金额。

（二）本票出票人的票据义务

本票的出票人同时也是本票的付款人，在其出票时即承诺到期由自己承担付款，这一点上与汇票出票人不同。因此，本票出票人完成出票行为，即成为票据上的主债务人，对票据权利人承担绝对的付款义务，在本票到期时须无条件支付票据金额。而本票出票人的票据义务与汇票出票人的票据义务的不同之处在于，本票出票人在任何情况下承担的都是最终义务，不

―――――――――

〔1〕 赵新华：《票据法论》，吉林大学出版社 2007 年版，第 77 页。

论是直接的付款义务，还是被追索时的偿还义务；而汇票出票人在票据经付款人承兑之后，其所承担的并不是最终义务，而由汇票承兑人承担最终的票据义务，在汇票出票人履行了追索义务后，还可以对汇票承兑人进行再追索。

（三）支票出票人的票据义务

支票的出票人在出票时，委托办理支票存款业务的银行代出票人向持票人进行付款。支票的付款人亦即支票付款银行并未在票据上实施任何票据行为，因此，在通常情况下，付款银行并不承担绝对的付款义务。从实际的支付情况来看，支票的出票人并不直接承担支付，而是在付款银行拒绝付款而被追索时才承担票据责任，因此，支票出票人的义务也表现为一种担保义务，且此种担保义务是法定的担保义务，支票出票人不得依特约而免除。可见，支票出票人的地位类似于汇票出票人，所承担的义务具有大体上相同的性质。但是，二者也存在一些区别，表现在：第一，支票在出票时，资金关系应当已经存在，汇票在出票时，资金关系可能尚不存在；第二，由于支票无须承兑，因此，支票出票人的担保义务，也仅为担保付款的义务，而无担保承兑的义务。

二、背书人的票据义务

按照票据规则，票据背书人完成背书行为，即成为票据义务人，须承担相应的票据义务。通常情况下，背书人不直接承担票据义务，而是对其后手承担担保票据权利实现的义务，即背书人的担保义务。根据我国《票据法》第 37 条的规定，背书人以背书转让汇票后，即承担保证其后手所持汇票获得承兑和付款的责任；在汇票得不到承兑或者付款时，应当向持票人支付票据金额。由此可见，因有汇票承兑规则的存在，汇票背书人的担保义务与汇票出票人的担保义务相同，包括担保承兑的义务和担保付款的义务。而本票和支票无须承兑，因此，本票和支票的背书人的担保义务，仅为担保付款的义务。关于背书人的担保义务能否依背书人的特约而予以免除，各国采取不同的立法态度。我国《票据法》并未规定允许背书人约定免除自己的担保义务，因此，可以认为是采取了完全否定的态度。而在《日内瓦统一票据法》上则明确规定背书人可以约定免除自己的担保责任，包括担保承兑义务和担保付款义务，即可以在票据上进行无担保的记载而免除自己的担保承兑的义务，或者同时免除担保承兑和担保付款的义务。可以看出，我国《票据法》为了保障票据权利的实现，实际上加重了背书人的责任。[1]

三、承兑人的票据义务

汇票上所载的付款人在其实施了承兑行为之后，即转化为承兑人，成为汇票上的主债务人。我国《票据法》第44条规定，付款人承兑汇票后，应当承担到期付款的责任。可见，承兑人的票据义务是一种付款义务，承担绝对的付款义务，为最终的票据义务人。汇票承兑人承担绝对的付款义务，主要表现在：第一，在票据到期时，须无条件支付票据金额给持票人；第二，即使票据到期日已过，只要票据权利的消灭时效尚未届至，票据权利仍有效存在，就必须无条件向持票人支付票据金额；第三，在票据到期而未能支付时，必须向持票人或因履行追索义务而取得票据的人（包括已履行追索义务的出票人）偿还追索金额或再追索金额。

---

〔1〕 赵新华：《票据法论》，吉林大学出版社2007年版，第79页。

四、保证人的票据义务

票据保证人依其票据行为的完成而发生相应的票据义务。我国《票据法》第 50 条规定："被保证的汇票，保证人应当与被保证人对持票人承担连带责任。"因此，票据保证人的票据义务，与被保证人的票据义务相同，当被保证人是主义务人（本票的出票人和汇票的承兑人）时，保证人亦承担主义务；而当被保证人为从义务人（背书人）时，保证人亦承担从义务。保证人应该对持票人以及被保证人的后手承担相应的票据义务，但是，这种义务并不是最终义务，根据票据法的规定，保证人履行义务、进行有效支付之后，即取得持票人的地位，可以向被保证人及其前手请求偿还；即使被保证人为本票的出票人或是汇票的承兑人，也不妨碍该权利的行使。

第三节 票据抗辩

所谓抗辩，是指义务人提出相应的事实或理由，否定权利人的权利主张，拒绝履行相应的义务所提出的请求，而得提出抗辩的权利，称为抗辩权。抗辩权实际上就是义务人所享有的对抗权利人权利的权利。抗辩存在于各种民事法律关系中，票据关系作为一种特殊的债权债务关系，与一般民事债权债务关系中的抗辩不同，形成了独具特色的票据抗辩制度。

一、票据抗辩的概念

票据是无因证券，根据票据的无因性，票据义务人履行票据义务不受作为其产生原因的票据基础关系效力的影响。然而，这并不意味着票据义务在任何情况下都必须实际履行，票据权利在任何情况下都会得到实现。票据法为平衡持票人与票据义务人的利益设计了票据抗辩制度。抗辩，即义务人提出相应的理由和事实否定权利人主张的行为，因此，票据抗辩是票据法为票据义务人设定的一种自我保护方式，是票据义务人所拥有的与票据权利人的请求权相对立的一项权利。根据《票据法》第13条第3款的表述，票据抗辩即指票据债务人根据本法的规定对票据债权人拒绝履行义务的行为。

民法上对于抗辩权一般没有限制，出于保护债务人的目的，民法还规定了抗辩权的继续制度，即所谓的"抗辩的累积性效果"。票据法更为侧重保护作为债权人的持票人，为实现这一目的，票据法在抗辩制度上对传统的民法规则做出了相应的修改：首先，票据法对票据义务人的抗辩权进行了限制，特别规定了可以行使抗辩权的场合和不得行使抗辩权的场合；其次，票据法规定了有关阻断抗辩继续的制度，即抗辩切断制度，票据取得人在从前手受让票据权利时，并不同时受让就该权利所存在的抗辩事由，票据义务人在通常情况下不得以该事由对抗受让人。

二、票据抗辩的种类

票据抗辩根据抗辩事由和抗辩效力的不同，分为对物抗辩和对人抗辩。

（一）对物抗辩

所谓对物抗辩，是指因票据本身所存在的事由而发生的抗辩。这种抗辩的抗辩事由，来自于票据这一"物"的本身，因此，称为"对物抗辩"。在票据法上，"形式合法"具有非常重要的意义，票据在形式上存在问题，往往直接导致票据的无效或者票据债务的不存在，抑或票据权利的消灭，因此，对物抗辩的抗辩事由可以向任何持票人主张，不管持票人为善意，抑或为恶意，所以又称为"绝对抗辩"。此外，对物抗辩的抗辩事由与票据当事人之间的实质关系无关，因此，又称为"客观抗辩"。但是，对物抗辩的抗辩权人并不一定是所有票据义务人，根据对物抗辩种类的不同而有所不同。

根据抗辩发生的具体原因的不同，对物抗辩又分为有关票据记载的抗辩、有关票据签章的抗辩、有关票据时效及权利保全的抗辩三种。

1. 有关票据记载的抗辩。一般的民事法律行为，原则上采自由主义。"唯票据为重视外观之流通证券，为使人易于辨别，便于授受而主张流通，应予以公示之信赖其外观。"[1] 因此，在票据上所为的各种票据行为，均应按照票据法上所规定的形式上的要求来进行，不允许行为人任意选择或变更。由于票据是文义证券，票据行为的内容依票据上的记载确定，因此，票据义务人依票据上记载履行义务，票据权利人亦依票据上记载行使权利。当依票据上记载得不履行义务时，由于票据记载内容涉及票据上所有票据义务人票据义务的履行，有关票据记载的抗辩是任何票据义务人都可以提出的抗辩。

（1）票据要件记载的抗辩。票据要件记载的抗辩，也称为票据行为形式的抗辩，主要是票据欠缺绝对必要记载事项的记载或者有绝对无益记载事项的记载而导致票据无效时，票据义务人可提出的抗辩。

首先，因票据欠缺绝对必要记载事项产生的抗辩。绝对必要记载事项是法律规定在票据上应该进行记载，并要求票据行为人在为票据行为时，必须依法进行相应记载的事项；如果票

---

〔1〕（台）梁宇贤：《票据法新论》，中国人民大学出版社2004年版，第32页。

据行为人在为票据行为时，欠缺绝对必要记载事项的记载，则会导致相应的票据行为无效的后果。[1]根据我国《票据法》的规定，出票行为欠缺绝对必要记载事项不仅导致出票行为无效，且所涉票据也为无效票据。此时票据义务人基于因票据欠缺绝对必要记载事项导致票据无效而享有相应的抗辩权。纵观各国票据法的规定，因票据欠缺绝对必要记载事项发生的抗辩一般有以下几种。第一，票据上欠缺票据文句记载的抗辩。第二，票据上欠缺支付文句记载的抗辩。第三，票据上欠缺记载确定金额的抗辩。票据金额是持票人行使票据权利时能够主张的具体数额，因为票据是一种以金钱给付为目的的债权证券，票据上当然必须记载确定的金额。第四，票据上欠缺记载付款人名称的抗辩。汇票中的付款人是出票人在出票时记载的接受出票人委托承担付款的人，而本票中出票人即是付款人。付款人名称在大多数国家和地区的票据法上都被规定为是绝对必要记载事项之一，我国《票据法》、《日本票据法》、《日内瓦统一票据法》对此均做出了规定。因为如果汇票上欠缺记载付款人名称，收款人或持票人就无法得知应该向何人提示承兑或者提示付款。所以，欠缺付款人名称的票据应当属于无效票据，任何票据义务人对该种票据的持票人均可提出抗辩。第五，票据上欠缺记载收款人名称的抗辩。收款人是出票人在出票时记载的接受票据支付的人。收款人是票据上的第一持票人，也是票据上最初的票据权利人。票据是指示证券，因此在出票时出票人应当明确指示票据权利人为何人，即应当载明收款人名称。我国票据法不承认无记名票据，所以收款人名称在我国票据法上属于绝对必要记载事项。如果票据上欠缺收款人名称的记载，或者收

[1] 赵新华：《票据法论》，吉林大学出版社2007年版，第49页。

款人名称被更改，票据即属无效，票据义务人享有对持票人的抗辩权。第六，票据上欠缺出票日期的抗辩。出票日期是出票人签发票据时在票据上载明的日期。出票日期的主要作用体现在：出票后定期付款的票据，根据出票日期确定票据的到期日；见票即付的票据或见票后定期付款的票据，根据出票日期确定票据的提示期间；见票即付的票据，根据出票日期确定该票据的票据权利消灭时效是否已经完成；出票日期是判定出票人在出票时有无行为能力或有无代理权的依据。可见，出票日期对票据法律关系具有重大影响，若票据上欠缺出票日期的记载，则会使持票人的票据权利处于悬而未决的不确定状态，这非常不利于对持票人票据权利的保护。我国票据法规定出票日期为绝对必要记载事项，当票据上欠缺出票日期之记载时，票据义务人可以以此向持票人提出抗辩。

其次，票据记载了绝对无益记载事项的抗辩。票据上如果记载了绝对无益记载事项也可导致票据无效而产生抗辩。绝对无益记载事项是在票据上绝对不应进行记载的事项，如果发生该事项的记载时，则会导致票据行为无效。[1] 例如，在我国票据法中，对于背书行为明确规定，将汇票金额的一部分转让的背书或者将汇票金额分别转让给二人以上的背书记载，即属于绝对无益记载事项，票据上如果记载了该事项则导致背书行为无效，此时背书人享有相应的抗辩权。对于承兑行为也规定，承兑附有条件的，该承兑行为无效，而视为拒绝承兑，此时票据义务人亦享有相应的抗辩权。对于出票行为规定，出票行为不得附有条件，否则出票行为无效，因为如果允许出票时出票人对支付文句附加条件，会直接影响到票据金额的支付，而危

---

〔1〕 赵新华：《票据法论》，吉林大学出版社 2007 年版，第 50 页。

及持票人票据权利的实现。判定出票人的支付文句是否附加条件的标准，要看票据上记载的支付文句中是否以发生或不发生某事件为付款条件，该条件的判断标准与民法上附条件民事法律行为的条件判断标准大体相同，均以某不特定事件的发生与否作为条件的判断标准。例如，票据上记载"若所收货物达到合同规定之标准，则向甲公司付款20万元"即是明显的附条件的支付文句，该票据即为无效票据，票据义务人即可以享有相应的抗辩权。

（2）背书不连续的抗辩。"背书连续"是票据法所规定的持票人据以证明其合法持票人身份的形式要件，而如果背书不连续，持票人则无法以此证明自己为合法持票人。因此，票据义务人即可据此提出抗辩。

（3）票据变造的抗辩。票据变造，是指无票据记载事项变更权限的人，对票据上的记载事项加以变更，从而使票据法律关系的内容发生变化。根据《票据法》第14条第3款的规定，在存在票据变造的情况下，在变造之前签章的人，对原记载事项负责；在变造之后签章的人，对变造之后的记载事项负责；不能辨别是在变造之前还是之后签章的，视同在变造之前签章。依此规定，在票据被变造前签章的票据义务人，可以对变造后的票据记载事项主张抗辩；而在变造后签章的票据义务人，可以对变造前的票据记载事项主张抗辩。

（4）票据尚未到期的抗辩。如果票据是约期付款的票据，那么，该票据债权即为附期限债权，票据义务人享有期限利益，在票据上所载的付款期到来之前，持票人如果请求付款，票据义务人可以主张抗辩。但是，须注意的是，这种抗辩只是延缓权利主张的抗辩，并非否定权利主张的抗辩，而在票据上所载付款期限到来时，票据义务人仍应履行票据义务。

（5）票据债权消灭记载的抗辩。票据上有票据债权消灭的记载，如明确记载票据金额已清偿或者已抵销、免除或提存的，票据债权即为消灭，票据义务人可以据此提出抗辩。

（6）票据失效的抗辩。票据遗失后，法院依利害关系人的申请提起公示催告程序，在公示催告期间届满后，无人主张票据权利时，由法院依法做出除权判决，而经除权判决后，票据即丧失了效力，任何人都不得依此票据主张权利，票据义务人可以据此提出抗辩。

2. 有关票据签章的抗辩。票据上的票据义务人签章存在问题，当然也会发生抗辩。票据签章的无效，导致票据债务的无效。因此，这种抗辩也是可以对抗任何持票人的对物抗辩。但是，与票据记载的抗辩不同的是抗辩权人的人数。票据上的签章不同于票据记载，它只涉及一个人，即票据签章人。因此，有关票据签章的抗辩也只能由该签章人提出。基于票据行为的独立性，票据上一个签章的无效，不影响其他签章的效力，其他签章人仍然需要根据票据记载承担票据义务。也就是说，票据签章的无效，不会必然导致票据的无效，只要票据上存在一个真实的签章，该真实签章人就应承担票据债务，而无效的仅仅是某一签章人的票据债务。因此，有关票据签章的抗辩权人是特定的人。

有关票据签章的抗辩，一般包括以下几种。

（1）票据伪造的抗辩。票据的伪造，即票据行为人签章的伪造。在票据存在伪造的情况下，由于票据签章是伪造人所为，被伪造人并未进行相应的票据行为，不应该承担任何票据义务。因此，被伪造人可以就此提出抗辩。

（2）无行为能力人及限制行为能力人的抗辩。根据我国《票据法》第6条的规定，无民事行为能力或限制民事行为能力

人在票据上所为的签章无效。在依无行为能力人或者限制行为
能力人在票据上所为签章，而被请求履行票据义务时，无民事
行为能力或限制民事行为能力人本人或者监护人，可以主张无
民事行为能力或限制民事行为能力人所为的票据行为无效，据
此提出抗辩。

（3）无权代理及越权代理的抗辩。在存在无权代理或越权
代理的情况下，其代理行为的后果，不应归于本人或者不应完
全归于本人，因此，本人可以提出非本人所为或非完全本人所
为的抗辩。

3. 有关票据时效及权利保全的抗辩。有关票据时效及权利
保全的抗辩，是指票据债务虽曾存在，但因票据时效届满或者
因未实施一定的保全行为，致使票据权利归于消灭而发生的对
物抗辩。票据权利在因时效完成或因欠缺保全手续而消灭的情
况下，票据义务人可以向任何票据权利人（持票人）提出抗辩。
从抗辩权人的人数上看，并不是任何票据义务人都可以提出，
抗辩权人只能是特定的人。以票据时效为例，基于票据行为的
独立性，票据上的消灭时效，均应独立地进行，时效中断的效
力也只能发生在相关的直接当事人之间。这就有可能发生这样
的情况：在同一个票据上，对于其中一些票据义务人因时效已
经完成，不能行使票据权利，而对于另外一些票据义务人时效
尚未完成，比如期间发生了中断事由，则仍可以行使票据权利。
因此，有关票据时效及权利保全的抗辩由特定的票据义务人
提出。

（1）票据权利因时效届满而消灭的抗辩。我国《票据法》
第17条规定，票据权利在法律规定的期限内不行使而消灭。票
据权利曾经存在，但是，在法律规定的票据时效届满票据权利
即归于消灭，票据权利人不得再依票据而主张权利，而票据义

务人可以据以主张抗辩。

（2）票据权利因保全手续欠缺而消灭的抗辩。票据权利人（持票人）应按照法律的规定（《票据法》第53条、第62条、第79条）履行一定的保全手续，才能保全自己的票据权利，若票据权利人未能履行该保全手续而丧失票据权利，票据义务人可以据此主张抗辩。

（二）对人抗辩

对人抗辩，是指基于持票人自身或者票据义务人与特定的票据权利人（持票人）之间所存在的一定关系而发生的抗辩。[1]我国《票据法》第13条第2款规定，票据债务人可以对不履行约定义务的与自己有直接债权债务关系的持票人，进行抗辩。对人抗辩的抗辩事由，通常来自于持票人自身或者票据当事人之间存在的实质关系，与票据本身无关，因此，称为"对人抗辩"。对人抗辩的抗辩事由，仅与特定当事人之间的基础关系有关，因此只能向特定的票据权利人（持票人）提出，所以又称为"相对抗辩"。而且抗辩事由与当事人之间的个人因素有关，与票据外观形式无关，因此，与客观抗辩相对应，又称为"主观抗辩"。简而言之，对人抗辩是对某特定持票人票据权利的否定，即票据债务人的票据债务是存在的，只不过不承认特定的持票人享有票据权利。此外，在对人抗辩上，票据法通常做出限制，规定对人抗辩只能对相应的当事人主张，而不得对善意第三人主张，即存在所谓的抗辩切断。而作为对人抗辩切断的例外，允许以对人抗辩事由对恶意第三人主张抗辩，即所谓恶意抗辩。根据抗辩发生原因的不同，对人抗辩可以分为以下几种。

---

[1] 于莹：《票据法》，高等教育出版社2008年版，第86页。

1. 原因关系抗辩。原因关系抗辩是基于票据义务人与票据权利人之间所存在的一定的原因关系而发生的抗辩。虽然票据是无因证券，票据关系与其原因关系相分离，不受原因关系的影响，但是，在存在着直接原因关系的票据当事人之间，当票据义务人能够主张票据外权利时，可以据此原因关系提出抗辩。根据我国《票据法》的规定，原因关系抗辩具体包括原因关系无效、不存在或消灭的抗辩，对价的抗辩以及特约的抗辩。

（1）原因关系无效、不存在或消灭的抗辩。在原因关系无效、不存在或消灭的情况下，票据义务人可以对与其有直接原因关系的票据权利人提出抗辩。但是，原因关系上的事实仅存在于直接当事人之间，因此，原因关系抗辩也只能是特定的票据义务人向特定的票据权利人提出。

（2）对价的抗辩。我国《票据法》第10条第2款规定，票据的取得必须给付对价，即应当给付票据双方当事人认可的相对应的代价。因此，在直接当事人之间，如果存在票据义务人未受领对价或已经进行了相当于票据金额的给付时，票据义务人可以提出抗辩。须注意的是，票据义务人作为抗辩事由的对价，不限于直接与票据关系相联系的对价，也包括票据关系之外的其他对价。[1]

（3）特约的抗辩。特约的抗辩是基于票据当事人之间一定的特约而发生的抗辩。我国《票据法》第13条第2款规定，票据债务人可以对不履行约定义务的与自己有直接债权债务关系的持票人，进行抗辩。因此，在有关当事人违反相应的约定而要求票据义务人履行票据义务时，票据义务人可以据此特约提出抗辩。

---

〔1〕 赵新华：《票据法论》，吉林大学出版社2007年版，第85页。

2. 票据行为瑕疵抗辩。如果票据行为人所为的票据行为存在瑕疵，就会影响法律效力的正常发生，票据义务人可以以此为由提出抗辩。通常受欺诈或胁迫而为票据行为，则会导致票据行为存在瑕疵，因此，票据行为瑕疵抗辩具体包括因欺诈而为票据行为的抗辩和因胁迫而为票据行为的抗辩。在票据行为人受欺诈或胁迫而为票据行为的情况下，虽然票据行为是行为人独自而为，且在形式上已经成立，但是，由于票据行为人的意思表示受到外界干扰，并非其真意，票据义务人对于欺诈者或胁迫者可以提出抗辩。该抗辩亦可对就此有恶意或重大过失而取得票据的第三人主张。我国《票据法》第 12 条规定，以欺诈、偷盗或胁迫等手段取得票据的，或者明知有前列情形，出于恶意或重大过失取得票据的，不得享有票据权利。

3. 无权抗辩。无权抗辩是持票人在票据上不存在任何权利或权限而发生的抗辩。如果持票人所持有的票据是因盗窃、拣拾等非正当途径取得，持票人则属于无权利人，当其以此票据请求支付票据金额时，全体票据义务人可以向该持票人提出抗辩。这种抗辩，对于以恶意或重大过失而从该无权利人手中取得票据的第三人，亦得主张。

三、抗辩限制

在票据法上，对票据义务人的抗辩权也进行了一定的限制，即所谓的"抗辩切断"，这也是票据抗辩与一般民事抗辩的显著区别。对于对物抗辩来说，由于其是基于票据自身的原因而发生的抗辩，是绝对的抗辩，可以向任何票据权利人主张，不存在抗辩的限制；但是对于对人抗辩来说，抗辩事由存在于直接当事人之间，所以不能以此抗辩事由对非直接当事人主张抗辩，这就发生了抗辩的切断。如果非直接当事人在取得票据时就此存在恶意或重大过失，则不发生抗辩切断，票据义务人对其仍可主张抗辩，即发生抗辩切断的例外——恶意抗辩。

（一）抗辩切断

抗辩切断，是指某一票据权利存在着对人抗辩事由的场合，当该票据权利依票据法规定的方式转让时，该抗辩事由不随之转移，票据义务人不得以此对抗后手合法持票人。[1]我国《票据法》第13条第1款规定，票据债务人不得以自己与出票人或者与持票人的前手之间的抗辩事由，对抗持票人。这是我国票据法对抗辩切断制度的立法表述。

按照民法通则和合同法的规定，抗辩随着债务的转移而转移，具有连续性，而在票据法中，抗辩却不随义务的转移而转移，理论家形象地称其为"抗辩切断"。抗辩切断制度是为了保证票据的流通，基于票据的无因性和文义性创设的。但是，为了防止恶意当事人利用这一制度谋求不当利益，票据法同时还规定在当事人存在恶意的情况下，抗辩不被切断而得以延续，即恶意抗辩制度。

（二）抗辩切断的例外：恶意抗辩（抗辩延续）

恶意抗辩，简单地说，当持票人为恶意的场合，票据义务人可以以对特定人的对人抗辩事由，对抗该恶意持票人。抗辩切断制度的目的，就在于保护善意持票人，因此，对于恶意取得人就没有进行保护的必要。相对于对人抗辩，都可能存在恶意抗辩。在我国票据法上，存在着两种类型的恶意抗辩，一种是基于人的抗辩中的原因关系抗辩而产生的恶意抗辩；另一种是基于人的抗辩中的票据行为瑕疵抗辩和无权抗辩而产生的恶意抗辩。

---

[1] 赵新华：《票据法论》，吉林大学出版社2007年版，第86页。

1. 基于原因关系抗辩的恶意抗辩。基于原因关系抗辩的恶意抗辩，是指在票据义务人得向持票人的前手主张原因关系抗辩的场合，持票人明知有害于票据义务人而仍取得票据时，票据义务人即得向该持票人主张对其前手所具有的原因关系抗辩。[1]例如，甲乙双方签订了买卖合同，甲为支付货款而签发一张票据给乙，但其后乙未能履行合同，未能按期交付货物，当乙持票据向甲请求付款时，甲当然得依其之间的原因关系拒绝向乙支付票据金额。若丙明知甲乙之间存在前述的抗辩事由，仍从乙手中依背书受让甲所签发的票据，丙则属于恶意受让票据，即明知有害于票据义务人而故意取得票据，那么在这种情况下，甲即可以自己与乙之间存在的未收到货物这一原因关系上的抗辩事由对抗丙，这就是恶意抗辩。

我国《票据法》第 13 条第 1 款规定："票据债务人不得以自己与出票人或者与持票人的前手之间的抗辩事由，对抗持票人。但是，持票人明知存在抗辩事由而取得票据的除外。"这一条款的前段规定，一般认为是对抗辩限制的规定，即在持票人不知其前手与票据债务人之间存在抗辩事由而取得票据时，其票据权利不受该前手间抗辩事由影响。而后段但书规定，一般认为是对恶意抗辩的规定，即在持票人明知其前手与票据债务人之间存在抗辩事由而取得票据时，则应受该前手抗辩权的对抗。

上述的各种票据抗辩的构成要件均是基于单一的抗辩事实而产生，这种抗辩事实可能是违反了票据的要式性规定，也可能是原因关系存在瑕疵，但无论是哪一种情况，在这些抗辩中，票据债务人都是根据单一的抗辩事由即可主张抗辩。而恶意抗

---

〔1〕 ［日］河本一郎、田边光政编著：《手形小切手法小辞典》（增补版），日本中央经济社 1989 年版，第 1 页。

辩的抗辩事实由两部分构成：持票人前手与票据义务人之间的对人抗辩事实和持票人的恶意，两者缺一不可。持票人前手与票据义务人之间的对人抗辩事实前已述及，此处不再赘述，下面对持票人的恶意进行重点分析。

根据传统票据法的抗辩理论，票据抗辩可以分为可对抗所有持票人的对物抗辩和只能对抗特定票据权利人的对人抗辩。在对人抗辩的场合，当该票据权利依票据法规定的转让方式进行转让时，该抗辩事由不随之转移，票据义务人不得以之对抗后手票据权利人，即对人抗辩被切断。但是作为例外，持票人明知有害于票据义务人而仍然取得票据，票据义务人得以对其前手的对人抗辩事由，对该持票人主张抗辩，即为恶意抗辩。一般认为，我国《票据法》第13条第1款但书规定为恶意抗辩的法律依据。而根据《票据法》第13条第1款但书的规定，持票人在取得票据时具备"明知存在抗辩事由而取得票据"这一条件，票据义务人才能对该持票人提出抗辩。也就是说，对"恶意"的界定仅限于认识（即明知），而重大过失不属于恶意。因此，在票据取得人因重大过失而没有认识到的情况下，对人抗辩也被切断，不得主张恶意抗辩。

关于恶意的认定时期，认定持票人是否存在恶意，应当以票据取得之时为准。因为持票人行使票据权利，当然不应当因为取得票据之后情况而受影响，只要持票人在受让票据时无恶意，恶意抗辩权即不成立。因此，持票人是在取得票据后得知原因关系瑕疵、解除或者撤销的，持票人都不受恶意抗辩权的对抗，否则对于票据持票人来说，过于苛刻，不利于票据的流通。此外，虽然持票人是否为恶意，以票据取得之时为认定基准，但抗辩事由是否存在，则不能再以票据取得之时为基准，而应当以到期日或者票据权利行使之时为判断标准。因为，持票人在取得票据时虽然具有恶意且也存在抗辩事实，但在到期日或者票据权利行使之时，该抗辩事由已不复存在，则不会发生恶意抗辩权的问题。反之，如果持票人取得票据时虽然具有恶意但抗辩事实尚未实际存在，但在到期日或者票据权利行使之时，抗辩事由却实际存在，此时则仍会构成恶意抗辩。

2. 基于票据行为瑕疵抗辩和无权抗辩的恶意抗辩。持票人明知其前手是以欺诈、胁迫或者偷盗等手段取得票据，但仍出于恶意或者重大过失而取得票据时，即发生恶意抗辩。这一类型的恶意抗辩，其所涉及的前手抗辩的抗辩性质，应属于票据行为瑕疵抗辩或者无权抗辩。我国《票据法》第 12 条规定："以欺诈、偷盗或者胁迫等手段取得票据的，或者明知有前列情形，出于恶意取得票据的，不得享有票据权利。持票人因重大过失取得不符合本法规定的票据的，也不得享有票据权利。"从这一规定可以理解，票据受让人在取得票据时，明知该票据是以欺诈、偷盗或者胁迫等手段取得，或者应知而未知该票据是依上述手段而取得，则构成恶意抗辩，票据义务人可以向该持票人提出抗辩。

基于原因关系抗辩的恶意抗辩与基于票据行为瑕疵抗辩和无权抗辩的恶意抗辩，两种类型的恶意抗辩权有许多不同之处：第一，两种恶意抗辩所涉及的前手抗辩的抗辩性质不同，后者所涉及的前手抗辩属于票据行为瑕疵抗辩或者无权抗辩，而前者所涉及的前手抗辩属于原因关系的抗辩；第二，两种恶意抗辩的成立要件不同，后者在票据受让人取得票据时，明知该票据是以欺诈、偷盗或者胁迫等手段所取得，或者应知而未知该票据是依前述手段而取得，即恶意既包括明知也包括重大过失，而前一抗辩中的恶意，通常认为仅限于明知而不包括重大过失；第三，两种恶意抗辩的保护对象不同，后者的保护对象是真正权利人，牺牲的是恶意持票人的利益，如果不存在恶意，善意持票人通过善意取得制度取得票据权利，而前者的保护对象是票据义务人，牺牲恶意持票人的利益，如果不存在恶意，善意持票人通过票据抗辩限制制度取得票据权利。

四、票据抗辩切断制度与票据善意取得制度的区别

票据的善意取得制度与票据的抗辩切断制度均是为了保障持票人票据权利的行使，从而实现票据流通而设立的。但两者有明显不同。首先，两者牺牲的对象不同。善意取得制度牺牲的是原票据权利人，而票据抗辩切断制度牺牲的是票据义务人。其次，两者争议的重点不同。善意取得制度争议的重点在于原权利人与善意取得人谁是能够行使权利的人，而票据抗辩切断制度争议的重点不在于谁是权利人，因为此时权利人非常确定，其争议的重点在于权利人能否行使权利。

第六章

票据瑕疵

通常情况下，依票据行为人的票据行为，产生票据权利和票据义务，行为人就依票据记载的内容承担票据义务，持票人就依票据记载的内容行使权利。但是在某些特殊的情况下，也可能因某种特殊的行为，使票据产生瑕疵，票据权利义务关系发生变化，甚至可能产生票据外的其他法律关系。

第一节 票据瑕疵概述

一、票据瑕疵的概念界定

票据瑕疵，是指由于票据当事人或者其他人实施了某些特定的行为，使得票据发生某种异常变化，致使票据权利义务关系受到一定的影响，甚至可能产生票据外的其他法律关系。

（一）票据瑕疵与票据形式上的欠缺

票据瑕疵与票据形式上的欠缺，均属于相关票据外观的问题，但二者有本质上的区别。票据形式上的欠缺是指票据形式不完备，即票据欠缺票据法所规定的形式要件。对于形式欠缺的票据，如果能够依法进行必要的补充，有可能成为有效的票据；如果未依票据法的规定补充完整，或者已经不可能再补充完整，在票据法上则属于无效的票据，任何人均可以主张无效。而票据瑕疵并非形式上的欠缺，是在具备票据所有形式要件的情况下，就该形式自身存在一定的问题，因此有瑕疵的票据，已经无须任何补充，也不可能进行任何补充，并非在任何情况下均属无效，亦非任何人均可以主张无效。

（二）票据瑕疵与票据毁损

票据瑕疵与票据毁损，都属于票据形态上的问题，但二者也有本质的区别。票据毁损可以说是票据物质形态上的瑕疵，具体表现为票面的磨损、污损、缺损等物质形态的破坏；如果票据毁损尚未达到无法辨认票据记载的程度，尚可据以确认其上所标明的票据权利，该票据仍不丧失其效力。但是，如果票据毁损致使票据面目全非，根本无法辨认票据记载的内容，即使该票据原本为有效的票据，也可能发生票据权利消灭的后果。而票据瑕疵则可以说是票据观念形态上的瑕疵，具体表现为票据上签章的伪造、票据记载的变造等记载形态的异常。票据瑕疵可能使票据丧失其效力，但大多数情况下仅使票据效力发生变化，并不导致票据权利的消灭。

二、票据瑕疵的性质

票据瑕疵虽然属于票据自身形态上的瑕疵，但在实质上，是票据行为瑕疵的具体表现。如果说一般票据与正常的票据行为相关，其所涉及的是正常的票据权利义务关系，那么瑕疵票据则与异常的票据行为相关，其所涉及的是异常的票据权利义务关系。票据瑕疵的实质，既然是票据行为上的瑕疵，即可能表现在票据行为的各个方面，并由此形成不同种类的票据瑕疵。例如，在假借他人的名义进行票据行为时，即属于票据行为主体上的瑕疵，由此而形成票据的伪造；在无权利人进行票据记

载的变更时，即属于票据行为内容上的瑕疵，由此而形成票据
的变造。[1]

第二节　票据伪造

一、票据伪造的概念

在我国《票据法》上，虽然对票据伪造做出了相应的规定，
但并未对票据伪造的概念给出明确的定义。学理上，一般认为，
票据伪造是指行为人假借他人的名义，在票据上为一定的票据
行为。票据伪造是行为人假借他人的名义实施票据行为。因此，
票据伪造也就是票据签章的伪造，既可以伪造出票人的签章，
也可以伪造背书人、承兑人、保证人的签章。

（一）票据法上的票据伪造与刑法上的票据伪造

票据法上的票据伪造是指假借他人名义实施票据行为，包
括出票、背书、承兑、保证等，即构成票据伪造，而不论其使
用的票据用纸是统一的票据用纸，还是自制的票据用纸。但在
刑法上，"伪造"分为两种：有形伪造和无形伪造，有形伪造是
指无权制作金融票证的人假冒他人名义擅自制造外观上足以使
一般人误认为是真实金融票证的假金融票证；无形伪造是指有
权制作金融票证的人超越权限，违背事实制造内容虚假的金融
票证。[2]也就是说，在刑法上，行为人仿照真实的汇票、本票
或者支票的形式、图案、颜色、格式，通过印刷、复印、绘制
等制作方法，非法制造票据的行为，也构成票据伪造。因此，

---

[1] 赵新华：《票据法论》，吉林大学出版社 2007 年版，第 90 页。
[2] 三校名师组编：《国家司法考试三校名师讲义：刑法》，中国政法大学出
版社 2013 年版，第 278 页。

可以说，刑法上的票据伪造，比票据法上的票据伪造范围更广。[1]

（二）票据伪造与票据代行

通常，在票据使用的过程中，大量存在着票据代行的情况，即由代行人直接以被代行人的名义，在票据上签章。特别是在以加盖印章的方式进行票据签章时，委托他人代为盖章的情况很多。在这种情况下，如果实际完成票据行为的人已经有本人授权，则该行为为有权代行，当然不成立票据伪造。但是，如果未经本人授权，即以本人的名义为票据行为，则该行为相当于无权代行，从性质上说，应该构成票据伪造。而如果成立表见代行，实际的行为人虽未经本人授权，但在第三人有理由认为其已经授权的情况下，实质上构成票据伪造，但对于善意第三人，应该基于表见代理的原则，给予特别的保护。

具体而言，票据伪造与票据代行之间的关系表现在以下几个方面。①如果行为人将他人的名义作为表示自己的名称而使用，或者行为人所借的名义，在习惯上经常被用于表示行为人自身时，则不成立票据伪造。②如果实际完成票据行为的人是得到本人的授权，代替本人实施票据行为，该行为就构成票据代理或票据代行，具体依行为人是否有自己的签名而定。如果票据上有实际行为人的签章，并表明了代理关系，即构成票据代理。如果票据上没有实际行为人的签章，只有名义人的签章，则构成票据代行。③如果实际完成票据行为的人擅自使用他人的名义进行票据行为，即构成票据伪造。

（三）票据伪造法律关系中的当事人

票据上存在伪造签章，并不使该票据当然无效，仅仅导致

---

[1] 《中华人民共和国刑法》第177条"伪造、变造金融票证罪"。

被伪造的票据行为无效。而按照票据行为的独立性原则，一个票据行为无效，不影响其他票据行为的效力，即在同一个票据上所为的其他真实签章人的票据行为仍属有效的票据行为，其他真实签章人必须根据票据上所记载的内容负担相应的票据义务。因此，票据伪造法律关系中可能存在多方当事人，主要有伪造人、被伪造人、其他真实签章人、持票人和付款人。

1. 伪造人。票据伪造行为的行为人即为伪造人。伪造人是伪造票据的实际行为人，但伪造人并未以自己的名义在票据上签章，因而，伪造人并非票据上的行为人，亦即"票据行为人"。伪造人所为的票据伪造行为，可以采取任何方式，例如，模仿他人签名、私刻他人印章、盗用他人印章、滥用由自己保管的他人印章等等。

伪造人伪造签章的行为在主观上应为故意，且以牟取非法利益为目的。模仿他人的签名、私刻他人印章和盗用他人印章等行为，如果不经过蓄谋则无法完成，而且伪造人伪造签章的行为，其目的必须是使用伪造票据，无论是为了伪造人本人的利益，还是为了给他人造成损害，都必须要有将伪造票据作为有效票据使用的意图。如果假冒他人的名义在票据样本上签章，用于教学或者研究，则不构成票据伪造。

2. 被伪造人。被票据伪造行为人（伪造人）假借名义的他人为被伪造人。被伪造人，从票据当事人的角度，可以是出票人，也可以是背书人、承兑人、保证人；从民事主体的角度，可以是自然人，也可以是法人；可以是现存的人，也可以是已不存在的人（已经死亡的自然人或者解散的法人），还可以是不曾存在的假设人。被伪造人通常为实际存在的人，但是在以已不存在的人或者假设人的名义而为票据行为时，如果伪造人所假借的名义在习惯上经常被用于表示伪造人本人时，则不成立票据伪造。[1] 此外，在国外的有关判例中，对于行为人经常习惯性使用真实的他人名义而为票据签章时，也不认为构成票据伪造。

我国《票据法》第7条第3款明确规定："在票据上的签名，应当为该当事人的本名"；《票据管理实施办法》第17条亦规定："出票人在票据上的签名不符合票据法和本办法规定的，票据无效；背书人、承兑人、保证人在票据上的签章不符合票据法和本办法规定的，其签章无效。"可见，根据我国票据立法的规定，对于行为人使用已不存在的人的名义或者假设人的名义，或者习惯性使用真实的他人名义而为的票据行为，均归无效，不能发生票据上效力，最多只能认定为票据伪造。这在表面上似乎体现出对行为人的行为加以严格的限制，是法律对票据伪造行为的一种制约，但是这样一来，在实际上却排除了合法持票人通过行使票据权利这一简便方式获得法律救济的途径，不利于对善意持票人合法权利的保护。

此外，被伪造人在主观上应为善意，如果被伪造人为恶意，意在牟取非法利益，或者在知情的情况下持默许态度，均不构成票据伪造，而应视为伪造人对被伪造人签章的有效代行，被伪造人应自己负担票据义务。但是，对于被伪造人为善意抑或恶意，应当由主张其为恶意的票据权利人负举证责任。

3. 其他真实签章人。其他真实签章人，是指除伪造人、被伪造人及持票人以外，在同一票据上进行有效票据行为的行为人中的一人或数人。其他真实签章人主要有背书人、承兑人和保证人。其他真实签章人在票据上所为的票据行为必须是符合票据行为有效要件的真实签章行为。另外，其他真实签章人对

---

〔1〕 赵新华：《票据法论》，吉林大学出版社2007年版，第92页。

于票据上存在伪造签章一事已知或未知，均不影响其自身的票据义务。

4. 持票人。持票人是现实地持有伪造票据的人。伪造票据的持票人有恶意持票人和善意持票人（亦称合法持票人）之分。在票据伪造的情况下，恶意持票人既可能是票据伪造人，也可能是明知为伪造票据而仍取得票据的其他恶意取得人。若持票人是从真实签章人处受让票据，或者是直接从伪造人处善意取得票据，则为善意持票人。

在票据实务中，识别票据上签章的真伪存在着很大困难，如果持票人并非出于恶意而受让票据，或者已尽到必要的注意义务仍未能发现票据为伪造票据，持票人的票据权利就应该受到保护。对于持票人是否为善意且无重大过失，仅就其直接的前手让与人做出判断即可，即使持票人受让票据时已知在先的某一前手让与人为无权利人，只要不知道其直接的前手让与人为无权利人且就该不知无重大过失，即属于善意且无重大过失。另外，由于判断持票人的善意是主观要件，应以持票人取得票据当时的情况作为判断标准，而不能以事后发生的情况对持票人的主观状态作出判断。票据已经取得后才知道票据的出让人没有实质上的票据权利或票据权利存在瑕疵的，该持票人仍为善意持票人，仍取得完全的票据权利。

5. 付款人。付款人是票据上载明的承担付款责任的人。汇票上的付款人，在其进行承兑之后即成为承兑人；本票的付款人，即为出票人本人；支票的付款人为出票人所指定的付款银行。须指出的是，汇票的承兑人虽也是付款人，但其在票据上已为有效的签章行为，亦即承兑行为。因此同其他真实签章人所为的票据行为发生同样的法律效果，与本票和支票的付款人在票据伪造法律关系中的法律地位稍有不同。

二、票据伪造的认定要件

第一，行为人并未获得以他人名义在票据上签章的授权。行为人未经他人授权而擅自在票据上以他人的名义为签章，是票据伪造最典型的特征。如果行为人得到他人的授权而在票据上签章，则可能构成票据代理或者票据代行（具体以票据上是否有行为人自己的签名而定），不构成票据伪造。

第二，票据上没有行为人自己的签章。伪造人在伪造签章时，通常仅在票据上假冒被伪造人的签章，而自己的姓名或者名称并不体现在票据上。如果伪造人在票据上签署有自己的姓名或名称，那么，即使没有他人授权而以他人名义进行签章，也可能构成票据的无权代理或者表见代理；即使签章方式不符合票据代理的有关规定，也因票据上有伪造人的真实签章而视为伪造人自己的票据行为，由其承担票据责任，不构成票据伪造。

第三，被伪造人为善意。被伪造人善意，是指被伪造人不知道或者不应当知道他人以自己的名义为签章一事。如果签章名义人知道他人盗用或冒用自己的签章，或者视为默认授权而成立票据代行，或者构成表见代理或者表见代行，由被伪造人承担相应的票据责任。

三、票据伪造的法律效力

（一）对伪造人的效力

伪造人是伪造票据的实际行为人，但是，伪造人并未以自己的名义在票据上签章，即票据上并没有伪造人本人的真实签章。所以从票据的外观上看，票据上的任何一个票据权利和票据义务均与伪造人无关。实际上，就伪造人所须承担的责任来说，并不是对其所为的票据行为承担责任，而是对其所为的票据伪造行为承担责任。伪造人可能承担法律责任，包括票据责任、民事责任和刑事责任。

1. 伪造人的票据责任。在票据法上，对票据责任的认定采用签章人负责原则（《票据法》第4条），而伪造票据上并没有伪造人的真实签章。因此，根据票据法上的签章人负责原则，伪造人作为票据签章人以外的第三人，不承担任何票据责任，包括付款责任和偿还责任。但是，如果免除伪造人的票据责任，显然有利于伪造人而不利于正当持票人合法权益的保护。因为对于票据持票人来说，比起依侵权行为损害赔偿制度求得救济，直接要求伪造人承担票据义务，在举证责任以及请求额等方面更为有利。于是，为了寻求追究伪造人票据责任的合理的法律根据，票据法学者提出了各种不同的观点，归纳而言，主要有伪造人行为说、无权代理说及类推适用说。

（1）伪造人行为说。伪造人行为说认为，通常的法律行为不问行为人是使用他人的名义或者虚构人的名义，只要是本人亲自所为的行为，即应负行为人的责任。在票据伪造的场合，伪造人作为亲自为票据行为的本人，即使是以他人的名义而为票据行为，也应对自己所为的行为负责。而且此种理解并不违反票据的文义性，因为票据的文义性是指票据的权利和义务必须严格依票据上所记载的文义确定，其针对的主要是票据债务的内容而不是票据债务人。

（2）无权代理说。有学者主张，伪造人的行为可以认为是一种票据行为的无权代行，而无权代行作为票据代理的一种特殊形式，可以适用无权代理的有关规定，将伪造人视为无权代理人，使其直接承担票据责任，但是从票据法关于无权代理的规定来看，不宜直接作为追究伪造人票据责任的法律根据。根据我国《票据法》第5条的规定，票据当事人可以委托其代理人在票据上签章，并应当在票据上表明代理关系；而在没有代理权而以代理人名义在票据上签章的，应当由签章人承担票据责任。从该条规定可以看出，票据行为的无权代理，至少应具备三个条件：第一，表明代理关系；第二，没有代理权；第三，以代理人的名义签章。只有在符合这三个条件的情况下，才能由作为票据签章人的无权代理人承担票据责任，而伪造人同票据法规定的无权代理人相比，仅在"没有代理权"这一点上有一致性，尚缺乏其他两个条件。[1] 所以不能将票据伪造行为视为票据代理的特殊行为——无权代行而直接适用无权代理的规定，以追究伪造人的票据责任。

（3）类推适用说。所谓类推适用说，就是类推适用票据法关于无权代理的规定，使票据伪造人承担与无权代理人相同的法律责任。主张类推适用说的学者认为，在票据法上规定的无权代理人的责任，并非依代理人的签章而发生的行为责任，而是依其所进行的由名义人本人承担票据义务的表示而发生的一种担保责任，即既然行为人代替本人进行了意思表示，在本人不能承担相应的法律责任时，应由行为人代替本人承担责任。[2] 在构成票据伪造的场合，没有任何权限使用名义人本人签章的伪造人，在票据上做出了由本人承担票据义务的表示。而且因为票据是文义证券，所以比起无权代理行为，票据伪造行为更直接地表现出该票据行为就是由本人（被伪造人）亲自而为，其行为后果直接归属于本人。[3] 对于信赖这种外观表示

---

〔1〕 赵新华：《票据法论》，吉林大学出版社 2007 年版，第 92 页。

〔2〕 ［日］后藤纪一：《手形小切手法要论》，信山社 1998 年版，第 178～179 页。

〔3〕 ［日］丸山秀平：《演习讲义——手形·小切手法》，法学书院 1994 年版，第 66 页。

的善意第三人，伪造人即使未在票据上以自己的名义为签章，仍应承担担保责任，在被伪造人不履行票据义务时，应由伪造人代为履行相应的票据义务。因此在确认票据签章人责任时，并不因代理表示的有无而产生本质性的差异，对于无任何代理表示而直接做出本人签章行为的伪造人，亦可类推适用票据法有关无权代理人责任的规定，使伪造人承担与无权代理人同样的担保责任。需要指出的是，对于已知为伪造票据而仍取得票据的持票人，则无类推适用无权代理人责任的余地，票据伪造人对于该恶意持票人不负任何票据上义务。在国外，此类推适用说已在判例中得到了广泛的应用。

虽然在国外的判例中已确定伪造人的票据责任，但是，根据我国现行票据法的规定，伪造人仍然不承担任何票据责任。但是，这并不意味着免除伪造人所有的法律责任，其所要承担的是民事责任、刑事责任和行政责任。

2. 伪造人的民事责任。票据伪造人虽然可以不承担票据责任，但是必须承担民事责任。我国《票据法》第106条亦规定："依照本法规定承担赔偿责任以外的其他违反本法规定的行为，给他人造成损失的，应当依法承担民事责任。"从民法的角度看，伪造人的票据伪造行为属于故意侵害他人民事权利的侵权行为，所以应承担侵权行为所致损害赔偿责任。可能因伪造人的票据伪造行为而受到损害的人，包括持票人、付款人、承兑人和被伪造人。因此，以上的人可能成为损害赔偿请求权人。此外，伪造人就其票据伪造行为承担损害赔偿责任的范围，应该限于损害赔偿请求权人因该伪造票据的行为而遭受的经济损失，具体包括：请求权人因票据不获承兑或付款而损失的票据金额；请求权人为行使和保全票据权利而支付的有关费用；因伪造行为而使票据金额延迟支付的情况下，从票据到期日到票据实际支付日的票款利息。[1]

3. 伪造人的刑事责任。伪造人除了民事责任之外，也可能发生刑事责任。我国《票据法》第 102 条规定，伪造、变造票据的，依法追究刑事责任。我国《刑法》第 177 条规定，伪造汇票、本票、支票的，构成伪造金融票证罪，处五年以下有期徒刑或者拘役，并处或者单处二万元以上二十万元以下罚金；情节严重的，处五年以上十年以下有期徒刑，并处五万元以上五十万元以下罚金；情节特别严重的，处十年以上有期徒刑或者无期徒刑，并处五万元以上五十万元以下罚金或者没收财产；单位犯此款罪的，对单位判处罚金，并对其直接负责的主管人员和其他直接责任人员，依照前引的法定刑处罚。如果行为人伪造汇票、本票和支票后，又通过使用骗取他人钱财的，依《刑法》第 194 条的规定，同时构成金融票据诈骗罪，数额较大的处五年以下有期徒刑或者拘役，并处二万元以上二十万元以下罚金；数额巨大或者有其他严重情节的，处五年以上十年以下有期徒刑，并处五万元以上五十万元以下罚金；数额特别巨大或者有其他特别严重情节的，处十年以上有期徒刑或者无期徒刑，并处五万元以上五十万元以下罚金或者没收财产。可见，票据伪造人伪造票据并使用时，在刑法上可同时构成伪造金融票证罪和金融票据诈骗罪，按其中较重的犯罪进行处罚。

4. 伪造人的行政责任。根据我国《票据法》第 103 条的规定，伪造人伪造票据，如情节轻微，不构成犯罪的，依照国家有关规定给予行政处罚。根据全国人大常委会《关于惩治破坏金融秩序犯罪的决定》第 21 条的规定，对为票据伪造行为的行为人，情节轻微不构成犯罪的，可以由公安机关处以十五日以

---

[1] 赵新华主编：《票据法问题研究》，法律出版社 2002 年版，第 355 页。

下拘留，五千元以下罚款。由于票据伪造行为侵犯的客体涉及的方面较多，对其中情节轻微，尚不构成犯罪的，依照国家有关法律、法规的规定予以行政处罚，有利于惩戒违法行为，规范票据活动。

（二）对被伪造人的效力

在成立票据伪造的场合，尽管票据上已有以被伪造人的名义进行的票据签章，但由于该行为并非出自被伪造人真实的行为，即被伪造人未作出任何意思表示，在通常情况下，被伪造人不应承担该票据行为所产生的任何票据义务。无论被伪造人就票据伪造是否有过失，不论持票人取得该票据时是否为善意，被伪造人都不承担票据责任。可见，未在票据上为任何签章行为，也未授权他人代为进行票据签章，作为对物抗辩事由，属绝对抗辩，被伪造人可以以此对抗任何票据持票人，包括善意持票人。

然而，被伪造人不承担票据义务并不是绝对的，在特殊情况下，如被伪造人就票据伪造成立表见代行或者被伪造人对票据伪造一事进行追认的情况下，应该承认被伪造人承担相应的票据义务。

1. 被伪造人在成立票据签章表见代行时的责任。如果伪造票据的持票人取得票据时，有理由相信被伪造人的签章为真实签章，伪造人获得票据签章代行权限，则构成票据签章表见代行，被伪造人应当承担票据责任。须指出的是，在被伪造人就伪造票据成立表见代行的场合，实质上已经构成了票据伪造，但出于对信赖利益的保护，给予善意持票人特殊的保护。

票据签章表见代行的成立，要求持票人有正当理由相信伪造人已有真实的票据签章代行权限。一般认为，在以下五种情况下，即可成立票据签章的表见代行：①有授权表示的表见代行，即尚未向伪造人授予票据签章代行权限，而被伪造人却对第三人宣称已经授予伪造人代行权限；②超越代行权限的表见代行，即伪造人超越所授予的代行权限进行票据签章；③代行权限消灭后的表见代行，即被伪造人曾经授予伪造人票据签章的代行权限，但是该代行权限已经结束或者被撤销的情况下，伪造人仍然以被伪造人的名义实施票据行为，则成立表见代行，被伪造人仍应对票据伪造承担票据责任；④雇佣人职务上的表见代行，即在被伪造人和伪造人有雇佣关系时，伪造人以被伪造人的名义实施票据行为，通常可认为是受雇人职权范围内的事务时，被伪造人应承担票据责任；⑤基于银行交易上的表见代行，即银行都事先存有当事人的印鉴，当持票人提示票据请求付款时，银行将票据上的签章同行内预留签章进行比较，无明显差异就履行付款义务。此时，即使该票据上的签章是伪造签章，也因成立表见代行，而不能免除被伪造人的票据责任。[1]

在成立票据伪造表见代行的场合，类推适用有关表见代理的规定，与无权限人以代理方式为票据行为的场合成立相同的法律关系，即被伪造人与持票人之间的票据关系不因伪造行为的存在而有所不同，被伪造人依票据所载文义承担票据责任。

2. 被伪造人在对伪造票据进行追认时的责任。在票据伪造的情况下，也有可能发生被伪造人对票据伪造的追认。被伪造人的追认行为体现了意思自治原则，并能使异常的票据交易关系因被伪造人的加入而趋于正常化。因此在法律上，应该承认被伪造人对票据伪造行为追认的效力。伪造签章一经追认即成为真实签章，自始发生真实签章的效力，从而使被伪造人参与

〔1〕 赵新华：《票据法论》，吉林大学出版社 2007 年版，第 96～97 页。

到票据关系中，享有票据权利，承担票据义务。但是票据伪造行为并不因被伪造人的追认而获得合法效力，伪造人仍应承担民事责任和刑事责任，追认权人也可以依侵权行为法的相关规定而向伪造人请求赔偿损失。

3. 我国现行法上的规定。我国现行票据立法对被伪造人就伪造票据成立表见代行的情形和被伪造人对伪造票据予以追认的情形均未做出任何规定。但是，此并非只能依据票据法的直接规定才能确认，可以首先依据民法上的有关规则，即表见代理和无权代理的追认规则，承认在成立票据伪造表见代行和对伪造票据予以追认时被伪造人票据上的责任，再依票据法的有关规定，确定其相应的票据权利和义务。可见，在我国现行法中完全可以找到承认票据伪造表见代行和对票据伪造的追认效力的法律根据。

（三）对其他真实签章人的效力

由于伪造票据仅为票据签章的伪造，而在票据外观上不存在形式上的欠缺，因此，伪造票据应属于形式上有效的票据，即使是在伪造出票签章的情况下，只要票据具备法律规定的形式要件，就成为形式上有效的票据。根据票据行为的独立原则，票据上存在伪造签章，不影响其他真实签章的效力，其他真实签章人必须根据票据所载文义承担相应的票据责任。我国《票据法》第14条第2款亦明确规定，票据上有伪造签章的，不影响其他真实签章的效力。也就是说，票据并不因伪造签章的存在而归于无效，其他真实签章人仍应依其自己的签章，负担相应的票据义务。至于伪造的签章处于何种位置，是在其他真实签章人之前，还是在其后，均不影响真实签章人的签章效力。此外，其他真实签章人对于票据上存在伪造签章一事已知或未知，即不论签章人为善意还是恶意，都不得以票据上存在伪造签章为由主张免除自己的票据责任。甚至是在伪造人即为票据持票人的情况下，也不妨碍其向票据上的其他真实签章人行使票据权利。

（四）对持票人的效力

1. 对被伪造人。持票人不论取得票据时是善意还是恶意，只要被伪造人对票据伪造不成立表见代行，且未进行追认，即不能对被伪造人主张任何票据权利。在持票人为善意，且被伪造人就票据伪造成立表见代行或者进行追认时，持票人才能对被伪造人主张票据权利。在持票人是从真实签章人受让票据，或者是从无权利人手中善意取得票据时，虽然不能对被伪造人主张权利，但仍可以向其他所有票据上的真实签章人行使票据权利。

2. 对伪造人。如前所述，由于票据上没有伪造人的真实签章，根据签章人负责原则，伪造人不负担任何票据义务，持票人也就不能向伪造人主张票据权利，只能对伪造人提出基于侵权行为的损害赔偿请求。在某些国家的司法实践中，承认由伪造人直接承担票据责任。此时，在票据权利和损害赔偿请求权两项权利中，善意持票人可以选择一个有利于自己的权利加以行使。

3. 对其他真实签章人。票据上存在伪造签章，不影响其他真实签章的效力，其他真实签章人仍应按照票据所载文义负担相应的票据义务。因此，票据的合法持票人虽然不能对被伪造人和伪造人主张票据权利，但可以对票据上的其他真实签章人主张票据上权利。具体而言，善意持票人对汇票的承兑人享有付款请求权；在付款请求权未能实现时，对背书人享有追索权；在付款请求权和追索权都未能实现，而在票据上存在保证人时，对该保证人享有辅助请求权。

四、举证责任

票据是典型的要式证券,具有严格的文义性和无因性,因此,票据本身是票据纠纷中最直接、最有力、最重要的证据。对于持票人来说,为了实现票据权利,当然会主张票据签章真实而非伪造;而对于票据义务人来说,如果能证明其本人签章为伪造签章,则可不承担任何票据责任。因此可以说,票据伪造的举证责任主要是证明票据上是否存在伪造签章的责任。

持票人依票据法所规定的方式取得票据之后,原则上可以向票据签章人行使票据权利,按照民事诉讼法所确定的"谁主张谁举证"原则,举证责任应由票据权利人即持票人承担,持票人应证明其权利的真实性与合法性。我国《票据法》第 32 条第 1 款亦规定,以背书转让的汇票,后手应当对其直接前手背书的真实性负责。也就是说,后手应当对其直接前手的签章真实性负责。因此,对于票据签章属于伪造签章一事,持票人负有证明票据签章为真实签章的责任。

但是应当指出的是,实际上在某些情况下,比起持票人,被伪造人更容易证明其在票据上的签章是否真实,如印章被盗取或者盗用的场合,持票人很难证明印章是被盗取或者盗用的事实,而使持票人对此承担举证责任,明显地加重了持票人的负担,有失公平。因此,有必要按照"举证责任合理分担"原则在持票人和被伪造人之间合理分配举证责任。在通常情况下,由持票人就签章为真实签章一事负举证责任,在被伪造人对签章的真实性并无异议,但主张该印章是被盗用或该印章的加盖并非出自本人的真实意图,是由他人滥用和冒用时,被伪造人应该就该印章被盗用、冒用、滥用的事实负举证责任。因此,在票据伪造的举证责任问题上,不能一概而论,在不同的情况下举证责任的承担有所不同。

综上，持票人的证明责任仅限于证明该票据签名确实是名义上的行为人自己的签名，或者证明印鉴确实是名义上的行为人自己的真实印鉴。在已证明其签名或者印鉴为真实签名或者印鉴的情况下，如果被伪造人不能举出相反的证明，即不能证明印鉴被盗用、盗取，则不能免除票据责任。

第三节　票据变造

一、票据变造的概念

票据变造，是指无票据记载事项变更权限的人，对票据上的记载事项加以变更，从而使票据法律关系的内容发生改变。[1]进行票据变造的行为人，称为票据变造人；依票据变造而形成的票据，称为变造票据。票据变造的具体方式上，通常采用以下几种：一是单纯涂去票据上的记载；二是将原有的记载涂去后，再作新的记载；三是直接在原记载上，加添新的字句等。

此外，涉及票据变造的票据，要求在变造后必须为形式上有效的票据。如果票据在变造前形式上有效，而经变造使之成为形式上无效的票据，亦即经变造导致票据无效，该票据上所表现的所有的票据权利义务关系均随之消灭。但是，如果票据在变造前为形式上无效的票据，而经变造后成为形式上有效的票据，却可能发生票据变造的法律效果。

票据变造与票据伪造的不同之处在于，票据的变造是对票据债务内容的变更，而票据的伪造是票据债务人的伪造。因此，在票据法上，票据的伪造一般只涉及特定的主体是否承担票据

---

〔1〕　赵新华：《票据法论》，吉林大学出版社2007年版，第99页。

责任的问题，而票据的变造则涉及所有票据签章人的责任内容的问题。

二、票据变造的认定要件

成立票据变造必须具备以下几个要件。[1]

第一，必须是没有票据记载事项变更权限的人所做的变更。根据我国《票据法》第9条的规定，除票据金额、日期、收款人名称之外，票据上的其他记载事项，原记载人可以更改，更改时，应当由原记载人签章证明。可见，原记载人和获得原记载人授权的人有权对票据上的记载事项进行变更，因此，如果是有变更权限的人所做的变更，不构成票据变造。此外，《票据法》第9条第2款规定，票据金额、日期、收款人名称不得更改，更改的票据无效。因此，对于此三个事项的记载，任何人都不得变更，否则，票据归于无效。

第二，必须是变更票据签章之外的其他事项。票据变造必须是变更票据签章之外的其他记载事项的变更，如果被变造的内容为票据上的签章时，例如将出票人或者背书人的签名加以变更时，对于被变更签名的人来说，该变更为票据伪造，而非票据变造。

第三，必须是对会导致票据法律关系内容发生变化的记载事项的变更。票据变造的对象，主要是必要记载事项和绝对有益记载事项。因为必要记载事项决定着票据权利义务关系的基本内容，对票据必要记载事项的变更势必导致票据法律关系内容的变化。而绝对有益记载事项也是可以发生票据上效果的记载事项，对该记载事项的变更，也会导致票据法律关系内容的

---

[1] 于莹：《票据法》，高等教育出版社2008年版，第97~98页。

变化。所以对票据必要记载事项和绝对有益记载事项的无权变更，构成票据的变造。而由于相对有益记载事项并不发生票据法上的效果，对该记载事项的变更，不会导致票据法律关系内容的变化，也就不构成票据的变造。对于无益记载事项，如果变更的是相对无益记载事项，对该记载事项的变更对原有的票据法律关系不发生任何影响，因此不构成票据变造。如果涉及的是绝对无益记载事项，票据上有此记载即导致票据或票据行为无效。如果对该记载内容进行变更，可能会产生两种不同的结果，应该加以区分：如果经变更后，票据或者票据行为仍为无效，前后票据法律关系未发生变化，当然也就没有必要探讨是否为票据变造的问题；但是如果经变更后，票据或者票据行为转为有效，产生票据法上的权利义务关系，则应认为构成票据的变造。

三、票据变造的法律效力

票据伪造使票据债务的承担主体发生变化，需要探讨由谁来承担票据债务的问题；而票据变造使票据债务的内容发生变化，就需要确定票据上的当事人所承担的票据债务的具体内容，因此票据变造所涉及的当事人，不仅仅是被变造的相应记载的原记载人，而且关系到所有的票据当事人。从这一意义上说，票据变造的被变造人，应为所有的票据当事人。《票据法》第14条第2款明确规定，票据上有伪造、变造签章的，不影响票据上其他真实签章的效力。此外，经变造的票据，由于其记载事项已经发生变更，票据的效力当然也随之发生变化，变造前的票据效力与变造后的票据效力自然会不同，而让所有的票据义务人按照统一的效力负担票据义务，显然不公平。因此票据法通常规定，对于变造前的票据签章人和变造后的票据签章人，票据变造所发生的效力不同（《票据法》第 14 条第 3 款）。

（一）对变造前签章人的效力

对于变造之前在票据上进行签章的人来说，在其签章当时，票据记载事项并未发生任何变更，在其完成签章时，所表明的是依其行为当时票据上的所载文义承担票据责任的意思。因此，尽管其后票据经变造，票据上的所载文义发生变化，但此变化与变造前在票据上签章的人并无关系，变造前的签章人只对原记载事项负责，不应该依新的所载文义履行义务，当然也不能以记载事项变更为由，免除自己先前所为签章行为而产生的票据责任。鉴于此，我国《票据法》第 14 条第 3 款规定，票据上的记载事项被变造的，在变造之前签章的人，依变造前的原记载事项，承担票据责任。

（二）对变造后签章人的效力

对于在变造之后在票据上进行签章的人来说，在其进行签章时，是将变造后的记载文义作为自己所为票据行为的内容，表明依变造后的记载文义承担票据责任的意思，所以当然要对变造后的记载事项负责，应该根据变造后的记载文义确定相应的票据义务内容。鉴于此，我国《票据法》第 14 条第 3 款规定，对于变造之后签章的人，依变造后的记载事项，承担票据责任。

（三）签章于票据变造前后不明时的推定

票据变造通常发生在票据的流通过程中，因此某一票据签章人其签章是在变造之前还是变造之后，有时难以判定。在不能辨别是在票据变造前签章还是在票据变造后签章时，推定是在票据变造前签章（《票据法》第 14 条第 3 款）。之所以规定这样一种推定的原则，是基于票据变造基本目的的一种考虑。票据变造的目的，往往是使票据义务加重，从而使票据义务人承担更多的票据债务，变造人能够从中获得更多的利益。因此票据签章人通常要主张其签章是在票据变造之前，以承担原来较轻的票据义务，而对于持票人来说，则正好相反。[1]

（四）对变造人的效力

票据变造人是票据变造的实际行为人。由于票据变造人并无对票据记载事项进行变更的权利，而对其擅自进行变更，应当承担相应的法律责任。根据我国法律的规定，票据变造人的责任，同票据伪造人的责任大体相同，可能发生票据责任、民事责任、刑事责任和行政责任。

1. 变造人的票据责任。关于变造人是否应承担票据责任，有学者认为，可以类推适用票据法关于票据无权代理的规定，将变造人视为被变造人的无权代理人，从而使其依变造后的记载文义承担票据责任。[2]但是票据变造仅表现为票据记载事项的无权变更，不同于基于票据签章的无权代理责任或者无权代行责任，因此不宜直接适用关于票据无权代理的规则。

我们认为，关于票据变造人的票据责任，应分两种情况加以探讨。①如果变造人仅仅改写了票据上的记载事项，没有做出一定的票据行为，即非票据签章人，则不承担任何票据责任，只负其他法律责任，如民事责任、刑事责任和行政责任。②如果变造人本身是票据上的签章人，如背书人在背书时更改了票据金额，或者保证人在进行保证行为时更改了到期日等，该背书行为或者保证行为等并不因此而无效。因此，作为票据签章人，变造人应当按照票据所载文义承担票据责任，而且变造人票据责任的承担不影响其基于变造行为而应负的民事责任、刑

〔1〕 赵新华：《票据法论》，吉林大学出版社2007年版，第101~102页。
〔2〕 ［日］河本一郎：《票据法·支票法小词典》，中央经济社1971年版，第219页，转引自赵新华：《票据法》，人民法院出版社1999年版，第135页。

事责任和行政责任。至于其应当承担的票据责任的内容如何确定，有学者主张，不论签章于变造前后，变造人均应依变造之文义负责。[1]应依变造后的记载事项承担票据责任。一般来说，变造票据通常使票据债务加重，但是也不排除变造使票据债务减轻的可能。如变造人先为签章，经他人在票据上进行背书转让签章之后，再伺机变造票据记载内容来减轻票据债务。此时，要求变造人依变造后的记载承担票据责任，则会减轻变造人的票据责任，使其违法目的得以实现。也有学者认为，"为遏制变造人起见，应比较变造前后的记载事项表示的票据责任的轻重，让变造人负较重的责任"[2]。为了坚持票据的文义性和独立性，且维护法律适用上的统一性，变造人票据债务的内容应依签章当时，票据所载文义来确定：其签章在变造之前时，依原来的记载内容负担票据义务；其签章在变造之后时，依变更后的新的记载内容负担票据义务。当然，履行票据义务之余，变造人还应该承担基于其违法变造行为可能产生的民事责任、刑事责任和行政责任。

2. 变造人的民事责任。变造人无权限而对票据记载事项进行变更，在民法上，可以将其行为定性为侵权行为。因此，其应当承担的民事责任是侵权行为的损害赔偿责任。我国《票据法》第106条亦规定："依照本法规定承担赔偿责任以外的其他违反本法规定的行为，给他人造成损失的，应当依法承担民事责任。"在一般情况下，票据变造的结果，可能加重付款人的付款义务，而在付款人无过失进行付款时，所造成的损失，变造人对此应承担损害赔偿责任。此外，票据变造也可能对持票人

---

[1]（台）梁宇贤：《票据法新论》，中国人民大学出版社2004年版，第73页。

[2] 王小能编著：《票据法教程》，北京大学出版社2001年版，第96页。

造成损害。例如，在票据金额的记载被变造后，由于在变造前签章的付款人，依变造前的票据金额承担付款责任，从而持票人不能获得全部的票据金额，对此变造人也应当承担赔偿责任。

3. 变造人的刑事责任。票据的变造除了民事责任之外，也可能发生刑事责任。我国《票据法》第 102 条规定，伪造、变造票据的，依法追究刑事责任。我国《刑法》第 177 条规定，变造汇票、本票、支票的，构成伪造金融票证罪，处五年以下有期徒刑或者拘役，并处或者单处二万元以上二十万元以下罚金；情节严重的，处五年以上十年以下有期徒刑，并处五万元以上五十万元以下罚金；情节特别严重的，处十年以上有期徒刑或者无期徒刑，并处五万元以上五十万元以下罚金或者没收财产；单位犯此款罪的，对单位判处罚金，并对其直接负责的主管人员和其他直接责任人员，依照前引的法定刑处罚。行为人变造汇票、本票和支票后，又通过使用进行金融诈骗活动的，依《刑法》第 194 条的规定，同时构成金融票据诈骗罪，数额较大的处五年以下有期徒刑或者拘役，并处二万元以上二十万元以下罚金；数额巨大或者有其他严重情节的，处五年以上十年以下有期徒刑，并处五万元以上五十万元以下罚金；数额特别巨大或者有其他特别严重情节的，处十年以上有期徒刑或者无期徒刑，并处五万元以上五十万元以下罚金或者没收财产。可见，票据变造人变造票据并使用时，在刑法上可同时构成伪造金融票证罪和金融票据诈骗罪，按其中较重的犯罪进行处罚。

4. 变造人的行政责任。根据我国《票据法》第 103 条的规定，变造人变造票据，如情节轻微，不构成犯罪的，依照国家有关规定给予行政处罚。根据全国人大常委会《关于惩治破坏金融秩序犯罪的决定》第 21 条的规定，对为票据变造行为的行为人，情节轻微不构成犯罪的，可以由公安机关处以十五日以下拘留，五千元以下罚款。对于情节轻微，尚不构成犯罪的票据变造行为，依照国家有关法律、法规的规定予以行政处罚，有利于惩戒违法行为，规范票据活动。

四、票据变造的举证责任

由于票据法对票据变造前与票据变造后的签章人，规定了不同的票据责任，因此，票据是否存在变造、变造于何时发生，对于确定票据签章人的责任来说，意义重大，必须首先明确已经发生变造且发生变造的时间，才能确定特定的票据签章人的票据责任。这就涉及由谁来承担票据变造的举证责任的问题。票据变造的举证责任，根据票据行为的文义性原则来确定。

（一）票据有无变造的举证责任

1. 外观无变造时。如果以通常的方法，观察票据外观形态，不能发现并确认有变造时，应推定为票据无变造。此时如果有人主张票据有变造，则应由提出该主张的人负票据变造的举证责任。也就是说，如果从票据的外观形态上，不能发现有变造的异常情况，持票人则可以依票据现有文义，请求支付票据金额，而无须提供其他证明。但是，如果票据义务人拒绝依票据现有文义承担票据义务，而主张该票据有变造且主张其签章发生于票据变造之前，须提出在自己签章后票据记载事项发生变造的证明。而相反，如果持票人主张票据有变造，请求票据义务人依变造前的票据文义进行支付，票据义务人却主张票据无变造，主张依票据现有文义履行义务时，举证责任转移到持票人。

2. 外观有变造时。如果观察票据外观形态，可以发现票据有变造，则应推定为票据变造。此时，如果有人主张票据无变造，就由该主张票据无变造的人承担票据无变造的举证责任。

（二）票据签章于票据变造在前或在后的举证责任

在已经确认票据确有变造时，还须确认每个当事人的票据签章是在变造之前还是在变造之后。根据我国《票据法》第14条第3款的规定，无法辨认票据签章是在票据变造前还是在变造后时，应该推定其是在票据变造前。因此，对于票据签章在票据变造前后的举证责任，应当由主张票据签章在后的人承担。在票据外观上，已经确认票据有变造的情况下，票据义务人可以拒绝依票据现有文义履行票据义务，而无须提供其他证明。但是，如果持票人要求票据义务人依票据现有文义履行票据义务，则须提出票据义务人是在票据变造后进行票据签章的证明，亦即推定票据义务人的签章是票据变造前的签章，持票人对票据义务人签章为变造后签章一事负有举证责任。

在实际的票据使用过程中，为防止票据被变造，采取若干措施，例如使用带有底纹的票据用纸，使变造的痕迹清晰可见，或者使用大写数字来记载票据金额，使之不易变造等等。另外，也有在票据法或者银行结算规则中规定，对于票据若干记载事项，不承认变更的效力，例如我国《票据法》第9条第2款规定，票据金额、日期、收款人名称不得更改，更改的票据无效。这就减少了在这些重要记载事项上，发生变造的可能性。但同时，这一规定直接否定了票据的效力，亦即排除了票据权利人通过票据这一简便的方式寻求救济的途径，不利于对善意持票人的保护。

第四节　票据更改

一、票据更改的概念

票据更改，是指票据行为人为修正自己在票据记载上的错误，以一定的方式对票据记载内容加以变更的行为。票据更改是有票据更改权限的人所为的行为，属于合法行为。票据法一般都允许票据行为人对一定的票据记载事项进行更改，我国《票据法》第9条第3款亦明确规定，除票据法明文规定不得更改的事项之外的其他事项，原记载人可以更改，更改时应当由原记载人签章证明。关于更改的方式，票据法没有做出明确规定，因此行为人可以自己选择更改方式，例如划线、彻底消除，或者另行记载等等。另外，须注意的是，根据我国票据法的规定，票据更改时，更改人应该在更改处以签章证明。因此，如果在更改处没有原记载人的签章，不发生更改的效力；即使是原记载人所为的有权更改，也可能因欠缺形式要件而发生票据变造的法律后果。

第一，票据更改与票据变造。票据更改与票据变造都是对票据记载所做的变更行为，其主要区别在于：票据更改是合法的票据行为，而票据变造是违法行为；票据更改是有票据变更权限的人所为的行为，而票据变造的行为人则没有票据变更权限；票据更改人在进行票据更改时，在票据上进行签章证明，而票据变造的行为人通常并不在票据上进行签章。

第二，禁止更改的事项。根据我国《票据法》第9条第2款的规定，票据金额、日期、收款人名称不得更改，如有以上事项的记载，则导致票据无效。

第三，更改权人。根据《票据法》第9条第3款的规定，原记载人可以更改票据上的记载事项，即相应事项的原记载人即为票据更改权人。须注意的是，原记载人的更改权仅限于更改自己在票据上所进行的记载，而无权更改其他票据行为人所进行的票据记载。如果更改权人更改的是他人所做的记载事项，即使更改行为符合票据法规定的形式要件，如更改人就其更改进行了签章证明，也不发生更改的效力，而构成票据变造。

二、票据更改的法律效力

有票据更改权限的人对票据记载进行更改，即发生更改的效力，票据按照更改后的事项发生法律效力。持票人只能依更改后的票据记载，请求票据债务人履行票据债务，而票据更改的原记载人也只能依更改后的票据记载承担票据责任。

第五节　票据涂销

一、票据涂销的概念

票据涂销，是指将票据的记载事项以涂抹、刮削、粘贴等方法予以消除。许多国家的票据法以及日内瓦统一票据法都规定了票据涂销，而我国《票据法》并没有有关票据涂销的规定，此不得不说是一个遗憾。

（一）票据涂销与票据更改

票据涂销与票据更改都属于票据记载事项的变更，其主要区别在于以下方面。第一，票据涂销仅限于对票据记载内容的彻底消除，而不包括对票据原记载内容的增加；票据更改，在消除原记载内容之余，还可能增加新的内容，并以新的记载来确定票据行为的内容。第二，具有票据更改权的行为人必须是原记载人；具有票据涂销权的行为人不一定是原记载人，只要具备涂销权限即可。第三，票据更改要求更改人进行签章证明；票据涂销不要求行为人必须签章证明。第四，票据更改仅限于票据记载内容的更改；票据涂销通常也包括对票据签章的涂销。可以说，有权限的人进行票据文义的涂销，则成立票据涂销；而无权限的人进行的涂销，则构成票据变造。

（二）票据涂销的法律意义

票据涂销，一方面可以简化票据关系，方便当事人行使和保全票据权利，例如在收回曾经被盗或遗失的票据后，权利人只需涂销其签章后的伪造背书，就可以在形式上使自己重新成为票据权利人，免除了采取其他救济措施而需要履行的复杂手续。另一方面，票据涂销体现了票据当事人的意思自治。票据行为人在完成票据记载即签章后，因某些情况发生变化或出于其他考虑要改变原定意旨时，可以通过涂销，消除其已为的票据行为。如汇票的付款人在完成承兑文句的记载并签章后，基于一定的原因，要撤销其承兑的意思表示，就可以采取涂销的方式消除承兑文句及签名。

二、票据涂销的种类

票据涂销，通常发生在背书和汇票的承兑上。

（一）票据背书的涂销

票据背书的涂销，是指将票据上已经进行的背书记载予以消除。背书涂销的涂销人，应该为有涂销背书权限的人，通常是背书人本人，也可以为其他的票据权利人。

背书的涂销通常发生在以下几种情况下：①持票人已预定向特定的人进行背书转让，并在票据上进行该背书，但在将票据交付于被背书人之前，又改变主意不再转让，因此，将先前的背书涂销；②背书人受到追索时，作为追索义务人履行了追索义务，取得返还的票据之后，可以把自己的背书及自己后手的背书涂销；③在进行背书记载时发生误记，为进行修正而将错误的背书记载涂销；④贴现申请人将票据背书后向银行申请贴现，其后又将票据买回时，将自己先前的背书涂销；⑤发生回头背书重新取得票据时，可以撤销后手的背书，以此代替回头背书而直接取得票据。[1]

票据背书的涂销，具有将该背书完全去除的效力。在《日内瓦统一票据法》上，被涂销的背书，视为无记载，自始不存在。因此，背书涂销不影响票据上其他记载的效力，也不影响票据的效力。此外，某一项背书的涂销，当然也不影响其他背书的效力，因此，在进行背书连续的判断时，应依被涂销的背书以外的其他背书作出判断，与被涂销的背书无关。

（二）汇票承兑的涂销

汇票承兑的涂销，是指将汇票上已经进行的承兑记载予以消除。承兑涂销的涂销权人，只能是接受持票人的提示承兑，并在票据上记载承兑文句的承兑人。汇票承兑的涂销，只能发生在承兑人已经在票据上进行承兑文句的记载，但尚未将该已承兑的汇票交付提示人之前，即承兑行为尚未最终完成前，才可能发生。如果已经将票据交付给提示人，承兑行为完成并生效，不可能再由承兑人将其承兑涂销。

汇票承兑的涂销，具有将该承兑记载完全去除，从而具有撤销承兑的效力。与背书涂销相同，汇票承兑的涂销也不影响其他记载的效力。依《日内瓦统一票据法》的规定，在承兑被涂销时，发生拒绝承兑的效果，持票人可以据此行使追索权，进入追索程序。

三、票据涂销的法律效力

依法进行的票据的涂销，包括背书和承兑的涂销，发生完全去除该行为的效力；未依票据法规定所为的涂销，不发生涂销的效力，而发生票据变造的后果。

---

〔1〕　赵新华:《票据法》，人民法院出版社 1999 年版，第 137～138 页。

除了背书和承兑的涂销之外，票据上有可能发生其他的涂销，可称之为任意涂销。任意涂销通常包括两类：一类是保持票据效力的涂销；一类是丧失票据效力的涂销。[1]

在票据上的签名或者其他记载事项上发生涂销时，如果所涂销的记载为票据的非必要记载事项，票据的涂销不影响票据自身的效力。但是，持票人应依涂销后的票据文义主张权利。如果持票人主张依涂销前的原票据文义行使权利，则须提供以下证明：第一，证明票据的涂销并非由涂销权人有意所为；第二，证明票据上被涂销部分的实际内容。在持票人能够提出上述证明时，则可依票据涂销前的文义行使票据权利。

如果所涂销的记载为票据的必要记载事项，票据的涂销导致票据必要记载事项的欠缺，可能会使票据权利消灭，在票据涂销为票据权利人有意所为时，则可推定为权利人放弃其所涂销部分的权利，因此，当然发生与所涂销部分有关的票据权利消灭的效果。如果所涂销的部分为必要记载事项，则使票据权利归于消灭，持票人不能仅依涂销的票据行使权利。

---

〔1〕 赵新华：《票据法》，人民法院出版社 1999 年版，第 140 页。

第七章

票据救济

第一节　票据救济概述

票据权利人依法取得票据，即享有票据权利，并得依法行使其票据权利。但是票据具有完全有价证券性，票据权利须通过票据才能行使，票据义务人在履行义务之后，也有权收回票据。因此，票据权利人行使票据权利的前提是必须占有票据，如果票据权利人因某种原因（如被盗、丢失、下落不明等）而丧失了对票据的占有，势必使票据权利的行使受到障碍，这就需要对票据权利人给予特别的救济，帮助其实现票据权利。

一、票据救济的概念

票据救济是指票据权利人因某种原因，而丧失对票据的实际占有，致使票据权利的行使受到一定障碍时，为使其票据权利得以实现，而对票据权利人提供的特别的法律救济。

（一）票据的丧失

票据丧失分为绝对丧失和相对丧失。票据的绝对丧失，是指票据的完全消灭，票据受到严重毁损或者灭失，以至于难以辨认或确定其具体内容的存在，如票据被完全涂销、撕裂、烧毁等；而票据的相对丧失，是指票据权利人可能因各种不同的情况，而丧失了对票据的实际占有，例如发生票据被盗或者丢失，致使票据下落不明，从而使票据脱离票据权利人的实际占有。但是，无论是票据的绝对丧失还是票据的相对丧失，都意味着丧失了权利行使的手段，票据权利将无法行使。

（二）票据的丧失与票据权利的丧失

就票据丧失与票据权利丧失的相互关系来看，可能表现为两种不同的情况。

第一种情况，票据的丧失是基于票据权利人本人的意思而发生，例如票据权利人故意涂销票据的全部记载事项，或者故意撕毁、破坏票据。在这种情况下，应视为票据权利人对其权利的放弃。因此，在票据丧失时，票据权利人不仅丧失了权利行使的手段，还丧失了票据权利。

第二种情况，票据的丧失并非基于票据权利人的意思而发生，例如本由票据权利人占有的票据被他人盗取，或者票据遗失。在这种情况下，票据权利人仅丧失了权利行使的手段，而不丧失票据权利。但是，如果其所丧失的票据被善意第三人取得，发生票据权利的善意取得时，或者无权利人依丧失的票据获得实际付款时，就会导致丧失票据的票据权利人完全丧失票据权利的后果。因此就有必要进行法律救济，而法律为票据权利人提供的特别的法律救济就是票据救济。

应该指出的是，法律所规定的票据占有丧失的救济途径，其目的不在于防范他人对票据权利的侵害，而在于使因丧失票据的占有而受到障碍的票据权利得以恢复行使。亦即，法律规定的救济途径，在通常情况下并无特别的防范票据权利侵害的功能，在票据占有丧失后，尽管采用了所有可能的法律救济措施，票据权利仍难免受到侵害。只有在票据占有虽然丧失但尚未发生票据权利侵害之时，法律救济措施才能起到恢复票据权利行使的作用。[1]

二、票据救济的途径

为丧失票据的票据权利人恢复对票据权利的行使，票据法提供的法律救济途径，通常包括两种，即非诉讼救济的途径和诉讼救济的途径。

（一）非诉讼救济途径

非诉讼救济的途径，即不经过法院，而通过相关的金融机构采取相应的措施，而获得一定的救济。在我国，非诉讼救济途径主要是挂失止付制度，即在发生票据丧失的情况时，票据权利人通知票据债务人，就该票据停止支付。在已有停止支付的通知，票据债务人仍进行了票据支付时，票据债务人应承担损害赔偿责任。这一项停止支付的措施，是在发生票据丧失时，票据权利人可以采取的一项及时且较为有效的保护措施，但停止支付只是一种临时性的紧急补救措施，要想恢复对票据权利的行使，一般必须通过诉讼的途径才能实现。

（二）诉讼救济的途径

诉讼救济的途径，是指丧失票据的票据权利人请求法院依一定的诉讼程序，对其票据权利予以确认，由此获得票据权利的实现。诉讼救济的途径，是票据权利人得以恢复票据权利行使的最终途径，主要包括普通程序和公示催告程序。

总而言之，我国《票据法》对票据丧失的补救，规定了挂失止付、公示催告和普通诉讼三种救济途径，而这三种救济途

---

[1] 赵新华:《票据法论》,吉林大学出版社2007年版,第106页。

径之间没有特别的联系，都可以单独进行，但在通常情况下，又表现为相继进行，即先进行挂失止付，再进行公示催告或者进行普通诉讼。

第二节　挂失止付

挂失止付是票据法规定的对票据丧失的非诉讼救济途径，在发生票据丧失后，应首先考虑采取挂失止付的方式，以获得必要的暂时性救济。

一、挂失止付的含义

挂失止付是指在发生票据丧失时，为防止可能发生的损害，保障票据权利的行使，由票据权利人通知票据付款人，请求其停止就所丧失的票据进行支付，这可以起到防止权利受到侵害的作用。但是需要注意的是，这种停止支付只是一种临时性的紧急补救措施，它不能起到恢复票据权利行使的作用。因此，即使已进行挂失止付，票据权利人的票据权利仍然无法行使。

票据丧失的挂失止付与存折、银行卡等丧失时的挂失止付，二者在法律效力上并不相同。存折、银行卡等在性质上属于资格证券，其作用仅在于证明权利人的资格，证券本身不具有财产性价值。因此，在完成了挂失止付之后，通过证件或其他方式证明了权利人身份，权利人即可以行使权利。也就是说，存折等资格证券的挂失止付，同时具有防止权利受到侵害和恢复权利行使的双重功能。而票据丧失的挂失止付，仅起到防止权利发生侵害的功能，而不能直接恢复权利的行使，只能再进行诉讼救济的途径，依法确认自己的合法持票人地位之后，才能恢复票据权利，获得票据金额的支付。因此，票据的挂失止付在防止权利发生侵害的功能上与存折、银行卡等相同，而在恢复权利行使的功能上与其不同。

此外，在遗失存折、存单、银行卡等的场合，必须首先进行挂失止付，而票据丧失的挂失止付，并不是必须进行的，也不是适用公示催告程序或者普通程序前的必经程序。[1]

二、挂失止付的提出

（一）挂失止付的提出人

挂失止付的提出人应为丧失票据的人，即失票人。通常，失票人应为票据上记载的收款人或者是最后一手被背书人即持票人，因此，失票人也就是票据权利人。如果出票人在票据上已记载收款人，或者背书人在票据上已记载被背书人，但在交付票据之前，出票人或者背书人丧失了票据，则出票人或者背书人能否成为挂失止付的提出人？由于我国《票据法》第15条没有限制失票人的资格，因此应该认为，出票人如果是失票人，也可以提出挂失止付请求。

（二）挂失止付的相对人

关于挂失止付的相对人，我国《票据法》第15条第1款规定："票据丧失，失票人可以及时通知票据的付款人挂失止付，但是，未记载付款人或者无法确定付款人及其代理付款人的票据除外"。因此，挂失止付的相对人应为丧失的票据上所记载的付款人，在票据上载明代理付款人时，也包括代理付款人；相反，如果未载明付款人或者代理付款人，或者无法确定付款人或者代理付款人时，票据就不能挂失止付。

---

[1]　参见《票据法》第15条第3款。

三、挂失止付的法律效力

根据我国《票据法》的规定，挂失止付使收到挂失止付通知的付款人发生暂停票据付款的义务。因此，付款人在收到挂失止付的通知之后，应当暂停支付；在已有停止支付的通知，而付款人仍对丧失的票据进行支付时，无论其为善意或恶意，均应承担损害赔偿责任。但是，在挂失止付之前，如果付款人已经向持票人进行了票据支付，当然不能再进行挂失止付，即使通知付款人挂失止付，也不发生挂失止付的效力；而且如果付款人在进行票据支付时无恶意或者重大过失，也不承担赔偿责任。

四、挂失止付的终了

挂失止付的终了，即挂失止付的程序完成，使付款人暂停支付的效力消灭。挂失止付的终了，有以下两种情况。

第一种情况是暂停支付的期间届满而使挂失止付终了。根据《支付结算办法》第 50 条的规定，暂停支付的期限为 12 日，自第 13 日起，付款人不再承担暂停付款的义务，当有人提示付款时，付款人可以予以付款。

第二种情况是依人民法院的止付通知书而使挂失止付终了。付款人在规定的暂停付款期间内，收到人民法院发出的止付通知书时，挂失止付依法终了。不同于期限届满的挂失止付的终了，这种挂失止付的终了，不会引起恢复支付的效果，而是使依失票人挂失止付通知书而发生的暂时停止支付的效果，转变为依人民法院的止付通知书而发生的相对较长时期内停止支付的效果，而且此后不能自动恢复该票据的支付，而必须根据人民法院的相应判决，才能恢复该票据的支付。[1]

第三节　公示催告

公示催告是票据丧失的诉讼救济途径之一。关于公示催告程序，《票据法》中仅规定可以适用该程序，而未规定具体的操作规范，因此，应当按照《中华人民共和国民事诉讼法》（以下简称《民事诉讼法》）第十八章公示催告程序（第218~223条）的相关规定处理。

一、公示催告的概念

公示催告是指在票据等有价证券丧失的情况下，由法院依申请人的申请，向未知的利害关系人发出公告，告知其如未在一定期间内申报权利、提出证券，则通过相应的判决宣告其无效，从而催促利害关系人申报权利、提出证券的一种特别诉讼程序。[2]公示催告程序的主要作用在于，公示——通过将票据丧失的事实进行公示的方式，催告——达到向占有票据的利害关系人进行催告的目的。因此，只要规定的公示及催告的程序完成，即达到该程序的目的，而不论是否有利害关系人出现。

公示催告作为一项民事诉讼的特别程序，不同于一般的诉讼程序。首先，公示催告程序具有非讼程序的性质，当事人并非基于民事权利的争执而提起诉讼。因此，在公示催告程序中，没有明确指向的被告，也没有明确的原告，而只有申请人。其次，公示催告的目的不在于确定权利，因此不是确权之诉，也不在于满足当事人的诉讼请求，而在于寻找正当的当事人。因

---

〔1〕　赵新华：《票据法论》，吉林大学出版社2007年版，第110页。
〔2〕　赵新华：《票据法论》，吉林大学出版社2007年版，第110页。

此，无论是否出现利害关系人，均可达到催告的目的，也就不存在当事人提出上诉的可能性，实行一审终审。

二、公示催告的申请

（一）公示催告的申请条件

在提出公示催告的申请时，应具备以下几项条件。

1. 确有丧失票据的事实。票据丧失的事实确实存在，即确已发生票据被盗、遗失或者灭失等情况，若已知票据的下落，则不能提出公示催告的申请。

2. 票据权利确实存在。票据权利确实存在，即付款人对丧失的票据确实负有付款义务，如果票据权利已因实际支付完成、时效完成等原因而消灭，或者因票据形式要件欠缺而未发生票据权利时，不能提出公示催告的申请。

3. 不存在利害关系人之间的权利争执。不存在利害关系人之间的权利争执，即在提出公示催告申请的当时，尚无利害关系人就该票据主张权利，如果已有利害关系人出现，或者已知利害关系人存在，则不能提出公示催告的申请。

（二）公示催告的申请期间

启动公示催告程序，需要首先由申请人向有管辖权的法院提出公示催告的申请。根据我国《票据法》第 5 条第 3 款的规定，在失票人未进行挂失止付时，可以随时向人民法院申请公示催告；而在失票人已经进行挂失止付时，则应当在通知挂失止付后 3 日内，向人民法院申请公示催告。但是，从挂失止付程序和公示催告程序之间的关系来看，实际上仅表现为在公示催告程序提出后，以依人民法院的止付通知书而发生的停止支付，代替先前依失票人的挂失止付通知书而发生的暂停支付。[1]因此，如果失票人进行了挂失止付之后，没有及时申请公示催告，因挂失止付的时间届满而恢复支付时，即使人民法院再发出止付通知书也可能为时已晚，公示催告程序也就不再需要。换言之，何时进行公示催告的申请，只涉及失票人的自身利益，而不引起权利义务关系的变化，加之从票据法和民事诉讼法的规定上看，也并未明确规定超过上述期限不得再申请公示催告。因此，应该认为，即使超过上述期限，也不影响申请人提出公示催告的申请。

（三）公示催告的申请人

有权提出公示催告的申请权人，应为票据的合法权利人，即票据上所记载的收款人，或者能够依背书连续证明自己为合法持票人的被背书人，以及已经在票据上完成签名但尚未交付票据的出票人及背书人。此外，在丧失票据，但已知该票据现实持有人的情况下，失票人不能再提出公示催告的申请，只能依普通诉讼程序，提出请求返还票据的诉讼。

（四）公示催告的申请方式

公示催告的申请，应向有管辖权的人民法院提出，该管辖法院，通常为票据支付地的基层人民法院（《民事诉讼法》第218条）。根据我国《民事诉讼法》第218条第2款的规定，公示催告的申请，申请人必须向法院递交书面申请书，在申请书中，必须写明以下事项：①票据的主要内容，如票据的种类、票面金额、出票人、持票人、背书人等；②申请的理由与事实，如票据丧失的大体经过、票据遗失一事确已发生的有关证明等。

---

〔1〕　赵新华：《票据法论》，吉林大学出版社2007年版，第111页。

三、公示催告程序的进行

（一）公示催告程序中的公告

根据《民事诉讼法》第 219 条的规定，人民法院受理公示催告的申请后，应在 3 日内发出公告，催促利害关系人申报权利。关于公告的具体方法，法律未做出特别规定，通常采取将公告张贴于法院的公告栏，以及在有关报纸或其他新闻媒介上刊登发布。公告的具体内容，一般应包括公示催告申请人的姓名或者名称、涉案票据的主要信息，以及申报权利的期间、在公示催告期间转让票据权利或者利害关系人不申报权利等的法律后果。

（二）公示催告的期间

关于公示催告的期间，我国《民事诉讼法》第 219 条规定，公示催告的期间，由人民法院根据情况决定，但不得少于 60 日。根据该条规定，法律上只明确规定公示催告期间的最低日数，将最终的决定权授予法院，由法院根据实际情况适当确定。而最高人民法院《关于审理票据纠纷案件若干问题的规定》第 33 条则明确规定，公示催告的期间，国内票据自公告发布之日起 60 日，涉外票据可根据具体情况适当延长，但最长不得超过 90 日。

（三）公示催告程序中的止付通知

《民事诉讼法》第 219 条规定，人民法院决定受理申请，应当同时通知支付人停止支付；第 220 条第 1 款规定，支付人收到人民法院停止支付的通知，应当停止支付，至公示催告程序终结。可见，付款人自收到停止支付的通知之日起，至公示催告程序终结之日止，不得进行票据金额的支付，仍为支付的，付款人应当承担损害赔偿责任。另外，根据《民事诉讼法》第 220

条第 2 款的规定，公示催告期间转让票据权利的行为，均属无效。

四、公示催告的终结

(一) 裁定终结

根据《民事诉讼法》第 221 条的规定，在公示催告期间内，有人提出权利申报或者提出相关的票据主张权利时，人民法院应当裁定终止公示催告，并通知申请人和付款人。此外，在公示催告期间已经届满，但尚未做出除权判决时，如果有利害关系人提出权利申报或者提出相关的票据，也应属于有效的权利申报，发生终结公示催告的效力。此后，申请人和权利申报人应当通过普通诉讼程序解决纠纷，确认权利归属。根据《民事诉讼法》第 223 条的规定，利害关系人因正当理由不能在判决前向人民法院申报权利的，仍可以在知道或者应当知道判决公告之日起 1 年内，向做出判决的人民法院提起诉讼。经人民法院裁定终结公示催告程序后所提起的适用普通程序的诉讼，其性质上，不再是因票据丧失而进行的诉讼救济，而属于一种票据权利诉讼。

(二) 判决终结

在公示催告期间届满，而没有人提出权利申报或者提出相关的票据时，或者申报人所申报的票据与申请人丧失的票据不存在同一性时，则依公示催告的申请人申请，由人民法院做出判决，宣告票据无效，从而终结公示催告（《民事诉讼法》第 222 条）。法院所做出的该判决，称为"除权判决"。此处的"除权"意味着将先前依附于所丧失的票据上的权利予以除去，换言之，经过除权的票据，已不再是作为有价证券的票据，而成为不代表任何权利的一张普通的纸。除权判决是公示催告的最终结果，也是对公示催告申请人的票据权利恢复的确认。[1]因此，自该除权判决公告之日起，申请人即有权依该判决向付款人请求付款。

须注意的是，终结公示催告程序的除权判决，不能由人民法院依职权做出，而需要首先由申请人提出申请，再由法院做出除权判决。除权判决的申请人，应为先前公示催告的申请人。在公示催告期间届满，而无任何人进行权利申报或者提出相关的票据时，公示催告的申请人可以向人民法院提出除权判决的申请。如果公示催告的申请人未提出进行除权判决的申请时，人民法院只能依职权做出终结公示催告程序的裁定，而不能自行做出除权判决。至于提出除权判决申请的期间，在我国《民事诉讼法》上没有明确规定，而根据最高人民法院的司法解释，公示催告的申请人应该自申报权利期间届满的次日起一个月内向人民法院提出除权判决申请，逾期不申请时，裁定终结公示催告程序。[2]

人民法院做出除权判决后，发生如下的效力：①做出除权判决的票据归于无效，持有人无论为善意还是恶意，均不能再依该票据行使任何票据权利；②申请人获得除权判决之后，恢复先前的票据持票人地位，可以不经票据提示，依判决即可行使该票据权利，包括付款请求权和追索权；③除权判决之后，对该申请人进行的清偿，即具有对票据持票人进行的清偿同一的效力，付款人可以依此主张免责。

在特殊的情况下，即使已做出除权判决，也可能使该判决的效力不再发生。我国《民事诉讼法》第 223 条规定，利害关

---

〔1〕 赵新华：《票据法论》，吉林大学出版社 2007 年版，第 114 页。
〔2〕 参见最高人民法院《关于适用〈中华人民共和国民事诉讼法〉若干问题的意见》（1992 年）第 232 条。

系人因正当理由，不能在除权判决前向人民法院申报权利时，自知道或者应当知道判决公告之日起 1 年内，向做出判决的人民法院起诉。此处的"正当理由"，应理解为"因不可抗力，未能在公示催告期间内进行权利申报，以至于延误至除权判决之后"。在这种情况下，实际上是撤销了除权判决，而使程序回归到申报人提出权利申报而终结公示催告，从而由票据权利恢复诉讼，转换为票据权利纠纷诉讼。[1]

第四节　普通程序

一、普通程序的意义

普通程序即民事诉讼法所规定的一般民事诉讼所适用的第一审普通程序。我国《票据法》第 15 条第 3 款规定，失票人在票据丧失后，可以依法向人民法院申请公示催告，或者向人民法院提起诉讼。换言之，票据丧失后，失票人可以就公示催告程序和普通程序任选其一获得法律救济。此处所谓的普通程序，即为丧失票据时，失票人适用普通程序进行的票据权利恢复诉讼，而这种票据权利恢复诉讼具有确认之诉和给付之诉的双重性质。

票据丧失时权利恢复诉讼所适用的普通程序与票据权利纠纷诉讼所适用的普通程序，同为民事诉讼法规定的第一审普通程序，在其程序的规则上，具有一致性。但是，票据权利恢复诉讼与票据权利纠纷诉讼又是性质相异的两种票据诉讼，在普通程序的适用上，仍存在一些区别：①票据权利恢复诉讼是在票据丧失的前提下，为获得票据权利的行使而进行的诉讼，而

---

〔1〕　赵新华：《票据法论》，吉林大学出版社 2007 年版，第 115 页。

票据权利纠纷诉讼不以票据丧失作为适用前提；②票据权利恢复诉讼具有确认之诉和给付之诉的双重性质，而票据权利纠纷诉讼仅为给付之诉；③票据权利恢复诉讼的场合，如果丧失的票据重新出现，引发新的确认之诉，以新的确认之诉取代给付之诉，而票据权利纠纷诉讼则不会发生此种情况。

二、普通程序的提起

失票人依普通程序提起诉讼时，以自己为原告，以付款人（包括出票人、背书人或保证人）为被告，请求人民法院确认其合法持票人地位，并判令付款人向其履行付款义务。

关于提起诉讼的时间，与申请公示催告的时间一致：在失票人未进行挂失止付时，可以随时向人民法院提起诉讼；失票人已经进行挂失止付时，则应当在通知挂失止付后 3 日内，向人民法院提起诉讼。但是《票据法》和《民事诉讼法》均未明确规定超过期限后，不得提起诉讼，因此，应该认为，超过上述期限时，也不影响继续提起诉讼。

失票人提起普通诉讼的条件与公示催告的申请完全一样，即确有票据丧失的事实；票据权利确实存在；不存在利害关系人之间的权利争议。而其他方面，如起诉条件、法院管辖、案件受理、审理程序等方面，则与提起第一审民事诉讼时完全相同。另外，在普通诉讼程序中，直接以付款人作为被告，因此不需要特别向付款人发出止付通知。

三、普通程序诉讼判决的做出

失票人提起诉讼后，应就自己为票据的合法权利人、付款人具有票据付款义务一事，进行必要的举证。在法院认为证据充分，能够确认失票人的票据权利和付款人的票据义务时，作出判决，逐令付款人支付票款。但是，不同于除权判决，基于普通程序的判决不具有使票据失效的效果。换言之，即使在做出判决之后，丧失的票据仍为有效的票据，善意持票人仍可以依该票据主张权利。因此，在善意持票人再依票据请求付款时，付款人可能发生二次付款责任。为了避免发生这种情况，付款人可以请求失票人提供必要的担保，如果不能提供担保，则可以由法院裁定付款人以提存方式进行票据付款。在确认票据不可能发生二次付款时，失票人可以请求法院解除担保，或者给付提存票款。

四、普通程序中的权利争议

适用普通程序提起的票据权利恢复诉讼，具有确认之诉和给付之诉的双重性质。因此，不管是否已经做出判决，如果丧失的票据重新出现并提示付款，则在失票人和现实持票人之间，就同一票据发生票据权利归属争议。在这种情况下，人民法院必须对该票据权利的争议另行审理，确认最终的票据权利人。这就是由票据权利恢复诉讼引起的票据权利争议。根据权利争议发生时间的不同，存在以下两种争议。

（一）判决前的权利争议

如果丧失的票据出现是在提起诉讼后、做出判决前，则构成判决前的权利争议。此时，由于付款人正处于诉讼中，无法向现实持票人进行付款，人民法院应首先裁定终结正在进行的票据丧失救济的普通诉讼程序，指令失票人或者现实持票人另行提起新的票据权利纠纷诉讼。这一诉讼与公示催告程序终结后所提起的票据权利纠纷诉讼，具有同一性质。在经诉讼确认真实权利人之后，再由付款人进行付款。

（二）判决后的权利争议

如果丧失的票据出现是在判决已经做出、先前的诉讼程序终结之后，则构成判决后的权利争议。此时，如果付款人尚未依已做出的法院判决进行付款，则应通知失票人，由失票人或者现实持票人就票据权利纠纷提起诉讼，经诉讼确认真实权利人之后，再由付款人进行付款。

如果付款人已经依已做出的法院判决进行了付款，仍应通知失票人或现实持票人，由失票人或者现实持票人就该票据权利纠纷提起诉讼，以确认真实权利人。但是，须指出的是，这一诉讼判决并不发生否定在先诉讼判决的效果。如果经诉讼确认失票人为真实权利人，则驳回现实持票人的请求，付款人当然也无须再次付款；而经诉讼确认现实持票人为真实权利人，或者失票人对现实持票人为真实权利人一事无异议，付款人则应对现实持票人进行付款，但其二次付款的损失，可以从失票人所提供的担保或者提存票款中取得补偿，在无担保亦未提存时，应由先前取得票款的失票人另行给予补偿。

第八章

汇票

第一节　汇票概述

一、汇票的概念及特征

根据我国《票据法》第 19 条第 1 款的规定，汇票是指出票人签发的，委托付款人在见票时或者在指定的日期无条件支付确定的金额给收款人或者持票人的票据。汇票是票据中最典型的类型，为各国票据法所确认。

通常认为，汇票具有以下特征：第一，汇票通常有三个基本当事人，即出票人、付款人和收款人，其中出票人和付款人为票据义务人，收款人为票据权利人；第二，汇票通常需要由付款人进行承兑，以表明到期承担付款的意思，在付款人尚未进行承兑时，汇票上所记载的付款人并无绝对的付款义务；第三，汇票的付款，既可以见票即付，也可以约期付款；第四，汇票对于出票人和付款人没有特别的限制，既可以是银行，也可以是银行以外的公司、其他组织和个人。

二、汇票的种类

根据不同的分类标准，可以将汇票分为不同的类型，其中较为重要的有以下几种分类。

（一）银行汇票与商业汇票

根据汇票出票人的不同，可以将汇票分为银行汇票和商业汇票。这也是我国票据法上最重要的汇票分类。《票据法》第19条第2款规定，汇票分为银行汇票和商业汇票，但是，该条未对银行汇票和商业汇票做出进一步解释。

在票据法理论上，银行汇票是以银行为出票人，同时以银行为付款人的汇票。中国人民银行1997年发布的《支付结算办法》（以下简称《支付结算办法》）第53条第1款规定："银行汇票是出票银行签发的，由其在见票时按照实际结算金额无条件支付给收款人或者持票人的票据。"从理论上说，在银行汇票中，作为出票人的银行与作为付款人的银行，既可以是同一银行，也可以是不同的银行。[1] 但是，根据我国《支付结算办法》第53条第2款的规定，银行汇票的出票银行即为银行汇票的付款人。换言之，在我国银行票据实务中，银行汇票的出票行和付款行必须是同一银行。根据《支付结算办法》第54条和第58条的规定，单位和个人可以申请使用银行汇票，申请人使用银行汇票应向出票银行填写《银行汇票申请书》，填明收款人名称、汇票金额、申请人名称、申请日期等事项并签章，签章为其预留银行的签章。此外，根据《支付结算办法》第57条第1款的规定，银行汇票的提示付款期限为自出票日起1个月。

商业汇票是以银行以外的其他公司、组织或者个人等为出

---

[1] 赵新华：《票据法论》，吉林大学出版社2007年版，第9页。

票人，以银行或者其他公司、组织及个人等为付款人的汇票。《支付结算办法》第72条规定，商业汇票是出票人签发的，委托付款人在指定日期无条件支付确定的金额给收款人或者持票人的票据。此外，商业汇票分为银行承兑汇票和商业承兑汇票，如果付款人是银行并由其进行承兑，为银行承兑汇票；如果付款人是银行以外的其他公司、组织或者个人等并由其承兑，则为商业承兑汇票（《支付结算办法》第73条）。此外，《支付结算办法》第75条规定："商业承兑汇票的出票人为在银行开立存款账户的法人以及其他组织，与付款人具有真实的委托付款关系，具有支付汇票金额的可靠资金来源"；第76条规定，银行承兑汇票的出票人必须是在承兑银行开立存款账户的法人以及其他组织，并与承兑银行具有真实的委托付款关系，且资信状况良好，具有支付汇票金额的可靠资金来源。

综上，根据我国票据法和部委规章的规定，汇票的使用受到种种限制：第一，对汇票出票人的限制，即汇票的出票人仅为银行、法人或者其他组织，而不包括个人，即个人不允许签发汇票；第二，在原因关系上的限制，即签发汇票，当事人之间必须具有"真实的交易关系和债权债务关系"。

（二）即期汇票与远期汇票

根据到期日记载方式的不同，汇票可以分为即期汇票和远期汇票。

即期汇票也称为见票即付汇票，即在汇票上无到期日的记载或者明确记载见票即付，而在收款人或者持票人向付款人提示汇票、请求付款时，该汇票即为到期，付款人应即时承担付款的汇票。

远期汇票是在汇票上记载了一定的到期日，付款人在该到期日届至时承担付款的汇票。远期汇票又依到期日记载方式的不同，分为定日付款汇票、出票后定期付款汇票和见票后定期付款汇票。定日付款汇票又称为定期汇票，即以确定的日期为到期日的汇票；出票后定期付款汇票又称为约期汇票，即约定以出票日后一定期间届满时为到期日的汇票；见票后定期付款汇票又称为注期汇票，即在收款人或者持票人向汇票上所记载的付款人提示见票，并自付款人在汇票上注明见票之日后，一定期间届满时为到期日的汇票。

我国《支付结算办法》第 57 条规定："银行汇票的提示付款期限自出票日起 1 个月。"可见，我国的银行汇票在付款期限上采取的是出票后定期付款的方式。而根据《支付结算办法》第 80 条第 2 款的规定，商业汇票包括定日付款、出票后定期付款以及见票后定期付款等三种付款期限的记载方式。

（三）记名汇票、指示汇票与无记名汇票

根据汇票上记载权利人方式的不同，可以将汇票分为记名汇票、指示汇票和无记名汇票。

记名汇票是指出票人在票面上明确记载收款人姓名或名称的汇票，又称为"抬头汇票"。出票人签发此类汇票，必须将汇票交付于票据上所记载的收款人，否则不发生汇票的效力。而收款人若要转让该汇票，也只能依背书的方式进行。

指示汇票是指出票人不仅明确记载收款人的姓名或名称，而且附加"或其指定的人"字样的汇票。出票人对此类汇票，不得禁止收款人依背书而转让，否则就与其记载相矛盾。[1]此外，收款人转让汇票权利，也只能依背书转让。

无记名汇票是指出票人在票面上未记载收款人的姓名或名称，或者仅记载"来人"或"持票人"字样的汇票，又称为

---

〔1〕 王小能编著：《票据法教程》，北京大学出版社 2001 年版，第 147 页。

"空白汇票"。根据一些国家的票据法，允许出票人在签发汇票时对收款人不作记载，同时也允许持票人将它作为无记名票据使用或者将其变更为记名汇票。

（四）一般汇票与变式汇票

作为汇票的基本形态，通常应由三个不同的当事人，分别作为汇票的出票人、付款人和收款人。根据汇票上当事人地位的不同，汇票可以分为一般汇票和变式汇票。

一般汇票是指汇票关系上的三个基本当事人即出票人、付款人和收款人分别由不同的人充当的汇票。

变式汇票是指汇票关系上的出票人、付款人和收款人三个当事人中，由同一个当事人担任两种或者两种以上身份的汇票。变式汇票又分为对己汇票、指己汇票、付受汇票和己付己受汇票四种。在变式票据中，出票人与付款人为同一人的，称为对己票据或者己付票据；出票人与收款人为同一人的，称为指己票据或者己受票据；收款人与付款人为同一人的，称为付受票据。在极特殊的情况下，也可能出现出票人、付款人和收款人均为同一人的票据，这称为己付己受票据。

《支付结算办法》第53条第2款规定："银行汇票的出票银行为银行汇票的付款人"，采用的是变式汇票中的对己形式。《支付结算办法》第79条规定："商业承兑汇票可以由付款人签发并承兑，也可以由收款人签发交由付款人承兑。银行承兑汇票应由在承兑银行开立存款账户的存款人签发。"根据该条规定，商业汇票可以采用一般汇票形式，也可以采取变式汇票中的对己形式或者指己形式。

第二节　出票

出票是最初的票据行为，也是创设票据权利的行为。因此，可以说，作为有价证券的票据，是基于出票行为而产生，而所有的票据关系，也是基于出票行为而开始。

一、出票的概念

出票，也称发票，是指出票人签发票据并将其交付给收款人的票据行为（《票据法》第 20 条）。实施出票行为的人，称为出票人；而该出票行为的相对人，即为收款人。在对票据行为本质的理解上，我国《票据法》采用的是发行说。因此，出票人依法律规定的形式作成票据，并将其交付于相对人，出票行为即可完成。即出票行为的完成需要具备票据记载、票据签章、票据交付三个形式要件。

出票行为是最初始的票据行为，在实施出票行为之前，尚不存在票据，而通过出票行为作成了票据，才开始了票据权利的运行，使得背书、承兑、保证等票据行为得以进行。因此，通常把出票行为称为基本票据行为，基于出票行为而形成的票据称为"基本票据"或"原始票据"，而将后续进行的其他票据行为称为附属票据行为。

汇票的出票行为，在本质上表现为一种支付的委托，即出票人委托汇票上所载付款人，于汇票到期时，向汇票所载收款人无条件支付票据金额。但是，基于票据行为的单方行为性，出票人对付款人所进行的单方面的支付委托，并不能发生付款人的绝对付款义务，即使有真实的委托，也可能发生付款人拒绝付款的情况。在这种情况下，就发生了出票行为的另一法律效力，即出票人的担保责任。

二、出票的格式

从理论上说，在为出票行为时，使用什么样的纸张作成票据，并没有特别的要求，只要具备了票据的必备要件，即为有效票据。这反映了票据使用早期的基本要求。但是，随着近代银行机构的发达和银行业务的发展，在实际的票据活动中，在出票时，不能用随便的纸张作成票据。以商业承兑汇票的出票为例，在发行商业承兑汇票时，汇票上的出票人、付款人和收款人三方都可能为非银行的不同企业法人，可以说，该汇票所涉及的当事人，与银行没有直接的联系。但是，由于银行是专门的结算机构，即使是商业承兑汇票，也需要载明付款人的开户银行，并以其付款场所，由该银行代理付款。否则，出票人签发的票据就无法支付，也不可能投入流通。基于这种票据使用上的实际情况，在汇票出票时，要求出票人必须使用开户银行所提供的专门的统一印制的汇票，否则银行将不予接受。我国《票据法》第108条明确规定，汇票、本票、支票的格式应当统一，其格式和印刷管理办法由中国人民银行规定。而中国人民银行发布的《支付结算办法》第9条规定，单位、个人和银行办理支付结算，必须使用按中国人民银行统一规定印制的票据凭证；未使用按中国人民银行统一规定印制的票据，票据无效。为了票据格式的规范及使用上的便利，在银行统一印制的票据用纸上，事先印好票据的若干必备事项，除此之外的其他必要记载事项则预先留出空白，供出票人出票时填写。

三、出票的记载事项

出票的记载事项，决定着依出票行为而创设的票据权利的具体内容，而且依出票而形成的基本票据上的记载事项，也成为其后的其他票据行为的基础。基于票据的要式证券性的要求，票据法严格规定了基本票据的记载事项，包括必要记载事项、有益记载事项和无益记载事项。[1]

（一）出票的必要记载事项

必要记载事项是法律规定应当在票据上记载的事项。必要记载事项，又可以分为绝对必要记载事项和相对必要记载事项两类。

1. 绝对必要记载事项。绝对必要记载事项是法律规定票据上必须进行记载的事项，是不可缺少的事项，如果票据上欠缺这类事项的记载，则会导致相应的票据行为无效。而出票行为作为创造票据的行为，如果出票的绝对必要记载事项欠缺，不仅使出票行为无效，票据也归于无效（《票据法》第22条）。

（1）票据文句。票据文句即表明该票据为何种票据的文字记载。我国《票据法》第22条第1款第1项明确规定，汇票上必须记载表明"汇票"的字样，这就是票据文句。票据文句能够将票据这一债权证券与其他一般债权文件（如借据）相区分，从而确定对该证券引发的法律关系所应适用的法律规范；同时，也能够使汇票与其他不同类型的票据相区分，以便确定对该票据所应适用的票据法规范。当然，由于现阶段我国境内流通的票据均由银行统一印制，票据文句也会在票据用纸上事先印好，出票人无须在票据上特别记载，只需要选择记载相应文句的票据即可。

（2）支付文句。支付文句是表明出票人委托他人或者承诺由自己向持票人进行票据金额支付的文字表示。我国《票据法》第22条第1款第2项规定，汇票上必须记载无条件支付的委托。无条件支付的委托表明出票人在委托付款人付款或者承诺其付款时不得附加任何条件。这使得票据表明的权利自始能够确定，

---

[1] 关于票据记载事项的基本理论问题，详见第三章第四节的内容。

有利于保障交易安全、促进票据流通。

在汇票上，以何种表述方式进行支付文句的记载，在票据法上没有特别规定。而在实际上，同票据文句一样，支付文句一般也无须出票人自行记载。中国人民银行统一印制的票据上都事先将其印制在相应位置上。例如，我国银行汇票通常印制了固定的支付文句，即"本汇票请你行承兑，到期无条件付款"，商业汇票通常印制了固定的支付文句，即"本汇票请予以承兑于到期日付款"的字样。

（3）票据金额。票据金额的记载，是确定票据关系当事人权利义务内容的依据，因此必须具体、确定。我国《票据法》第 22 条第 1 款第 3 项规定，汇票出票时必须记载确定的金额。那么，在票据金额的记载欠缺时，汇票当然无效。此外，为保证票据金额的记载准确无误，便于支付时对票据金额的确认，且考虑到使票据金额不易被变造，对于票据金额的记载通行重复记载的做法。我国《票据法》第 8 条就明确规定，票据金额以中文大写和数码同时记载。但是，同时又考虑到对票据金额的重复记载，有可能发生两种记载不一致的情况。因此，在《票据法》第 8 条的后段规定，中文大写和数码同时记载的票据金额必须一致，二者不一致的，票据无效。这种对票据金额记载的严格一致性要求，反映了票据金额的确定性本质，但是对于持票人来说，只要两种票据金额的记载不一致即认定票据无效的做法，有些过于严厉。与我国《票据法》规定有所不同的是，《日内瓦统一票据法》第 6 条规定，在对票据金额进行重复记载而两种记载不一致时，票据仍属有效，但应以文字记载的金额为准（文字优先原则）；如属于以同一形式进行的重复记载，则以较小的票据金额为准（最小金额原则）。应该说，《日内瓦统一票据法》这一处理方法，对持票人来说是较为有利的。

在我国《票据法》上，票据金额属于不可更改的事项，如果票据金额发生更改，票据则归于无效（《票据法》第9条第2款）。

（4）付款人名称。汇票是委托他人进行付款的票据，当然要求载明出票人委托的付款人。一般情况下，付款人是出票人和收款人以外的第三人，但是，有时也以出票人自己作为汇票上付款人，例如，在发出商业承兑汇票时，经常以出票人为付款人。根据我国《支付结算办法》第53条第2款的规定，银行汇票均以出票银行为付款人。值得注意的是，在汇票的使用过程中，要将汇票上所载的付款人，与实际结算关系上的付款人相区分。汇票上的付款人是汇票出票时所记载的付款人，而实际结算关系上的付款人是实际支付票据金额的人，其只是汇票付款人的代理人，一般称为担当付款人。

（5）收款人名称。收款人是票据上最初的票据权利人，也是第一持票人，是证明背书连续性的文义凭证。票据是指示证券，因此，出票人在出票时，必须明确指示票据权利人，即票据上载明收款人名称。如果收款人为自然人，应记载该自然人的本名；如果收款人为法人，记载该法人单位的名称即可，无须同时记载法定代表人姓名。在我国票据法上，收款人名称也属于不可更改的事项，如果收款人名称发生了变更，票据无效（《票据法》第9条第2款）。

（6）出票日期。出票日期对于汇票具有非常重要的意义，主要体现在以下三个方面：第一，如果签发的汇票为出票后定期付款的汇票，根据汇票上记载的出票日期，确定该汇票的到期日；第二，如果签发的汇票为见票即付的汇票或者见票后定期付款的汇票，根据汇票上的出票日期，确定该汇票的提示期间；第三，如果签发的汇票为见票即付的汇票，根据汇票上记载的出票日期，确定该汇票的票据权利消灭时效是否已经完成。[1]简言之，出票日期是确定出票后定期付款的汇票到期日，确定见票即付和见票后定期付款的汇票提示期间的依据，以及确定票据时效的重要依据。因此，出票日期是汇票的绝对必要记载事项。此外，票据上所载的出票日期，不一定必须为实际上的真实出票日期，早于或晚于真实的出票日期，不影响票据发行的效力。但是，该日期须为事实上可能存在的日期，且不能晚于汇票的付款日期，否则汇票应归于无效。

（7）出票人签章。出票人签章表明出票行为的主体，是判断出票人身份和票据行为人同一性的重要依据，是票据上不可缺少的事项。应该指出的是，从票据行为的构成要件来看，票据签章与票据记载是完全不同的两项要件，因此，在我国《票据法》上，将出票人签章与其他出票记载事项并列作为出票的绝对必要记载事项（《票据法》第22条第1款第7项）加以规定，仅仅是一种立法技术上的处理，二者具有完全不同的性质。

2. 相对必要记载事项。相对必要记载事项是法律规定在票据上应该进行记载，但是，如果未记载，票据行为并不因此而无效，而是根据票据法的规定视为行为人已进行了法律规定的相应内容的记载。

（1）付款日期。汇票的付款日期也称为到期日，即汇票上的付款人应当支付票据金额的日期。汇票的付款日期对于确定付款人开始履行付款义务的期限、票据义务人行使票据未到期的抗辩等都具有重要的意义。因此，我国《票据法》第23条第1款规定，汇票上记载付款日期，应当清楚、明确。付款日期可以采取不同的记载形式进行记载，包括见票即付、定日付款、

[1] 赵新华：《票据法论》，吉林大学出版社2007年版，第141页。

出票后定期付款、见票后定期付款的汇票（《票据法》第25条）。根据《票据法》第23条第2款的规定，如果当事人没有记载付款日期，则视为见票即付的汇票。我国目前使用的银行汇票用纸上，没有预留记载到期日的位置，即没有付款日期的记载，应视为见票即付汇票；而商业汇票通常是远期汇票，在其用纸上，一般事先印好记载到期日的位置，由出票人出票时进行相应的记载，但是，如果没有记载到期日，不会导致出票行为无效，而是根据我国票据法的规定，视为见票即付。

（2）付款地。付款地对于票据诉讼的管辖、票据义务的履行、拒绝证书的作成等都具有重要的意义，属于出票时应当记载的事项。我国《票据法》第23条第1款规定，汇票上记载付款地，应当清楚、明确。但是，未记载付款地时，不影响汇票的效力。《票据法》第23条第3款规定："汇票上未记载付款地的，付款人的营业场所、住所地或者经常居住地为付款地"。

（3）出票地。出票地对于涉外票据的法律适用有着重要意义，因此《票据法》第23条第1款对出票地的记载也要求清楚、明确。同时，《票据法》第23条第4款又规定，汇票上未记载出票地的，出票人的营业场所、住所或者经常居住地为出票地。

（二）出票的有益记载事项

有益记载事项是法律规定可以记载的事项，或者法律未作任何规定，从而由行为人依自己的意思，选择是否进行记载的事项。汇票出票的有益记载事项，包括绝对有益记载事项和相对有益记载事项。

1. 绝对有益记载事项。汇票的绝对有益记载事项是指票据法规定的，可以由当事人选择记载的事项，如果当事人进行记载，则按照当事人的记载发生票据法上的效力；未记载，也不影响汇票的效力。我国《票据法》规定的汇票出票的绝对有益记载事项有以下三项。

（1）禁止转让文句。汇票出票人在出票时，可以在汇票上记载禁止转让文句，以此限制票据的流通性。我国《票据法》第 27 条第 2 款规定："出票人在汇票上记载'不得转让'字样的，汇票不得转让。"票据是流通证券，票据权利人可以依票据背书将票据权利转让于他人，票据也就实现了辗转流通。为了保障票据的流通及交易安全，票据法又规定了抗辩切断制度，即票据义务人对直接原因关系当事人行使的抗辩权，不能向受让票据权利的善意第三人行使，导致出票人向收款人行使的抗辩，不能向收款人的后手持票人行使，这就有可能损害出票人的利益。于是，出票人在签发票据时，基于某种特殊的考虑，如避免抗辩切断损害自己的利益或者防止因背书转让发生追索时偿还金额的扩大，而不愿使其签发的票据进入流通领域，则可以根据票据法的规定进行"禁止转让文句"的记载。[1] 如果出票人在出票时，记载了"禁止转让文句"，则该票据为"禁止转让票据"，该票据上所为的背书转让行为均归于无效，不发生票据法上的效力。

（2）外币支付的文句。票据金额为绝对必要记载事项，必须明确记载，但对票据金额的记载不以人民币为限，根据规定可以使用外币支付的，也可以在汇票上进行以外币进行支付的记载。如果汇票金额记载为外币，但未记载以外币支付的文句，则根据我国《票据法》第 59 条第 1 款的规定，"汇票金额为外币的，按照付款日的市场汇价，以人民币支付"。只有在出票人以外币记载汇票金额，且明确记载汇票支付的货币种类时，才允许以外币进行支付。

---

〔1〕 于莹：《票据法》，高等教育出版社 2008 年版，第 120 页。

（3）代理付款人的文句。汇票出票时，出票人可以记载代理付款人，由代理付款人代替付款人进行付款。因此，如果票据上记载有代理付款人的，该记载发生法律效力，持票人应当向代理付款人提示票据，请求付款。我国《票据法》第57条规定，代理付款人在付款时，应当审查汇票背书的连续，提示付款人的合法身份证明或有效证件；代理付款人以恶意或者有重大过失进行付款的，应当自行承担责任。另外，《票据管理实施办法》第18条规定："票据法所称'代理付款人'，是指根据付款人的委托，代其支付票据金额的银行、城市信用合作社和农村信用合作社。"可见，代理付款人并非票据关系当事人，其与付款人之间仅为结算关系，因此，代理付款人所承担的付款义务也仅为结算关系上的义务，而非票据上义务。[1]

2. 相对有益记载事项。相对有益记载事项是票据法上未直接规定，而允许行为人自行选择记载的事项，而在进行了该事项的记载时，并不发生票据法上的效力，仅发生其他法律、法规规定的效力。我国《票据法》第24条规定："汇票上可以记载本法规定事项以外的其他出票事项，但是该记载事项不具有汇票上的效力。"这条规定中的"其他出票事项"即属于相对有益记载事项。在我国目前票据使用过程中，作为汇票出票的相对有益记载事项，通常包括汇票号码、汇票所涉及的交易合同编码、申请人名称和住址、开户银行行号等。这些事项，主要是为了便于对票据进行结算和管理，通常是由《支付结算办法》等结算规则予以要求。

四、出票的效力

出票人进行票据记载和票据签章，再将票据交付相对人，

---

[1] 赵新华：《票据法论》，吉林大学出版社2007年版，第145页。

即完成了出票行为，从而发生出票的法律效力。出票行为作为一种票据行为，其效力表现为产生了票据上的权利义务关系，即票据债权债务关系。

（一）汇票出票对出票人的效力

出票行为一经完成，对于出票人来说，即产生了自己的票据义务。票据义务，在性质上包括直接的付款义务和担保义务，但就一般汇票来说，出票人不直接承担付款，而是委托他人进行付款，因此，汇票的出票人在完成出票后承担的是担保义务。这种担保义务与直接的付款义务不同，它是在持票人不能从付款人处获得票据金额的支付时，才由出票人承担付款，称之为偿还义务（追索义务）。我国《票据法》第26条明确规定，出票人签发汇票后，即承担保证汇票承兑和付款的责任。可见，汇票出票人的担保义务包括担保承兑和担保付款。

1. 担保承兑。所谓担保承兑，就是保证所签发的票据能够在到期前获得承兑，在票据上所载的付款人拒绝承兑，或者因票据上所载的付款人下落不明、破产等原因无从承兑时，持票人向出票人行使追索权，出票人就必须履行期前追索义务。从我国《票据法》第61条第2款第1项的规定可知，虽然汇票仅仅是被拒绝承兑，尚未被最终拒绝付款，但是，出票人及其他票据义务人仍须承担追索义务，这表明汇票的出票人对汇票的承兑承担担保责任。在我国票据法上，出票人的担保承兑义务，是一种法定义务，不允许当事人依特约而免除。[1]

2. 担保付款。汇票的出票人在汇票到期不获付款时，还必须承担付款责任，不论付款人对汇票已经承兑还是未经承兑，

---

〔1〕　关于出票人的担保承兑义务，属于日内瓦统一票据法体系的国家，在其票据法中均规定，允许汇票出票人在出票时在票据上记载不担保承兑文句，以此免除自己的担保承兑义务，避免因受到期前追索而提前履行付款义务。

只要持票人向出票人进行追索，出票人就应履行偿还义务。担保付款义务与担保承兑义务相同也是法定义务，所不同的是，对此义务各国均规定不得依特约免除。如果出票人记载了免除担保付款义务的文句，则属于相对无益记载事项，视为无该项记载，不发生法律效力。

在出票人签发以自己为付款人的对己形式汇票时，与一般汇票不同，由出票人承担直接付款责任。我国目前使用的银行汇票，即属于一种对己汇票。[1] 对此类汇票，实际上是由出票人自行承兑并直接承担付款。因此，汇票出票人出票的效力并不仅仅表现为出票人的担保责任。

（二）汇票出票对付款人的效力

在汇票出票时，出票人在票据上载明付款人，委托付款人到期向持票人无条件支付票据金额。但是，出票人对付款人的这一委托，并非票据上的委托关系，而仅仅是出票人与付款人之间的票据外原因关系，即付款人并不受票据关系的约束，也不因此承担票据义务。因此，出票人出票行为的完成，对于付款人来说，并未发生票据上效力，产生的责任也仅仅是一种相对的付款责任，而不是绝对的付款责任，付款人到期是否承担付款尚不确定。

实际上，汇票出票后，付款人可以依自己的独立意愿，进行两种不同的选择。在该汇票为需要由其进行承兑的汇票时，付款人既可以决定予以承兑，也可以决定拒绝承兑。如果进行了承兑，则依其承兑行为，承担到期付款义务；如果拒绝承兑，则无任何票据上责任，持票人只能要求出票人履行担保承兑义务。在该汇票为无须承兑的汇票时，付款人既可以决定予以付

---

〔1〕《支付结算办法》第 53 条第 2 款规定："银行汇票的出票银行为银行汇票的付款人。"

款，也可以决定拒绝付款。如果进行了付款，那只能说是履行了同出票人在原因关系上的义务，而非票据义务；如果拒绝付款，则无任何票据上责任，持票人也只能要求出票人履行担保付款义务。

（三）汇票出票对收款人及持票人的效力

汇票出票行为的完成，产生了收款人亦即第一持票人的票据权利，即一定金额的支付请求权，从而使收款人成为票据权利人。收款人基于出票行为而取得的票据权利包括：第一，提示权，收款人有权向付款人提示承兑或者提示付款；第二，付款请求权，在票据到期后，收款人有权请求付款人支付票据金额；第三，追索权，在票据未获承兑或未获付款时，收款人可以请求出票人支付票据金额；第四，票据转让权，收款人有权通过背书的方式转让票据，从而获得相应的对价给付。

第三节　背书

一、背书概述

（一）背书的概念

背书，是指持票人在票据的背面或者粘单上记载有关事项，完成签章，并将其交付给相对人，从而表明将票据权利转让给他人或者将票据权利授予他人行使的票据行为（《票据法》第27条第1款、第4款）。我国《票据法》第27条第3款规定，持票人将票据权利转让给他人或者将一定的票据权利授予他人行使时，应当背书并交付票据。票据背书是票据法上规定的最主要的票据（票据权利）转让方式。

（二）背书的特征

票据权利本质上是一种债权，因此，也可以按照一般债权的转让方式进行转让。但是票据债权同时又是有价证券上的债权，体现了权利与证券的结合，这就使票据债权的背书转让具有不同于一般民事债权转让的特征，具体表现在以下几个方面。

第一，票据权利的背书转让无须经票据债务人同意。为保护债务人的利益，通常要求一般民事债权的转让必须通知债务人。《中华人民共和国合同法》第80条规定："债权人转让权利的，应当通知债务人。未经通知，该转让对债务人不发生效力。"而票据权利的背书转让是由背书人独立进行，背书人以背书转让票据权利时，无须通知票据债务人，更不必经其同意，只要根据票据法的规定完成背书行为即可。

第二，背书转让的转让人不退出票据关系。在一般民事债权的转让中，转让人向受让人转让债权之后，即脱离先前与债务人的债权债务关系，不再享有对债务人的债权，对受让人也不承担其他义务，除非双方另有约定。而在票据背书转让时，转让人并不退出票据关系，而是由先前的票据权利人转变为票据义务人，对票据受让人承担相应的票据义务，即担保付款义务或担保承兑义务，在受让人票据到期未获承兑或者未获付款时，转让人须承担票据金额的偿还义务。

第三，背书转让具有更强的转让效力。在背书转让时，受让人就所受让的票据权利，能够得到更充分的保护。根据票据法的规定，经背书转让受让票据的持票人，通常可以获得以下特别保护：首先，受让人可以免除实质权利人的证明责任，亦即受让人所持有的票据是背书连续的票据，即可证明自己为合法权利人，而无须提供其他的证明；其次，受让人可以对票据债务人主张前手对人抗辩切断，从而使其受让的票据权利，不受票据债务人与前手背书人之间的抗辩事由的影响；最后，受让人可以主张善意取得，只要票据受让人受让票据时无恶意或重大过失，即使其前手转让人并非真实票据权利人，受让人亦得有效取得票据权利。[1] 票据经背书转让时，受让人可能获得的上述保护，在一般民事债权的转让中尚不存在，尤其是抗辩切断制度，就一般民事债权转让来说，债务人可以对抗转让人的一切事由，均可以以此对抗受让人。但在票据背书转让中，票据债务人仅可以以票据自身所存在的抗辩事由即对物抗辩事由对抗票据受让人，而不得以与其前手之间存在的抗辩事由即对人抗辩事由对抗票据受让人。

（三）背书的种类

背书按照不同的标准进行各种不同的分类。一般学理上根据签发背书的目的，把背书分为实质背书和形式背书两类。

1. 实质背书。实质背书是以转移票据权利为目的而进行的背书，因此，又称为转让背书。在通常情况下，持票人进行背书就是为了转移票据权利，所以，绝大多数背书均为实质背书。实质背书依其不同特征，还可以再分为：一般背书，即依票据法规定的背书内容，进行完整的背书记载的背书，其具有票据法规定的背书的基本效力；特别背书，即一般背书以外的在背书记载及背书人等方面有特别情况的背书，其具有与一般背书不同的特别效力。在我国票据法上，特别背书主要包括限制背书、回头背书、期后背书及空白背书。

2. 形式背书。形式背书又称非转让背书，是指不以票据权利的转移为目的，仅在形式上具有背书的外观，而在实质上并不转让票据权利的背书。在通常情况下，背书都是以票据权利的转移为目的，而在特殊情况下，票据法亦承认不以转移票据权利为目的而进行的背书，允许以背书的形式实现转移票据权

---

〔1〕　赵新华：《票据法论》，吉林大学出版社 2007 年版，第 151 页。

利以外的其他目的。在我国票据法上，形式背书主要包括委托收款背书和设定质权背书。

二、一般背书

（一）背书的行为人

背书的行为人即背书人，在通常情况下，应仅限于票据上载明的票据权利人，即依票据法的规定，合法取得票据并享有票据权利的人。为确保背书的连续，我国《支付结算办法》第33条第2款规定，第一次背书转让的背书人应当是票据上记载的收款人，而其后的每一次背书的背书人，均应为前一次背书所记载的被背书人。

背书人一定是票据的持票人，但并非所有的持票人都能成为背书人。例如，履行了追索义务的被追索人，在取得票据成为持票人之后，仅享有对其前手的追索权，而不享有其他的票据权利，亦不能转让票据权利。

（二）背书的记载事项

根据《票据法》第27条第4款的规定，背书应当在票据背面或者在粘单上进行，而且必须在法律规定的票据上的一定位置进行。在我国，由银行统一印制的汇票用纸上，在其背面已经印制了三栏背书栏，供背书人进行相应的背书记载及签章，背书也应当在背书栏中依次进行，不能随意在空白位置上进行。如果背书栏已经全部记载，没有空白位置时，则应在统一印制的粘单上进行，并由粘单上的第一记载人在粘接处签章，以证明粘单与票据的衔接。同时，《票据法》还规定了背书的记载事项，包括必要记载事项、有益记载事项和无益记载事项。

1. 必要记载事项。

（1）绝对必要记载事项。背书的绝对必要记载事项，首先是背书人。根据我国《票据法》第 29 条第 1 款的规定，背书应由背书人签章，无背书人的签章，不发生背书的效力。

在背书中，被背书人的记载也是绝对必要记载事项。我国《票据法》第 30 条明确规定，汇票以背书转让或者以背书将一定的汇票权利授予他人行使时，必须记载被背书人名称。但是《票据法》并没有规定被背书人的名称必须由背书人记载。这意味着，只要在提示承兑或者付款时，被背书人处的名称已经记载完整，即使与背书人的签名明显不是出自一人之手，也应当认为背书连续，能够证明被背书人的票据权利，付款人不得主张对物抗辩。同时，如果付款人此时进行了付款，出票人也不能以票据记载的被背书人非真正的被背书人为由，要求付款人自负责任。

（2）相对必要记载事项。我国《票据法》第 29 条规定，背书由背书人签章并记载背书日期；背书未记载日期的，视为在汇票到期日前背书。可见，背书日期的记载是背书的相对必要记载事项。将背书日期的记载作为必要记载事项，我国《票据法》对于超过付款提示期限的汇票，禁止其再行转让，即使进行了背书，也不发生背书转让的效力（《票据法》第 36 条）。而背书是否已经超过提示付款期限，须通过背书日期来确定。而未记载背书日期时，《票据法》规定视为在到期日前背书，而未否认其效力，主要是从保障持票人权利的角度出发，确认背书日期空白的背书为有效背书，从而使持票人能够顺利行使票据权利。

2. 有益记载事项。

（1）绝对有益记载事项。在我国票据法上，绝对有益记载事项主要有禁止转让记载、委托收款记载和设定质押记载等三类。

禁止转让记载，是背书人为了免除对其后手的被背书人的担保义务，而在背书中附加的记载。我国《票据法》第34条规定："背书人在汇票上记载'不得转让'字样，其后手再背书转让的，原背书人对后手的被背书人不承担保证责任。"根据该条规定，背书人在背书中记载了禁止转让文句，而后手仍进行背书转让的，原背书人对后手的被背书人不再承担担保责任，包括担保承兑和担保付款。但是，须注意的是，该禁止转让文句记载不影响后手背书人的背书行为的效力，后手背书人的背书行为仍然有效，其对持票人仍须承担担保责任。

委托收款记载，是背书人为委托他人代替其收取票据金额而进行的背书记载。根据我国《票据法》第35条第1款的规定，背书人在背书中记载了"委托收款"字样，被背书人有权代替背书人行使被委托的票据权利。有委托收款记载的背书，票据法理论上称为委托收款背书。委托收款背书具有形式上的权利转移效力，表现为委托收款背书的被背书人基于背书而取得代替背书人行使权利的代理权。其代理权的权限范围，包括行使各项票据上请求权以及为实现票据上权利而提起诉讼的权利等。但是被背书人作为代理人，在票据权利的行使上，也受到一定的限制。《票据法》第35条第1款但书规定，被背书人不得再背书转让汇票权利，即被背书人不能进行转让背书或设质背书。可见，委托收款背书仅为形式背书，被背书人受托行使被授予的票据权利，并未取得票据权利。因此，不是票据权利人，也就不能处分票据权利。此外，委托收款背书还具有形式上的资格授予效力，在背书连续的情况下，被背书人无须另行出具委托手续即具有代替背书人收款的代理人资格；另一方面，对于票据义务人来说，在善意且无重大过失的情况下，基于该背书进行付款，无论被背书人是否有代理权均可获得免责。

设定质押记载，是背书人为设定质押而进行的背书记载。我国《票据法》第 35 条第 2 款规定，汇票可以设定质押，质押时应当以背书记载"质押"字样。背书人记载了设定质押文句，被背书人即成为该票据的质权人，依法实现其质权时，可以行使票据权利。有设定质押记载的背书，票据法理论上称为设定质押背书。设定质押背书的被背书人与委托收款背书的被背书人不同，其可能成为真正的票据权利人。设定质权背书的被背书人，一旦质押到期，被背书人能够依法实现质权时，即成为票据的真实权利人，即可请求票据金额的支付或者进行追索。设定质押的被背书人也基于背书的连续而当然取得权利人资格，无须另外的证明。此外，须注意的是，设定质权背书的被背书人只能进行委托收款背书，而不能进行转让背书及设定质权背书。限制被背书人进行背书的目的，在于保护背书人所提供的担保标的即质物的安全。

（2）相对有益记载事项。关于背书的相对有益记载事项，我国《票据法》没有明文规定。根据该法第 24 条的规定，汇票上可以记载《票据法》规定之外的其他事项，但是，该记载事项不具有汇票上的效力。背书人可以记载自己的地址、银行账户等信息，只不过这些记载不发生票据法上的效力。

3. 无益记载事项。背书的无益记载事项包括绝对无益记载事项和相对无益记载事项。

（1）绝对无益记载事项。我国《票据法》第 33 条第 2 款规定："将汇票金额的一部分转让的背书或者将汇票金额分别转让给二人以上的背书无效。"

部分背书的记载为绝对无益记载事项，是指在背书中表明将票据金额的一部分转让给被背书人的记载。票据债权是不可分之债，不能进行部分转让，如果进行了此种记载，导致该背书行为无效。

分别背书的记载也是绝对无益记载事项，是指在背书中表明将票据金额分别转让给两个以上的被背书人的记载。基于票据债权的不可分性，也不能分别转让票据金额，因此，进行了分别转让的背书记载，则会导致背书行为无效。

（2）相对无益记载事项。根据我国《票据法》的规定，附条件的背书记载为相对无益记载事项。附条件的背书记载是指在背书中附加一定的条件，约定在该条件实现时，才能成立票据权利的转让。由于附条件背书记载破坏了票据付款的无条件性，阻碍票据的流通，票据法上将其作为无益记载事项，背书人在背书时不应进行该项记载。但是不同于绝对无益记载事项，在已进行了附条件背书记载时，不会导致背书行为的无效，而仅使该项记载本身无效。我国《票据法》第 33 条第 1 款规定："背书不得附有条件。背书时附有条件的，所附条件不具有汇票上的效力。"可知，背书附有条件的视为无记载，不具有汇票上的效力，背书行为仍然有效。

（三）背书的效力

一般背书的效力，主要表现在：权利转移的效力、资格授予的效力及权利担保的效力。

1. 权利转移效力。背书的权利转移效力是背书的本质性效力，背书人进行背书的目的就是为了转移票据权利。依背书所转移的权利，为票据上权利，包括票据所表彰的一切权利。其中最主要的票据权利便是付款请求权和追索权。此外，在有票据保证的场合，持票人对于保证人的权利，也依背书而转移。须注意的是，附着于票据上但在性质上属于票据外的权利，如附着于票据上的质权、抵押权、违约金请求权等，并不随同票据权利依背书同时转移。此外，完全属于票据外的权利，如背书人对前手享有的原因关系上的权利，当然不能因背书行为而转移。以上的非票据上权利，均只能依一般债权转让的方式转移。

2. 资格授予效力。背书的资格授予效力，即在持票人为背书中记载的被背书人且所持有的票据背书连续时，该持票人即被推定为合法的持票人。我国《票据法》第 31 条第 1 款规定，持票人以背书的连续，证明其汇票权利。为了保证票据使用和流通上的简便和安全，票据法通常规定，只要持票人持有背书连续的票据，即为合法的持票人，除有恶意或重大过失的场合以外，均得依票据行使票据权利，而无须提供其他的证明。可见，背书连续在形式上对持票人的权利人资格予以确认，因此也称为形式性效力。

背书的资格授予效力，对于票据义务人来说，还具有免责效力。票据义务人如果对背书联系的票据持票人进行了支付，只要是善意且无重大过失，即使持票人非真实权利人，也可获得免责。

3. 权利担保效力。背书的权利担保效力，是指背书人对于其所有的后手被背书人承担担保责任，包括担保承兑及担保付款的责任，在后手持票人未获承兑或未获付款时，由背书人负责偿还相应的票据金额。我国《票据法》第 37 条规定，背书人以背书转让汇票后，即承担保证其后手所持汇票承兑和付款的责任；背书人在汇票得不到承兑或者付款时，应当向持票人清偿法律规定的金额和费用。值得注意的是，背书的权利担保效力，可以依背书人的记载而加以一定的限制。禁止转让背书的记载，实际上就是背书人对权利担保效力所施加的限制，即可以在背书时记载禁止转让背书，而对该背书的被背书人以后的所有持票人，均不承担担保责任。

（四）背书的连续

"背书连续"，是指从票据上的第一个背书人即票据上所载收款人开始，到最后一个被背书人即现在的持票人为止的全部背书，其前一背书中的被背书人，是后一背书中的背书人，由此而使前后背书相接，不发生间断。根据票据法的规定，票据的背书必须连续，持票人可以依背书连续证明其为合法持票人，并依该票据行使票据权利；如果背书不连续，票据义务人可以主张对物抗辩，拒绝向持票人履行票据义务。背书连续是票据法规定的形式上的要求，因此并不要求背书连续必须由实质上真实有效的背书构成，即使其中存在着基于实质上的原因而无效的背书，也不妨碍背书的连续性。因此，在背书中存在着伪造的背书、无行为能力人的背书，虽该背书行为无效，但仍不影响背书连续的成立。

持票人以背书连续证明其合法权利人资格，如果背书不连续，则该票据的持票人当然也就不具有形式上的合法持票人资格而造成权利行使的障碍。但不是说，背书不连续票据的持票人肯定不能行使票据权利。我国《票据法》第 31 条第 1 款规定，非经背书转让，而以其他合法方式取得汇票的持票人，依法举证，证明其汇票权利。即在背书不连续的情况下，如果持票人能够以其他方式证明自己是合法权利人，仍可以行使票据权利。因此，应该说，依背书连续而推定持票人为合法持票人的制度，是为权利人规定了更为便利的权利行使的途径，而不是对权利人的特别限制。[1]

---

〔1〕 赵新华：《票据法论》，吉林大学出版社 2007 年版，第 164 页。

三、特别背书

（一）限制背书

限制背书是指在背书中附加某些特别内容的记载，从而对票据的转让效力给予一定限制的背书，主要包括禁止转让背书和无担保背书。

1. 禁止转让背书。票据法通常规定，背书人可以在票据背书中记载禁止背书文句，从而限制受让人将该票据再行转让。"不得转让"、"禁止背书"、"禁止指示"等，都属于禁止背书文句。我国《票据法》第 34 条规定："背书人在汇票上记载'不得转让'字样，其后手再背书转让的，原背书人对后手的被背书人不承担保证责任。"即背书人在背书中记载了禁止转让文句，而后手仍进行背书转让的，原背书人对后手的被背书人不再承担担保责任，包括担保承兑和担保付款。因此，其直接后手以外的持票人到期未获承兑或付款，亦不能向进行禁止转让背书文句记载的原背书人追索。但是须注意的是，该禁止转让文句记载不影响后手背书人背书行为的效力，具备有效要件的后手背书人的背书行为仍然有效，其对持票人仍须承担担保责任。

票据法除了允许背书人在背书中记载禁止背书文句外，还允许出票人在出票时可以在票据上记载禁止转让文句（《票据法》第 27 条第 2 款），前者称为"禁止转让背书"，后者称为"禁止转让票据"。禁止转让票据与禁止转让背书，既有相同之处，又有区别。二者的相同之处在于，在票据上均有禁止转让文句的记载，该记载均可以避免对人抗辩切断，并防止偿还金额的增大。二者的区别在于，禁止转让背书并不丧失票据的可背书性，后手持票人仍可依背书转移票据权利，只不过是原背书人依其禁止转让背书而将自己的担保责任限定在直接当事人之间；而禁止转让票据则丧失了可背书性，受让人不能再行背书转让，后手所为的背书行为均归于无效。出票人记载禁止转让文句的目的，也在于排除背书转让的效力，从而保持对受让人的抗辩权，防止受到追索时负担更多的偿还金额。

禁止转让票据并非绝对不能再行转让，而是不能再依票据法规定的背书方式转让，也不可能再发生背书转让的效力，但可以按照一般债权的转让方式进行转让，并发生一般债权转让的效力。其效力与背书转让的效力不同，主要表现在以下方面。第一，出票人进行禁止转让记载的，受让人虽然能够取得转让人的债权，但是，这种债权已经不再具有票据权利的性质，转变为一般债权，受让人只能依民法关于普通民事债权的转让效力享有权利。因此，不能适用对人抗辩切断制度，即出票人不论善意或恶意，均得以一切对抗转让人的抗辩事由对抗受让人。第二，受让人受让的是一般债权非票据权利，因此无法得到票据权利善意取得制度的特别保护，只有在受让人无对抗事由的情况下才能行使权利。第三，转让人不承担担保责任，亦即转让人转让票据后，如果到期未获票据金额的支付，也不能向转让人进行追索。

2. 无担保背书。背书人在背书时记载"不担保票据付款"或者"不予担保"等字样的，就是无担保背书，也称为免责背书。通常背书行为的效力包括权利担保效力，背书人在票据不获承兑或者不获付款时，依法应当承担偿还票据金额的义务。但是，如果背书人在背书中进行免除担保责任的记载即无担保文句的记载，可以以此免除担保责任。目前我国不承认无担保背书，背书人如果记载了无担保文句，应属于相对无益的附条件记载，根据票据法的规定，该记载不发生法律效力。而《日内瓦统一票据法》中规定了无担保背书，即在背书上进行相应文句的记载，就可以免除背书人的担保责任，包括担保承兑和担保付款。背书人在背书中记载无担保文句，实际上表现出背书人对将来票据权利能否行使没有把握，这对于票据的信用有很大的损害，不利于票据的转让。但是日内瓦统一票据法体系则认为，背书人并非是最终的票据债务人，免除其担保责任，只是相对减少了权利人实现权利可能的途径，并不是完全取消了权利人实现权利的可能性，因此，承认背书人无担保背书的效力。

（二）回头背书

回头背书是指以先前在票据上签名的票据义务人（出票人、背书人等）为被背书人的背书。票据法上并未明文限制被背书人的资格，因此，先前的票据义务人可以成为被背书人亦即票据权利人。当债权人与债务人两种相对的法律地位归属于同一人时，一般债权会出现债权因混同而消灭的情形，但是票据债权则不发生此种效力。在回头背书的场合，在先前的票据义务人成为被背书人时，该票据仍然有效，票据权利仍然存在，即回头背书具有背书转让的效力，受让人可以继续转让票据权利或者向付款人请求付款。但是由于回头背书的被背书人可能会有票据权利与义务的重叠，根据回头背书的被背书人先前在票据上的地位不同，其能够行使的权利范围也会不同。我国《票据法》第 69 条规定，持票人为出票人的，对其前手无追索权；持票人为背书人的，对其后手无追索权。

1. 出票人为回头背书的被背书人。在回头背书的被背书人为该票据的出票人时，无论是在票据到期前还是在到期后，出票人都是最终的追索义务人。在票据不获承兑或者不获付款而发生追索时，由于其负有最终的追索义务，事实上不能行使票据权利。如果汇票的付款人已经进行了承兑，那么承兑人即成为主债务人。此时，作为被背书人的出票人可以向该承兑人行使追索权。

2. 承兑人为回头背书的被背书人。在回头背书的被背书人为该票据的承兑人时，如果该票据尚未到期，承兑人虽然原则上可以行使期前追索权，但是由于承兑人又是主债务人，事实上其不能行使追索权。如果该票据已经到期，对于承兑人而言，票据债权与票据债务因混同而消灭，承兑人也就不能行使票据权利。综上，以承兑人为回头背书的被背书人的，其不能行使票据权利。

3. 原背书人为回头背书的被背书人。在回头背书的被背书人为该票据的原背书人时，无论票据到期与否，原背书人对于在其后进行背书的背书人而言，既是票据权利人同时也是票据义务人。因此，在发生追索时，他要向其后的背书人承担追索义务，也就不能对这些人行使权利，只能向其第一次背书前的背书人或者出票人进行追索。

此外，在回头背书的被背书人是汇票上所载的未进行承兑的付款人时，由于该被背书人仅是与票据有一定关系的人，并非是在票据上进行了票据行为的票据义务人，该票据背书也不构成回头背书，属于一般背书，其也就具有与一般背书的被背书人相同的法律地位。

（三）期后背书

期后背书是指在票据被拒绝承兑、拒绝付款或者超过付款提示期限时所进行的背书。由于期后背书的场合，已经确认票据权利不能正常行使，票据法上通常规定期后背书属于无效背书，不能发生一般背书的效力。我国《票据法》第36条规定，汇票被拒绝承兑、被拒绝付款或者超过付款提示期限的，不得背书转让；背书转让的，背书人应当承担汇票责任。

注意区分期后背书与到期后背书。到期后背书是指在票据到期后但尚未发生拒绝支付时进行的背书，或者提示期限尚未终了时进行的背书。期后背书与到期后背书的不同之处在于，前者已经确认票据权利已不能正常行使，形成所谓受阻背书，而后者尚未确认票据权利是否能够正常行使。因此，票据到期后进行的背书并不一定是期后背书，只有在票据到期后并经过了提示期限的背书才为期后背书而归于无效，而在票据到期后、提示期限经过前的背书仍然是有效背书。期后背书属于无效背书，但是并非没有任何的法律效力，只不过仅将其作为一般债权的转让处理，因此期后背书的背书人作为一般债权的转让人承担责任（《票据法》第36条）。此外，对于是否为到期后背书或期后背书的判断标准，主要是票据上所记载的背书日期，如果票据上未记载背书日期时，根据票据法的规定，可以推定为是在到期日前进行背书（《票据法》第29条第2款）。

（四）空白背书

空白背书是未记载被背书人的背书，即在被背书人记载上留有空白的背书。我国《票据法》第30条规定，票据以背书转让或者以背书将一定的票据权利授予他人行使时，必须记载被背书人名称。根据这一规定，在我国票据法上，被背书人的记载是背书的绝对必要记载事项，没有该项记载的背书行为无效。因此，我国票据法上不承认空白背书的效力，如果发生了空白背书，构成对物抗辩。此时，被背书人必须在行使票据权利时，将被背书人名称记载完成，那么，就不会导致背书行为无效，最多可能发生对人抗辩或者恶意抗辩。

第四节　承兑

一、承兑的概念及记载事项

（一）承兑的概念

承兑，是指汇票上所载的付款人在汇票上进行承兑文句的记载并完成签章，以表明在汇票到期日支付汇票金额的票据行为（《票据法》第38条）。承兑是远期汇票特有的票据行为，本票、支票以及即期汇票中均不存在承兑。

（二）承兑的记载事项

1. 承兑的绝对必要记载事项。我国《票据法》第42条第1款规定，付款人承兑汇票的，应当在汇票正面记载"承兑"字样，并签章。可见，承兑的绝对必要记载事项包括承兑文句和承兑人签章两项，在此两项记载事项欠缺时，不发生承兑的效力。

承兑文句，通常在汇票正面记载"承兑"字样，也可以记载"已承兑"、"同意承兑"、"已经本人承兑，到期承担付款"等具体词句。实践中，在统一票据用纸上，通常预先印好相应的承兑文句，无须承兑人另行记载。例如，在我国商业承兑汇票上，事先印制"本汇票已经承兑，到期无条件付款"字样，而在银行承兑汇票上，也预先印制"本汇票已经承兑，到期日由本行付款"字样。因此，无须承兑人自行记载，在相应的位置签章即可。

承兑人的签章虽然也是票据法上规定的绝对必要记载事项，但是同背书行为的绝对必要记载事项一样，承兑人签章实际上并不属于一项记载，而是与记载的性质不同的票据行为的另一个要件。只不过，为了使规范简明一致，而将承兑人签章与承兑文句一起，规定为一项绝对必要记载事项。

此外，在《日内瓦统一票据法》上，还规定了参加承兑制度，即票据上所载付款人以外的第三人作为参加承兑人而参加承兑时，发生参加承兑的效力。我国现行票据法上尚无有关参加承兑的规定。

2. 承兑的相对必要记载事项。承兑的相对必要记载事项即承兑日期。我国《票据法》第42条规定，付款人承兑汇票时应当记载承兑日期，汇票上未记载承兑日期的，以付款人收到提示承兑汇票之日起的第三日为承兑日期。此外，如果是见票后定期付款的汇票，应当在承兑时记载付款日期（《票据法》第42条第1款后段），由此确定汇票的到期日；但是，如无此记载或者记载不明确，承兑日期的记载即成为确定汇票付款日的唯一根据。[1]

3. 承兑的绝对无益记载事项。承兑的绝对无益记载事项为附条件的承兑记载。我国《票据法》第43条规定："付款人承兑汇票，不得附有条件；承兑附有条件的，视为拒绝承兑。"附条件承兑，通常包括附一般条件承兑、部分承兑和变更记载事项承兑等，但无论属于哪一种附条件承兑，根据票据法的规定，视为拒绝承兑，持票人可以向其他票据义务人进行追索。

二、承兑的程序

（一）提示承兑

提示承兑，是指持票人向付款人出示汇票，并要求付款人承诺付款的行为（《票据法》第39条第2款）。提示承兑本身并非票据行为，而是承兑行为的前提和必要手续。[2] 提示承兑的

---

[1] 赵新华：《票据法论》，吉林大学出版社2007年版，第185页。

[2] 范健：《商法》，高等教育出版社、北京大学出版社2002年版，第352页。

人称为提示人，付款人称为被提示人。在付款人委托其代理人在票据上进行承兑签章时，也可以由代理承兑人作为被提示人。但是，汇票上所载的代理付款人，一般不能作为被提示人，持票人仍应向付款人本人或其委托的代理承兑人进行提示。

提示承兑应当在法定的期间内进行。具体而言，定日付款或者出票后定期付款的汇票，持票人应当在汇票到期日前向付款人提示承兑（《票据法》第39条第1款）；见票后定期付款的汇票，持票人应当自出票日起1个月内向付款人提示承兑（《票据法》第40条第1款）；见票即付的汇票无须提示承兑（《票据法》第40条第3款）。

此外，持票人提示承兑应在汇票上载明的付款人的营业场所进行；付款人无营业场所的，应在其住所进行（《票据法》第16条）。

（二）承兑和拒绝承兑

在持票人提示承兑后，付款人应当在一定时间内做出承兑或者拒绝承兑的决定。根据我国《票据法》第41条第1款的规定，付款人对向其提示承兑的汇票，应当自收到提示承兑的汇票之日起三日内承兑或者拒绝承兑。如果让付款人立即做出统一承兑或者拒绝承兑的决定，仓促之余容易做出拒绝承兑的决定，从而使票据活动受到阻碍。因此，票据法给予付款人三天的宽限期，来确定是否进行承兑。但是，三日的考虑期限届满，付款人既不表示承兑，也不表示拒绝承兑的，可推定为拒绝承兑。

持票人在法律规定的期间内向付款人提示汇票请求承兑，如果付款人同意承兑，则需要在一定的时间内按照《票据法》的要求完成承兑行为，即记载承兑必要记载事项且完成签章。如果付款人拒绝承兑或者在法定的承兑期间未作出任何表示，持票人可以请求付款人出具拒绝证书或者退票理由书，并以此向其前手票据义务人追索。

（三）汇票的回单与交还

持票人向付款人提示承兑时，必须将汇票交给付款人占有，而付款人收到持票人提示承兑的汇票后，应当向持票人签发收到汇票的回单，该回单上应当记明汇票提示承兑日期并签章（《票据法》第41条第2款）。当承兑期限届满，付款人无论最终决定承兑或拒绝承兑，都应当将汇票交还给持票人。

（四）承兑的撤销

对于已进行的承兑是否能够撤销，我国票据法并未做出规定。我国《票据法》第9条规定了票据记载事项的更改，而承兑记载的更改不属于该条规定的不得更改的事项。因此，可以推定为，对已进行的承兑可以进行撤销。在《日内瓦统一票据法》中，在明确规定允许承兑人撤销承兑的同时，为了保护持票人的利益，又对承兑的撤销（撤销的时间、撤销的方式、撤销的效力等）做出相应的特别规定。

三、承兑的效力

付款人在汇票上记载承兑文句、完成签章，并将汇票交还给持票人，即完成了承兑行为，该承兑行为按照票据法的规定发生法律效力。

（一）承兑对付款人的效力

付款人一经承兑后，即成为承兑人，而承兑人是汇票上的主债务人，在票据到期时，应当承担付款责任（《票据法》第44条）。此种付款责任是一种绝对责任、第一性责任，即使承兑人和出票人之间并不存在事实上的资金关系，承兑人也不能以此为由对抗持票人。在承兑人承兑后，到期不能进行付款时，不仅应承担票据金额的支付，而且还要承担迟延付款的利息及追索费用。此外，承兑人还承担最终的追索义务，履行追索义务之后取得票据的背书人及出票人，对承兑人行使再追索权时，承兑人应当履行偿还义务。

（二）承兑对持票人的效力

在付款人进行承兑之前，持票人所享有的付款请求权仅仅是一种期待权，一旦付款人给予承兑，这种期待权即变成了现实的权利。对于持票人来说，无须考虑承兑人与出票人之间是否确实存在资金关系，只要汇票经付款人承兑，在汇票到期时，就可以向承兑人请求支付票据金额。由于付款请求权不因保全行为的欠缺而消灭，在持票人未按时提示付款时，即使超过提示付款期限而致追索权消灭，也不影响持票人对承兑人（主债务人）行使付款请求权。

（三）承兑对出票人的效力

在汇票未经承兑之前，出票人是票据上的主债务人，承担主票据义务，而在付款人对票据进行了承兑之后，出票人则由主债务人变成从债务人，对汇票只承担担保付款的责任，而免除了其担保承兑的责任，使得出票人免于期前追索。

（四）承兑对背书人的效力

背书人背书转让票据权利之后，对后手持票人承担担保责任，包括担保付款和担保承兑，而在付款人进行了承兑之后，即免除了背书人的担保承兑的责任，也让背书人免受期前追索。

第五节　保证

同一般民事债务一样，对于票据债务，也可以通过设定担保的方式，来确保票据债务的履行。由于票据债务是一种特殊的债务，票据保证具有与一般民事保证不同的特征。

一、保证的概念及特征

（一）保证的概念

保证，是指行为人在已签发的票据上，进行保证文句的记载，完成签章，并将其交付持票人，从而表明对特定票据债务人票据债务的履行承担保证的行为。我国《票据法》第45条第1款规定，汇票的债务可以由保证人承担保证责任。《票据法》上规定的保证，就其担保性质来说，属于人的担保，票据保证的行为人为保证人，而由其所保证的票据债务人即为被保证人。《票据法》第45条第2款规定，保证人由票据债务人以外的他人担当。由于票据保证的目的是为了增强票据的信用，而票据债务人本身就已负有一定的票据债务，将其作为票据保证人对票据信用的提高并无实益。因此，一般情况下，要求由票据债务人以外的人来担当票据保证人。

（二）保证的特征

票据保证作为一种人的担保，与一般民事保证具有同一的特征，同时作为一种票据行为，票据保证也存在若干与一般民事保证不同的特征。这些特征主要表现在以下几个方面。

1. 单方性。票据保证是单方法律行为，而一般民事保证是双方法律行为，这是票据保证与民事保证在行为性质上的差别。我国《担保法》所规定的一般民事保证，是指保证人和债权人约定，当债务人不履行债务时，保证人按照约定履行债务或者承担责任的行为（《担保法》第6条）。可见，就一般民事保证来说，保证行为的成立，需要保证人与被保证债务的相对方即债权人达成合意，即一般民事保证行为是一种合同行为，依保证合同而成立。而票据保证是一种单方行为，票据保证的成立，无须由票据保证人与票据债权人达成合意，仅以票据保证人自己的独立意思，在票据上进行规定事项的记载，即可成立。

2. 独立性。票据保证的成立，不完全依赖于主债务的成立，这是票据保证在其成立上所具有的特征。票据保证就其目的来说，是为依出票行为或者背书行为而发生的票据债务进行担保，即保证债务是从债务，而其所担保的票据债务为主债务。一般来说，作为从债务的票据保证债务，也是以其所保证的债务即主债务的有效存在为前提，在主债务无效或者消灭时，作为保证债务的从债务，也归于无效或者消灭。但是，作为一种票据行为，票据保证具有独立性。因此，票据保证的成立，不完全依赖于主债务的成立，在主债务因实质性原因而归于无效或者撤销时，保证债务并不因此而无效或者撤销；仅在被保证的票据债务因形式上的原因而归于无效时，才会导致票据保证债务的无效（《票据法》第49条但书）。

3. 无因性。票据保证同出票、背书等票据行为一样也具有无因性。保证行为一经完成，票据保证的效力即独立存在，不受其所担保的实质性原因关系的影响。此时，在票据保证人与被保证人以及票据权利人之间，发生抗辩切断，票据保证人不能援引被保证人的抗辩事由对抗票据权利人，而且即使在票据权利人同意被保证人延期清偿票据债务时，保证人也不得因此而免除票据保证责任。

二、保证的记载事项

我国《票据法》第46条规定，票据保证必须在票据或者粘单上进行。关于具体的记载位置，《票据法》并未做出特别规定，这与票据背书和票据承兑有所不同。票据保证是为不同的票据债务人的票据债务进行保证，因此通常依被保证人所为票据行为的位置，来确定票据保证的位置。如果被保证人是出票人或者承兑人，票据保证应在票据正面进行；如果被保证人是背书人，票据保证则应在票据背面进行。当然，如果背书是在粘单上进行的，那么其票据保证也要相应地在粘单上进行。

（一）必要记载事项

我国《票据法》第46条规定，保证人必须在汇票或者粘单上记载下列事项：①表明"保证"的字样；②保证人的名称和住所；③被保证人的名称；④保证日期；⑤保证人签章。在这些记载事项中，保证文句、保证人签章属于绝对必要记载事项；保证人名称和住所、被保证人名称、保证日期为相对必要记载事项。

1. 绝对必要记载事项。

（1）保证文句。保证文句是表明保证人为保证行为的记载事项。从我国票据法的规定来看，保证文句属于绝对必要记载事项，如未记载，则不发生票据保证的效力。由于票据保证与背书和承兑不同，并非经常性的票据行为，在统一票据用纸上，一般并不事先印制保证文句，需要由保证人在进行票据保证时，自行书写。根据我国《票据法》的规定，保证人必须在汇票或者粘单上记载表明"保证"的字样，但在实际记载时，保证文句不限于法律规定的词语，只要能够表明保证意思的词句都可以作为保证文句。此外，保证文句的记载，必须在票据或者粘单上进行，如果采用另行签订保证合同或者保证条款的方式进行保证，不属于票据保证，作为一般民事保证，适用《中华人民共和国担保法》的有关规定（《最高人民法院关于审理票据纠纷案件若干问题的规定》第61条）。

（2）保证人签章。保证人签章是表明保证人完成保证行为、作为票据债务人承担保证债务的重要事项，它使保证行为最终得以成立。保证人签章属于票据保证的绝对必要记载事项，无保证人的签章，保证行为当然无效，不能发生票据保证的效力。如前所述，同出票、背书以及承兑行为一样，保证行为的行为人签章，虽然在票据法上规定为一项必要记载事项，但在实际上应是与票据记载具有不同性质的票据行为要素，亦即应属于票据行为形式要件之票据签章而非票据记载。

2. 相对必要记载事项。

（1）保证人名称和住所。保证人名称和住所是在保证人签章之外，用以表明保证人身份的记载。之所以要求明确记载保证人名称和住所，意义在于能够使票据权利人及时、准确地了解保证人的情况，以便顺利地行使票据权利。从我国票据法的规定来看，保证人名称和住所的记载，应属于相对必要记载事项，未记载该事项，一般不影响票据保证的效力，可以依保证人的签章推定其名称，并以保证人的营业场所及经常居住地为其住所。

（2）被保证人名称。保证人记载被保证人的名称，以此限定自己的保证责任，即其仅对所记载的被保证人的票据债务，承担保证责任，对其他票据债务人的票据债务则不承担任何责任。但是，被保证人名称的记载，属于相对必要记载事项，在未记载时，不影响票据保证的效力，而按照法律规定进行推定。我国《票据法》第47条第1款规定，保证人未记载被保证人名称的，已承兑的汇票，以承兑人为被保证人；未承兑的汇票，以出票人为被保证人。之所以如此规定，主要是考虑到保证的作用，在票据债务人中，汇票承兑人为主债务人，未承兑汇票的出票人也是形式上主债务人。因此，在未记载被保证人名称时，规定以上述人为被保证人，可以最为充分地实现保证的效果。同时，对于其他票据债务人来说，也可以尽快使之免除责任，因为在主债务人承担责任之后，其他所有的票据债务人的票据债务均归于消灭。

（3）保证日期。进行保证日期的记载，主要是为了确定保证人在实施保证行为时，是否具有民事行为能力。除此之外，各国票据法对于进行保证行为的期间没有特别的规定。因此，保证日期的记载，对于保证行为的成立，并无重大的实质意义。根据我国《票据法》规定，保证日期的记载属于相对必要记载事项，在未记载保证日期时，以出票日期为保证日期（《票据法》第47条第2款）。

（二）有益记载事项

我国票据法上未规定保证的有益记载事项，从一般规定来看，保证人应当可以记载票据法规定以外的其他事项，但该事项并不属于绝对有益记载事项，即该记载不能发生票据上效力，且该记载亦不得包含可能影响票据保证成立的内容。而在《日内瓦统一票据法》上，对于票据保证规定了三个有益记载事项，包括部分金额保证的记载、免除作成拒绝证书的记载和指定预备付款人的记载等。这三项记载均属于绝对有益记载事项，在保证人进行了上述记载后，对保证人发生效力，但不及于票据上的其他债务人。以部分金额保证的记载为例，在进行了该记载后，保证人即将自己的保证责任限定在所记载金额的范围内，使票据保证成为部分保证。

（三）无益记载事项

我国《票据法》第48条规定，保证不得附有条件，附有条件的，不影响票据的保证责任。从该条规定可知，附条件的保证记载属于无益记载事项，但是，并不是绝对无益记载事项，而是相对无益记载事项，在进行票据保证时附有条件的，不影响对票据的保证责任，也就是说，不影响票据保证的成立。至于所附条件是否具有票据上效力,《票据法》未作明确规定,但从《票据法》的规定来看,应该否定其效力。

三、保证的效力

（一）保证人的责任

1. 保证人责任的从属性。保证制度的设立目的就是担保票据债务的履行,因此保证人的责任也就具有从属性,其保证债务的性质为付款义务抑或偿还义务,根据被保证人所承担的义务来确定。

保证人责任的从属性,具体表现在以下三个方面。第一,责任性质上的从属性。如果被保证人为汇票承兑人或者本票出票人,承担的是付款义务,保证人的责任也是付款义务;而如果被保证人是票据背书人或者汇票出票人,承担偿还义务,则保证人的责任也是偿还义务。第二,责任范围上的从属性。票据权利人可以向被保证人主张的票据权利,都可以向保证人主张,如果被保证人是承兑人承担付款义务,那么,保证人也承担同样的付款义务,票据权利人可以直接向保证人请求支付票据金额;而如果被保证人是追索义务人承担偿还义务,票据权利人到期未获付款,可以向被保证人请求支付法律规定的追索金额,也可以向保证人请求支付同等数额的追索金额。第三,责任效力上的从属性。能够向被保证人主张权利的持票人,也可以向保证人主张同样的权利;而不能向被保证人主张权利的持票人,同样也不得向保证人主张,例如,当被保证人为禁止转让背书的背书人时,依《票据法》规定,背书人再行背书转让时,背书人对其后的被背书人不承担保证责任,故此,该背书人的保证人对其后的被背书人,也同样不承担保证责任。

2. 保证人责任的独立性。票据上的保证行为是一种票据行为，因此，作为一种保证行为，其具有从属性，从属于被保证债务；而作为一种票据行为，票据保证又具有独立性，独立于被保证的票据债务。保证人责任的独立性，主要表现在票据保证不因被保证的票据债务在实质上无效，而导致票据保证本身无效。也就是说，当被保证的票据债务在形式上完全符合票据法的要求时，为此而进行的票据保证即发生效力；即使被保证的票据债务因实质上的原因而归于无效，保证人不能因此而主张票据保证无效，仍应依其保证行为承担票据保证责任。需注意的是，此处所说的被保证人债务无效是基于实质上的原因（如签章伪造、无权代理等），非形式上的因素，如果被保证人的票据债务因形式欠缺而无效，保证人的票据责任可以排除（《票据法》第49条）。保证人责任的独立性还体现在：保证人履行保证义务后，便可取得汇票持票人的地位，可以向被保证人及其他票据债务人追偿（《票据法》第52条）。

3. 保证人责任的连带性。《票据法》第50条规定，被保证的汇票，保证人应当与被保证人对持票人承担连带责任。票据保证不同于一般民事保证，是一种法定的连带保证债务，在票据保证中，保证人的责任是连带责任而不是补充责任，因此对于票据保证人来说，也就不享有一般保证中保证人的催告抗辩权或者先诉抗辩权。另一方面，在存在票据保证的情况下，票据债权人可以依自己的意志，选择向被保证人请求履行债务，也可以选择直接向票据保证人请求履行债务。当然，在票据保证受到债权人的请求时，也无权要求其首先向主被保证人催告或者请求强制执行。可以说，在票据保证中，保证人与被保证人完全处于同一地位，两种责任是连带责任，具有同位性。

（二）保证人的权利

1. 保证人的抗辩权。保证人的抗辩权，一方面来自于其作为票据义务人所享有的抗辩权，另一方面是援用被保证人的抗辩权。首先，票据保证人作为票据义务人，具有票据法规定的抗辩权，包括对物抗辩、对人抗辩、恶意抗辩及无权利抗辩等。第二，票据保证具有从属性，保证债务从属于被保证债务，因此保证人可以援用被保证人的抗辩事由，对抗票据权利人的权利主张。

2. 保证人的追索权。保证人在履行了自己的票据保证义务之后，即成为现实持票人，可以向其他票据义务人行使追索权。我国《票据法》第 52 条规定，保证人清偿票据债务后，可以行使持票人对被保证人及其前手的追索权。

保证人追索权的行使对象是被保证人及其前手，而行使追索权时可以请求的金额，根据其所履行的保证责任的不同而不同。如果被保证人为汇票的承兑人或者本票的出票人，保证人履行了保证义务之后，行使的是追索权，依《票据法》第 70 条的规定，请求被保证人支付追索金额；而被保证人是背书人，保证人行使的是再追索权，依《票据法》第 71 条的规定，请求被保证人或者其前手票据义务人支付再追索金额。

第九章

本票

第一节　本票概述

学理上，通常认为，本票是出票人签发的，承诺自己在见票时或者在指定的日期无条件支付确定的金额给收款人或者持票人的票据。根据学理上对本票的理解，本票可以依不同的标准划分为以下几种类型：根据当事人身份的不同，分为银行本票和商业本票，银行本票以银行为出票人，而商业本票以非银行者为出票人；根据付款期限的不同，分为即期本票和远期本票，即期本票是见票即付的本票，远期本票是约期付款的本票；根据本票所涉及的各种行为发生地域的不同，分为国内本票和国际本票，国内本票是所涉及的各种行为均发生于我国境内的本票，而国际本票是所涉及的各种行为既有发生在我国境内也有发生在我国境外的本票。

而我国《票据法》第73条第1款将本票界定为："本票是出票人签发的，承诺自己在见票时无条件支付确定的金额给收款人或者持票人的票据"；该条第2款还规定："本法所称本票，是指银行本票"。从以上两款规定可知，我国《票据法》上的本票是即期银行本票，不承认商业本票和远期本票。

第二节 本票对汇票规则的适用

本票与汇票有着诸多相同或者相似之处，因此，有很多规则可以一致适用。为了避免相同规则的重复规定，在立法技术上，通常采用以本票适用相应的汇票规则的方式，以简化票据法规范。我国《票据法》也采用了这一做法，在对本票的特别规则单独作出规定的同时，也明确规定得适用的汇票规则及其对应条款（《票据法》第80条）。

一、对汇票出票规则的适用

我国《票据法》第80条第2款规定，本票的出票行为，除有特别规定的以外，适用《票据法》第24条关于汇票的规定，而根据该条规定，汇票上可以记载票据法规定事项以外的其他出票事项，但是这些记载事项不具有汇票上的效力。因此，在本票出票时，本票上可以记载票据法规定事项以外的其他出票事项，只是该记载事项不具有本票上的效力。

除了适用上述第24条的汇票出票规则之外，《票据法》第27条第2款关于出票人"不得转让"记载的规定也应适用于本票，即本票出票人在本票上记载"不得转让"字样的，本票不得转让，其后手所为的背书行为均归无效。

二、对汇票背书规则的适用

在我国票据法上，本票也可以背书转让，即具有可背书性。因此，本票与汇票在背书转让方面，具有完全相同的规则。有鉴于此，在我国《票据法》上，有关本票的背书转让，未作特别规定，而适用有关汇票背书的规定（《票据法》第80条第1款）。

须指出的是，基于我国《票据法》对本票的特殊规定，本票对汇票背书规则的适用在以下几个方面有其特殊性。

第一，《票据法》第29条第2款规定，背书未记载日期的，视为在汇票到期日前背书。而我国《票据法》上规定的本票是见票即付的本票，见票之日即为到期日。因此，本票的背书即使未记载背书日期，也必然应当在本票见票之前进行，无须特别做出推定规则，所以该条规定对本票来说毫无意义。

第二，《票据法》第35条第2款规定，汇票可以设定质押，质押时应当以背书记载"质押"字样，被背书人依法实现其质权时，可以行使票据权利。但是，由于我国《票据法》上的本票仅为银行本票，且为见票即付，因此，虽然在法律上和理论上可以存在银行本票的质押背书，但这无异于直接偿还，亦即等于在取得一项贷款的同时，即以交付即期本票的形式立即还贷，不可能从中发生任何经济效益，也不可能被任何人所采用，所以在事实上也就不存在银行本票的质押背书。[1]

第三，《票据法》第36条规定，汇票被拒绝承兑、被拒绝付款或者超过付款提示期限的，不得背书转让；背书转让的，背书人应当承担票据责任。但是，由于本票是由出票人本人即为付款人，无须付款人另行承兑，因此，对于本票的"期后背书"来说，仅为被拒绝付款或者超过付款提示期限时所进行的背书，而无被拒绝承兑后的背书。

三、对汇票保证规则的适用

在我国《票据法》上，对于本票的保证，没有特别规定，

---

[1] 赵新华：《票据法论》，吉林大学出版社2007年版，第245页。

而完全适用有关汇票保证的规则（《票据法》第80条第1款）。实际上，基于我国票据法上的本票的特点，发生本票保证的可能性是极小的，特别是对于出票人即出票银行进行的保证，几乎根本不可能发生。

《票据法》第47条第1款规定，未记载被保证人名称时，已承兑的汇票，承兑人为被保证人；未承兑的汇票，出票人为被保证人。而本票是由本人付款、无须进行承兑的票据，因此就汇票所规定的被保证人的推定规定，亦即保证人未记载被保证人名称的，只能推定出票人为被保证人。此外，在保证的责任上，基于本票的见票即付性质，就汇票所规定的"到期后得不到付款"时，保证人即应承担保证责任的规定，应当相应地修改为"在本票提示见票而未获得付款"时，保证人即应承担保证责任。

四、对汇票付款规则的适用

《票据法》第80条第1款规定，本票的付款行为，除有特别规定的以外，适用有关汇票的规定。我国票据法上的本票是银行本票，其与银行汇票的付款，除了在提示付款期限上有所不同以外，在其他规则上并无任何不同，完全可以适用银行汇票的有关付款规则，包括付款的方式、付款人的审查责任、付款的效力等。但是，由于我国的本票均为见票即付，提示付款期限应该为自出票日起1个月内，并且不存在如同汇票的期前付款以及相关的责任问题。此外，就本票的付款来说，由于本票无须承兑和提示承兑，仅需要持票人向出票人提示本票、请求付款，因此其提示通常称为"见票"或者"提示见票"。

五、对汇票追索权行使规则的适用

在我国《票据法》上，对于本票追索权的行使，没有做出特别规定，而《票据法》第 80 条第 1 款规定，本票追索权的行使适用有关汇票的规定。本票追索权的行使所适用的汇票追索权行使的规则，包括追索权行使的实质要件、追索权行使的形式要件、追索权的行使方式以及追索金额的规定。但是，本票与汇票是性质相异的两类票据，因此与本票性质不一致的部分规则就不能适用于本票。例如，由于我国票据法上的本票为见票即付，就不可能发生期前追索，即使是在本票的提示见票期限内尚未提示见票，因出票人破产、被责令停止营业等而发生追索，也只能是到期追索。此外，由于本票无须承兑，在汇票追索权行使规则中与承兑人相关的规定，也不可能适用于本票上。

第三节　本票的特别规则

本票除适用前述的汇票的各项规则之外，基于本票的性质，也有若干特殊的规则。在我国《票据法》上，属于本票特别规则的规定较少，仅有以下几项特别规定。

一、本票出票人的资格限制

在我国《票据法》上，对本票出票人的资格，规定了特别的限制。我国《票据法》第 73 条第 2 款规定："本法所称本票，是指银行本票。"这就限定了本票仅为银行本票，而不存在商业本票，即本票只能由银行签发，银行以外的其他人不允许签发。而且，《票据法》第 74 条规定，本票的出票人必须具有支付本票金额的可靠资金来源，并保证支付；《支付结算办法》第 100 条规定，银行本票的出票人，为经中国人民银行当地分支行批准办理银行本票业务的银行机构。也就是说，作为签发银行本票的出票银行，还必须经过审定。我国《票据法》对本票出票人资格的限制，是为了加强票据信用，突出银行的中介作用，由银行信用来确保本票的可靠性和安全性，因此其他企业、个人只能向银行申请签发本票，银行则以自己为出票人，签发银行本票并将其交付持票人。

二、本票出票行为的特别规则

在我国《票据法》上，主要对本票出票时的必要记载事项，包括绝对必要记载事项和相对必要记载事项，做出了明确规定，而对于其他记载事项，则适用有关汇票出票的规定。

（一）本票出票行为的绝对必要记载事项

《票据法》第75条规定了本票出票行为的绝对必要记载事项，如果本票上未记载这些事项，本票即无效。

1. 票据文句。票据文句是表明所签发的票据为何种票据的文字表示，根据我国《票据法》第75条第1款第1项的规定，在本票出票时，必须记载表明"本票"的字样。由于我国票据法上的本票均为银行本票，《支付结算办法》第101条第1项进一步规定，签发银行本票必须记载表明"银行本票"的字样。同汇票的出票一样，在实际的票据实务中，票据文句已经事先统一印制在银行本票用纸上，而无须出票人自行记载。

2. 支付文句。我国《票据法》第75条第1款第2项规定，本票上必须记载无条件支付的承诺。由于本票的出票人即为付款人，由出票人自行承担付款，该支付文句的记载，不同于汇票出票的支付文句记载，表现为一种本人的承诺，而不能是对他人的委托。在我国目前使用的银行本票用纸上，事先统一印制"凭票即付"字样，表明了出票人确切的、无条件的付款承诺。

3. 票据金额。我国《票据法》第 75 条第 1 款第 3 项规定，本票出票时，必须记载确定的金额。根据《支付结算办法》第 99 条和第 102 条的规定，我国银行本票分为定额银行本票和不定额银行本票，而定额银行本票的面额为一千元、五千元、一万元和五万元四种，不定额银行本票的面额则由出票人自行确定。在签发定额银行本票时，其票据金额的记载事先已经印制在统一使用的银行本票用纸上，仅须根据需要选择相应面额的银行本票即可，无须另外记载票据金额；而在签发不定额银行本票时，则须由出票人明确记载票据金额。此外，在进行票据金额的记载时，还需要注明该票据金额的具体支付方式，即为现金支付或是转账支付。

4. 收款人名称。我国《票据法》第 75 条第 1 款第 4 项规定，本票出票时，必须记载收款人名称。我国的本票均为即期银行本票，目的就是为了让其具有最高的信用保障，易于流通转让。但是，如果允许签发不记名的银行本票，使之得以自由地经交付转让而投入流通，则可能导致金融秩序的混乱。为此，我国《票据法》将收款人名称作为本票出票行为的绝对必要记载事项，在该记载欠缺时，本票无效。

5. 出票日期。我国《票据法》第 75 条第 1 款第 5 项规定，出票日期为本票的绝对必要记载事项，在该记载事项欠缺时，本票无效。由于我国的本票均为即期本票，见票即付，出票日期的记载，也就成为确定提示付款期限、付款期限以及票据权利时效期间的依据。

6. 出票人签章。我国《票据法》第 75 条第 1 款第 6 项规定，本票出票时，必须有出票人签章。实际上，出票人签章并不属于记载事项，而是与票据记载并列的票据行为要件之一，在其效力及要求上，均与票据记载有所不同。但是，基于立法技术处理上的需要,《票据法》上将其列为一项绝对必要记载事项加以规定。

（二）本票出票行为的相对必要记载事项

本票出票行为的相对必要记载事项包括付款地和出票地的记载。

1. 付款地。我国《票据法》第76条规定,本票上记载付款地的,应当清楚、明确;如果未记载付款地,则以出票人的营业场所为付款地。本票的出票人即为付款人,因此,在付款地的确定上,当然也就要以出票人的营业场所为付款地。需说明的是,由于银行本票多由代理付款人亦即代理付款银行代理出票银行进行票据金额的支付,可能发生实际的付款地亦即代理付款人的营业场所所在地,与出票人的营业场所所在地不同的情况。但是,代理付款人并非票据当事人,其营业场所所在地亦非票据上的付款地,因此,本票的付款地应当根据票据法的规定,视为本票出票人的营业场所所在地。

2. 出票地。我国《票据法》第76条规定,本票上记载出票地的,应当清楚、明确;如果未记载出票地,以出票人的营业场所为出票地。

三、本票提示见票的特别规则

本票的提示见票是指本票的持票人在法律规定的期限内,向出票人提示票据,请求支付票据金额的行为。本票是自付票据,无须承兑,因此不需要进行提示承兑;本票出票人自始即为主债务人,因此也不存在见票即付汇票上的提示付款。可以说,提示见票的规则,是本票所具有的不同于汇票上的提示承兑、提示付款的一种特别规则。

（一）提示见票的作用

本票是由出票人承诺于见票时无条件付款的票据,因此,

"见票"即成为出票人履行付款义务的一项条件，而为了经见票而获得付款，持票人需要向出票人提示票据。这一过程，即称为"提示见票"。提示见票的作用，也就是确定出票人履行义务的开始时点。我国《票据法》第77条规定，本票的出票人在持票人提示见票时，必须承担付款责任。

（二）提示见票的期间

为了使持票人尽可能及时行使票据权利，防止因票据债务长期存在，而给出票人带来不必要的负担，票据法对持票人的提示见票，规定了一定的期间限制。我国《票据法》第79条规定，本票自出票日起，付款期限最长不得超过2个月，因此，持票人应当在法律规定的提示见票期限内，向出票人请求付款。如果本票的持票人未按照法律规定期限提示见票，则丧失对出票人以外的前手的追索权（《票据法》第79条）。根据这一规定，持票人应当在本票出票日后2个月内，进行提示见票，如在此期间内提示见票而未获付款，则能够向其前手行使追索权；而在持票人未在法律规定的提示见票期限内提示见票时，则丧失其对前手的追索权。这说明，规定期限内提示见票，是追索权的法定保全措施。须注意的是，提示见票期间的规定，并非是本票的权利消灭期间，持票人是否在付款期限内提示见票，不发生票据权利是否消灭的问题。因此，对于本票出票人的付款请求权，不受是否在规定期限内提示见票的限制。根据《票据法》第17条关于票据权利消灭时效的规定，本票于出票日起2年内，持票人均可以向出票人请求付款。

第十章

支票

第一节　支票概述

支票是出票人签发的，委托办理支票存款业务的银行或者其他金融机构在见票时无条件支付确定的金额给收款人或者持票人的票据（《票据法》第81条）。

在我国《票据法》上，根据付款方式的不同，将支票划分为普通支票、现金支票和转账支票三种（《票据法》第83条）。普通支票是对付款没有特别限制的支票，既可以用于支取现金，也可以用于转账；现金支票是专门用于支取现金的支票，且只能用于支取现金；转账支票则是专门用于转账的支票，而且只能用于转账，不能支取现金。

支票还有划线支票和保付支票。划线支票是对支票的付款给予特别限制的支票，包括一般划线支票和特别划线支票。在普通支票上划两条平行线，或者在划线后同时记载"银行"字样，即为一般划线支票。一般划线支票的付款银行，只能向自己的客户或者其他银行付款。在普通支票上划线并记载指定的银行名称的，为特别划线支票。特别划线支票的付款银行只能向划线中所记载的指定银行付款，而在付款银行即为指定银行时，只能向自己的客户付款。当付款银行违反上述规则进行付款而发生错付时，其必须向正当权利人承担赔偿责任。虽然我国《票据法》上未规定划线支票，但是《支付结算办法》第115条第3款规定，在普通支票左上角划两条平行线的，为划线支票，划线支票只能用于转账，不得支取现金。保付支票是由付款银行对支票的付款给予特别保障的支票。普通支票经付款银行记载保付文句并签章后，即称为保付支票，付款银行依保付行为而对该支票承担绝对的付款责任，而不论出票人在付款银行有无足额存款。目前，我国票据立法上尚无有关保付支票的规定。

第二节　支票对汇票规则的适用

支票规则与汇票规则有部分相同之处，无重复规定的必要。为此，我国《票据法》对于支票的规则，也采用了与本票相同的立法技术处理，对属于支票的特别规则，单独作出规定，其余则适用汇票的有关规则。我国《票据法》第93条第1款规定，支票的背书、付款行为和追索权的行使，除有特殊规定的以外，适用有关汇票的规定。

一、对汇票出票规则的适用

我国《票据法》第93条第2款规定，支票的出票行为除有特别规定的以外，适用《票据法》第24条的规定，即支票出票时可以在支票上记载票据法规定事项以外的其他出票事项，但该记载事项不具有支票上的效力。这条规定中所指的事项，一般均为结算关系上的事项，例如出票人账号、支票用途、支票号码、银行会计科目等，而根据《票据法》的规定，这些事项的记载不具有支票上的效力。

此外，《票据法》第 93 条第 2 款还规定，关于支票出票人的保证责任，适用《票据法》第 26 条的规定。根据该条规定，支票的出票人签发支票后，即承担保证该支票付款的责任，出票人在支票得不到付款时，应当向持票人清偿票据法规定的金额和费用。可见，支票的出票人与汇票的出票人一样，在签发支票后也承担担保责任。只是由于支票无须承兑，作为支票出票人的担保责任，也仅限于保证该支票能够获得付款，在持票人不能获得付款时，出票人则须承担追索义务。

二、对汇票背书规则的适用

在我国《票据法》上，支票也能以背书转让，即具有可背书性，而支票的背书转让与汇票的背书转让并无不同。因此，在我国《票据法》上，对于支票的背书转让规则，未作特别的规定，适用有关汇票背书转让的规定（《票据法》第 93 条第 1 款）。

依照汇票背书的规则，持票人将支票权利转让给他人或者将一定的支票权利授予他人行使时，应当背书并交付支票（《票据法》第 27 条第 3 款）；背书由背书人签章并记载背书日期，未记载背书日期的，视为在支票到期日前背书（《票据法》第 29 条）；进行背书必须记载被背书人名称（《票据法》第 30 条）；以背书转让的支票，背书应当连续，持票人以背书的连续，证明其支票权利（《票据法》第 31 条）；背书不得附有条件，背书时附有条件的，所附条件不具有支票上的效力（《票据法》第 33 条第 1 款）；将支票金额的一部分转让的背书或者将支票金额分别转让给二人以上的背书无效（《票据法》第 33 条第 2 款）；背书人在支票上记载"不得转让"字样，其后手再背书转让的，原背书人对后手的被背书人不承担保证责任（《票据法》第 34 条）；背书记载"委托付款"字样的，被背书人有权代背书人行使被委托的支票权利，但被背书人不得再以背书转让支票权利（《票据法》第 35 条第 1 款）；支票可以设定质押，质押时应当以背书记载"质押"字样，被背书人依法实现其质权时，可以行使支票权利（《票据法》第 35 条第 2 款）。

须指出的是，基于支票本身的性质，支票对汇票背书规则的适用有其特殊性。

第一，《票据法》第 29 条第 2 款规定，背书未记载日期的，视为在汇票到期日前背书，而支票均为见票即付，提示付款之日即为到期日。因此，支票的背书即使未记载背书日期，也必然应当在支票提示付款之前进行，无须特别将记载日期的支票背书视为在到期日前背书。所以说，该条规定对支票来说毫无意义。

第二，支票虽然在法律上和理论上可以进行质押背书，与银行本票的质押背书具有同一结果，等于直接偿还，不可能从中产生任何经济效益，因此不会被任何人所采用；加之，支票的提示付款期限及付款请求权的时效期间较短，这也与质押人设定质押的初衷不符，因此，在事实上不存在支票的质押背书。

第三，依照《票据法》第 36 条的规定，支票被拒绝承兑、被拒绝付款或者超过付款提示期限的，不得背书转让，背书转让的，背书人应当承担支票责任；依照《票据法》第 37 条的规定，背书人以背书转让支票后，即承担保证其后手所持支票承兑和付款的责任，背书人在支票得不到承兑或者付款时，应当向持票人清偿票据法规定的金额和费用。但是，由于支票无须付款人另行承兑，对于支票的期后背书来说，仅为被拒绝付款或者超过付款提示期限时所进行的背书，而无被拒绝承兑后的背书。同理，背书人的担保责任也仅为保证付款，而无保证承兑。

三、对汇票付款规则的适用

支票与汇票均属于委付证券，即委托他人向持票人付款的证券，因此支票的付款与汇票的付款，可以适用相同的规则。我国《票据法》第 93 条第 1 款规定，支票的付款行为，除有支票的特别规定外，适用有关汇票的规定，包括付款方式、付款人的审查责任、付款人的效力等。但是，须注意的是，支票均为见票即付，因此不存在如同汇票的期前付款的问题。

四、对汇票追索权行使规则的适用

关于支票追索权的行使，《票据法》没有做出特别规定，因此，适用汇票追索权行使的规则（《票据法》第 93 条第 1 款）。但是与支票自身性质不符的部分规则，不能适用于支票。例如，基于支票的见票即付性质，不可能发生期前追索，即使是在支票的提示付款期限内提示付款，因付款人破产、被责令停止营业等而发生追索，也只能期后追索。

第三节　支票的特别规则

支票除适用前述的各项汇票规则之外，基于其本身的特质，也有若干特殊规则。由于在我国支票的使用较为普遍，再加之支票作为专门的支付工具，在功能上与汇票具有显著的区别，在《票据法》上，对于支票规定了较多的特别规则。

一、支票资金关系的特别规则

支票是单纯支付证券，支票的这一性质决定了支票出票人与支票付款人之间必须存在资金关系。在有关支票的资金关系上，我国《票据法》主要规定了开立支票存款账户、禁止签发空头支票、存款足够足额付款等三项规则。

（一）开立支票存款账户

支票是出票人签发的，委托办理支票存款业务的银行或者其他金融机构，在见票时无条件支付确定的金额给收款人或者持票人的票据（《票据法》第81条）。因此，支票的出票人首先必须是银行的客户，才能签发支票，委托其开户银行代替其进行付款。我国《票据法》第82条规定，支票出票人应当在银行开立支票存款账户，应当有可靠的资信，并存入一定的资金，且应预留其本名的签名样式和印鉴。从以上规定可知，在银行开立支票账户，是出票人签发支票的前提条件；只有在开立了支票存款账户后，才能作为支票出票人，签发支票。但是，须指出的是，基于支票存款账户的开立，在支票出票人与开户银行之间所形成的支票存款关系，并非票据关系，而仅为结算关系或者某种合同关系，其性质为票据外关系，根据票据的无因性，通常并不影响票据关系的存续及票据行为的效力。

（二）禁止签发空头支票

空头支票是指出票人签发的支票金额超过其付款时在付款人处实有存款金额的支票（《票据法》第87条第2款）。由于出票人的存款不足以支付其所签发的支票金额，空头支票当然会被拒绝付款，从而造成票据权利行使上的障碍，损害持票人的利益。我国《票据法》第87条第1款和第2款明确规定，支票的出票人所签发的支票金额，不得超过其付款时在付款人处实有的存款金额；禁止签发空头支票。此外，关于出票人所签发的支票是否为空头支票的判断标准，应以持票人依该支票向付款银行提示付款之时为准，而不能以出票人签发支票时为准。

须注意的是，出票人签发了空头支票，该支票并不当然无效。我国《票据法》第89条第1款明确规定，出票人必须按照签发的支票金额承担保证向该持票人付款的责任。据此，可以认为，即使是空头支票，只要该支票在记载及签章等形式要件上符合《票据法》的规定，即应认定其为有效票据，出票人就应该承担票据责任。确认空头支票为有效票据，可以使不获付款的持票人，依有效票据而行使追索权，从而有利于保障合法持票人的票据权利。

（三）存款足够足额付款

支票上的资金关系涉及出票人和付款人，这就要求：一方面，支票出票人必须保证在付款人处有足够支付的存款，不得签发空头支票；而另一方面，支票付款人必须切实予以付款，要求出票人在付款人处的存款足以支付支票金额时，付款人应当当日足额付款（《票据法》第89条第2款）。但是，由于支票付款人并非票据行为人，亦即非票据债务人，不承担绝对付款义务，《票据法》对付款人设定的当日足额付款义务，原则上属于结算规则上的义务，或者属于银行与客户间基于合同关系而发生的义务，并非票据义务。

二、支票出票的特别规则

在我国《票据法》上，规定了普通支票、转账支票和现金支票三种不同类型的支票。在支票上印有"现金"字样的为现金支票，在支票上印有"转账"字样的为转账支票，支票上未印有"现金"或者"转账"字样的为普通支票。出票人在出票时，可以根据实际需要，选择签发不同种类的支票。

（一）支票出票的绝对必要记载事项

我国《票据法》第84条规定了支票出票的绝对必要记载事项，包括以下各项。

1. 票据文句。我国《票据法》第84条第1款第1项规定，在支票出票时，必须记载表明"支票"的字样。同汇票及本票的出票一样，在实际签发支票时，该票据文句已经事先印制在统一规定的支票用纸上，而无须出票人自行记载。

2. 支付文句。我国《票据法》第84条第1款第2项规定，在支票出票时，必须记载无条件支付的委托。在实际的票据实务中，该支付文句的记载，同汇票一样，在统一规定的支票用纸上已事先印制，即支票票面上有"上列款项请从我账户内支付"的字样记载，这表明了出票人向付款人进行委托付款的明确意思，不需要由出票人另行记载。

3. 票据金额。我国《票据法》第84条第1款第3项规定，支票出票时，必须记载确定的金额。但是，我国《票据法》同时也规定，出票人出票时可以不记载票据金额，而后由出票人授权补记（《票据法》第85条）。

4. 付款人名称。我国《票据法》第84条第1款第4项规定，支票出票时，必须记载付款人名称。由于支票的付款人限于银行或者其他金融机构，且必须与出票人有资金关系，支票的付款人应为出票人的开户银行。

5. 出票日期。我国《票据法》第84条第1款第5项规定，支票出票时，必须记载出票日期。由于支票均为见票即付，出票日期的记载是确定提示付款期限以及确定票据权利时效期间的唯一依据。

6. 出票人签章。我国《票据法》规定，支票出票时，必须有出票人签章（《票据法》第 84 条第 1 款第 6 项）。由于支票是由出票人委托开户银行，从出票人自己的账户中，向持票人进行票据金额的支付，对于支票上出票人签章的真伪，付款人具有审查义务；如未履行该审查义务，发生了错误付款，则须向出票人承担损害赔偿责任。为了便于确认签章的真实性，要求出票人在银行开立支票存款账户时，预留其本名的签名样式或者印鉴（《票据法》第 82 条第 3 款），并要求支票出票人签发支票时，所使用的签名或者印鉴，应与其预留的本名签名样式或者印鉴相符，而不得签发与其预留本名的签名式样或者印鉴不符的支票（《票据法》第 88 条）。但是，根据票据法的基本理论，即使支票出票人签发与其预留签名式样或者印鉴不符的支票，只要该支票符合法律规定的形式要件即为有效支票，支票付款人可以以票上签章与银行预留签章不符为由拒绝付款，而出票人仍须按照签发的支票金额，承担付款义务。

（二）支票出票的相对必要记载事项

与汇票出票的相对必要记载事项相比，在支票出票的相对必要记载事项中，没有付款日期记载这项规定；而在付款地及出票地记载上，与汇票出票的相关规定基本相同。我国《票据法》第 86 条第 2 款规定，在支票上未记载付款地的，以付款人的营业场所为付款地。由于支票付款人均为银行，在通常情况下，均以该银行的营业场所为付款地，而无须特别进行记载。我国《票据法》第 86 条第 3 款规定。在支票上未记载出票地，以出票人的营业场所、住所或者经常居住地为出票地。

（三）支票出票的无益记载事项

基于支票所具有的单纯支付证券的性质，在我国《票据法》上，将到期日的记载规定为支票出票的无益记载事项。我国《票据法》第 90 条规定，支票限于见票即付，不得另行记载付款日期；另行记载付款日期的，该记载无效。

三、空白支票

我国票据法规定了空白支票的相关规则，而在汇票和本票中，则未规定此项规则。

（一）空白支票的概念

空白支票是指在支票出票时，对若干必要记载事项未进行记载，即完成签章并予以交付，而授权他人在其后进行补记，经补记后才使其有效成立的支票。空白票据由于其已经授权他人进行补记，一经补记，即成为有效票据，因此性质上应属于未完成票据，并非无效票据。当然，如果某一未记载必要记载事项的支票，未经授权补记或者已经不能进行补记，则可能成为无效票据。空白支票的使用，已经成为我国现实经济生活中的一种习惯做法，在我国《票据法》中，也对空白支票规则做出了相应的规定。

（二）空白支票的种类

在我国《票据法》中规定了两种空白支票，即金额空白支票和收款人名称空白支票，而这两种空白支票具有不同的效力。

1. 金额空白支票。我国《票据法》第 85 条规定："支票上的金额可以由出票人授权补记，未补记前的支票，不得使用。"根据这一规定，我国票据法上，允许签发金额空白支票，而金额空白支票必须经出票人授权进行补记，未补记的金额空白支票不具备支票的效力。

金额空白支票，如果依法进行了补记，则具有与出票时记载完整的支票相同的法律效力。而对于尚未补记金额的空白支票的效力，可以从以下两个方面分析。第一，金额空白支票在提示付款上的效力。票据金额的记载，为支票出票的绝对必要记载事项，因此如果签发金额记载欠缺的空白支票，在经补记前，不能认定为有效出票，也就不能以其提示付款。当然，即使提示付款，由于支票金额尚未确定，付款人也无法进行支付。鉴于此，金额空白支票在未补记时，不能进行提示付款。第二，金额空白支票在转让上的效力。在我国，为了保障支票使用上的安全，倾向于否定金额空白支票在转让上的效力，《支付结算办法》第 119 条明确规定，支票的金额、收款人名称未补记前不得背书转让和提示付款，从而同时否定了金额空白票据在提示付款上的效力和转让的效力。但是，空白支票只要在行使票据权利之前，亦即在提示付款之前，将金额补记完毕，仍可成为有效票据，因此金额的记载未经补记，不应影响支票的流通，只是在背书的效力上，未经补记前，对于背书人来说，不发生担保义务。

2. 收款人名称空白支票。我国《票据法》第 86 条第 1 款规定，支票上未记载收款人名称的，经出票人授权，可以补记。与金额空白支票的规定相比，收款人名称空白支票的规定有以下两点不同：第一，前者所涉及的记载事项，为《票据法》明确规定的绝对必要记载事项，而后者所涉及的记载事项，并非绝对必要记载事项；第二，前者明确规定未补记前禁止使用，而后者则无此规定。从我国票据法的规定来看，支票收款人名称的记载并非绝对必要记载事项，因此，未记载收款人名称的支票，不应为无效票据，具有一般支票的效力，既得依其提示付款，亦得将其转让。但是，为了确保票据活动的秩序，在《支付结算办法》中，支票的金额、收款人名称的空白支票，未补记前不得背书转让和提示付款（《支付结算办法》第 119 条）。从票据法的一般理论来看，至少应该承认收款人名称空白支票在转让上的效力，这不会损害合法持票人的利益，同时也不可能引起票据活动秩序上的混乱。有鉴于此，国内有学者主张允许收款人名称空白支票的转让，且在转让上有可能不经背书、而仅依单纯交付转让；但如依背书转让，为成立背书连续，则应由第一背书人将自己补记为收款人。[1]

（三）空白支票的抗辩

由于空白支票是由出票人授权他人进行补记而成为完整票据，亦即在出票人与被授权补记人之间存在空白补记的特约。因此，如果发生空白支票的不正当补记，出票人可以提出抗辩，但是此种抗辩应为对人抗辩，出票人仅得向直接被授权人主张补记无效，而不能向第三人主张。当然，如果第三人明知未依授权特约进行补记，出票人则得主张第三人为恶意，而拒绝依不正当补记履行义务

四、支票付款的特别规则

鉴于支票的单纯支付证券性，促使迅速实现支付，对于支票的付款，在我国《票据法》上规定了较短的提示付款期限。我国《票据法》第 91 条第 1 款规定，支票的持票人应当自出票日起 10 日内提示付款。由于支票付款人与汇票承兑人及本票人的地位不同，其并非票据行为人，仅承担受委托的付款责任，而不承担绝对付款义务，我国《票据法》第 91 条第 2 款规定，超过提示付款期限，付款人可以不予付款。《支付结算办法》第 126 条进一步规定，超过提示付款期限提示付款的，持票人开户银行不予受理，付款人不予付款。同时，《票据法》第 89 条规定，出票人必须按照签发的支票金额承担保证持票人获得付款的责任；《票据法》第 91 条规定，超过提示付款期限付款人不

---

[1]　王保树主编：《中国商事法》，人民法院出版社 1996 年版，第 487 页。

予付款的，出票人仍应当对持票人承担票据责任。可见，即使持票人超过提示付款期限提示付款，也不能免除支票出票人的责任，支票出票人仍应承担票据金额的支付义务。

附录一

中华人民共和国票据法

（1995 年 5 月 10 日第八届全国人民代表大会常务委员会第十三次会议通过，根据 2004 年 8 月 28 日第十届全国人民代表大会常务委员会第十一次会议《关于修改〈中华人民共和国票据法〉的决定》修正）

第一章　总　则

第一条　为了规范票据行为，保障票据活动中当事人的合法权益，维护社会经济秩序，促进社会主义市场经济的发展，制定本法。

第二条　在中华人民共和国境内的票据活动，适用本法。

本法所称票据，是指汇票、本票和支票。

第三条　票据活动应当遵守法律、行政法规，不得损害社会公共利益。

第四条　票据出票人制作票据，应当按照法定条件在票据上签章，并按照所记载的事项承担票据责任。

持票人行使票据权利，应当按照法定程序在票据上签章，并出示票据。

其他票据债务人在票据上签章的，按照票据所记载的事项承担票据责任。

本法所称票据权利，是指持票人向票据债务人请求支付票据金额的权利，包括付款请求权和追索权。

本法所称票据责任，是指票据债务人向持票人支付票据金额的义务。

第五条 票据当事人可以委托其代理人在票据上签章，并应当在票据上表明其代理关系。

没有代理权而以代理人名义在票据上签章的，应当由签章人承担票据责任；代理人超越代理权限的，应当就其超越权限的部分承担票据责任。

第六条 无民事行为能力人或者限制民事行为能力人在票据上签章的，其签章无效，但是不影响其他签章的效力。

第七条 票据上的签章，为签名、盖章或者签名加盖章。

法人和其他使用票据的单位在票据上的签章，为该法人或者该单位的盖章加其法定代表人或者其授权的代理人的签章。

在票据上的签名，应当为该当事人的本名。

第八条 票据金额以中文大写和数码同时记载，二者必须一致，二者不一致的，票据无效。

第九条 票据上的记载事项必须符合本法的规定。

票据金额、日期、收款人名称不得更改，更改的票据无效。

对票据上的其他记载事项，原记载人可以更改，更改时应当由原记载人签章证明。

第十条 票据的签发、取得和转让，应当遵循诚实信用的原则，具有真实的交易关系和债权债务关系。

票据的取得，必须给付对价，即应当给付票据双方当事人认可的相对应的代价。

第十一条 因税收、继承、赠与可以依法无偿取得票据的，不受给付对价的限制。但是，所享有的票据权利不得优于其前手的权利。

前手是指在票据签章人或者持票人之前签章的其他票据债务人。

第十二条 以欺诈、偷盗或者胁迫等手段取得票据的，或者明知有前列情形，出于恶意取得票据的，不得享有票据权利。

持票人因重大过失取得不符合本法规定的票据的，也不得享有票据权利。

第十三条 票据债务人不得以自己与出票人或者与持票人的前手之间的抗辩事由，对抗持票人。但是，持票人明知存在抗辩事由而取得票据的除外。

票据债务人可以对不履行约定义务的与自己有直接债权债务关系的持票人，进行抗辩。

本法所称抗辩，是指票据债务人根据本法规定对票据债权人拒绝履行义务的行为。

第十四条 票据上的记载事项应当真实，不得伪造、变造。伪造、变造票据上的签章和其他记载事项的，应当承担法律责任。

票据上有伪造、变造的签章的，不影响票据上其他真实签章的效力。

票据上其他记载事项被变造的，在变造之前签章的人，对原记载事项负责；在变造之后签章的人，对变造之后的记载事项负责；不能辨别是在票据被变造之前或者之后签章的，视同在变造之前签章。

第十五条 票据丧失，失票人可以及时通知票据的付款人挂失止付，但是，未记载付款人或者无法确定付款人及其代理付款人的票据除外。

收到挂失止付通知的付款人，应当暂停支付。

失票人应当在通知挂失止付后三日内，也可以在票据丧失后，依法向人民法院申请公示催告，或者向人民法院提起诉讼。

第十六条 持票人对票据债务人行使票据权利，或者保全票据权利，应当在票据当事人的营业场所和营业时间内进行，票据当事人无营业场所的，应当在其住所进行。

第十七条 票据权利在下列期限内不行使而消灭：

（一）持票人对票据的出票人和承兑人的权利，自票据到期日起二年。见票即付的汇票、本票，自出票日起二年；

（二）持票人对支票出票人的权利，自出票日起六个月；

（三）持票人对前手的追索权，自被拒绝承兑或者被拒绝付款之日起六个月；

（四）持票人对前手的再追索权，自清偿日或者被提起诉讼之日起三个月。

票据的出票日、到期日由票据当事人依法确定。

第十八条 持票人因超过票据权利时效或者因票据记载事项欠缺而丧失票据权利的，仍享有民事权利，可以请求出票人或者承兑人返还其与未支付的票据金额相当的利益。

第二章　汇票

第一节　出票

第十九条 汇票是出票人签发的，委托付款人在见票时或者在指定日期无条件支付确定的金额给收款人或者持票人的票据。

汇票分为银行汇票和商业汇票。

第二十条 出票是指出票人签发票据并将其交付给收款人的票据行为。

第二十一条 汇票的出票人必须与付款人具有真实的委托付款关系，并且具有支付汇票金额的可靠资金来源。

不得签发无对价的汇票用以骗取银行或者其他票据当事人的资金。

第二十二条 汇票必须记载下列事项：

（一）表明"汇票"的字样；

（二）无条件支付的委托；

（三）确定的金额；

（四）付款人名称；

（五）收款人名称；

（六）出票日期；

（七）出票人签章。

汇票上未记载前款规定事项之一的，汇票无效。

第二十三条 汇票上记载付款日期、付款地、出票地等事项的，应当清楚、明确。

汇票上未记载付款日期的，为见票即付。

汇票上未记载付款地的，付款人的营业场所、住所或者经常居住地为付款地。

汇票上未记载出票地的，出票人的营业场所、住所或者经常居住地为出票地。

第二十四条 汇票上可以记载本法规定事项以外的其他出票事项，但是该记载事项不具有汇票上的效力。

第二十五条 付款日期可以按照下列形式之一记载：

（一）见票即付；

（二）定日付款；

（三）出票后定期付款；

（四）见票后定期付款。

前款规定的付款日期为汇票到期日。

第二十六条 出票人签发汇票后，即承担保证该汇票承兑和付款的责任。出票人在汇票得不到承兑或者付款时，应当向持票人清偿本法第七十条、第七十一条规定的金额和费用。

第二节 背书

第二十七条 持票人可以将汇票权利转让给他人或者将一定的汇票权利授予他人行使。

出票人在汇票上记载"不得转让"字样的，汇票不得转让。

持票人行使第一款规定的权利时，应当背书并交付汇票。

背书是指在票据背面或者粘单上记载有关事项并签章的票据行为。

第二十八条 票据凭证不能满足背书人记载事项的需要，可以加附粘单，粘附于票据凭证上。

粘单上的第一记载人，应当在汇票和粘单的粘接处签章。

第二十九条 背书由背书人签章并记载背书日期。

背书未记载日期的，视为在汇票到期日前背书。

第三十条 汇票以背书转让或者以背书将一定的汇票权利授予他人行使时，必须记载被背书人名称。

第三十一条 以背书转让的汇票，背书应当连续。持票人以背书的连续，证明其汇票权利；非经背书转让，而以其他合法方式取得汇票的，依法举证，证明其汇票权利。

前款所称背书连续，是指在票据转让中，转让汇票的背书人与受让汇票的被背书人在汇票上的签章依次前后衔接。

第三十二条 以背书转让的汇票，后手应当对其直接前手背书的真实性负责。

后手是指在票据签章人之后签章的其他票据债务人。

第三十三条 背书不得附有条件。背书时附有条件的，所附条件不具有汇票上的效力。

将汇票金额的一部分转让的背书或者将汇票金额分别转让给二人以上的背书无效。

第三十四条　背书人在汇票上记载"不得转让"字样，其后手再背书转让的，原背书人对后手的被背书人不承担保证责任。

第三十五条　背书记载"委托收款"字样的，被背书人有权代背书人行使被委托的汇票权利。但是，被背书人不得再以背书转让汇票权利。

汇票可以设定质押；质押时应当以背书记载"质押"字样。被背书人依法实现其质权时，可以行使汇票权利。

第三十六条　汇票被拒绝承兑、被拒绝付款或者超过付款提示期限的，不得背书转让；背书转让的，背书人应当承担汇票责任。

第三十七条　背书人以背书转让汇票后，即承担保证其后手所持汇票承兑和付款的责任。背书人在汇票得不到承兑或者付款时，应当向持票人清偿本法第七十条、第七十一条规定的金额和费用。

第三节　承兑

第三十八条　承兑是指汇票付款人承诺在汇票到期日支付汇票金额的票据行为。

第三十九条　定日付款或者出票后定期付款的汇票，持票人应当在汇票到期日前向付款人提示承兑。

提示承兑是指持票人向付款人出示汇票，并要求付款人承诺付款的行为。

第四十条　见票后定期付款的汇票，持票人应当自出票日起一个月内向付款人提示承兑。

汇票未按照规定期限提示承兑的，持票人丧失对其前手的追索权。

见票即付的汇票无须提示承兑。

第四十一条 付款人对向其提示承兑的汇票，应当自收到提示承兑的汇票之日起三日内承兑或者拒绝承兑。

付款人收到持票人提示承兑的汇票时，应当向持票人签发收到汇票的回单。回单上应当记明汇票提示承兑日期并签章。

第四十二条 付款人承兑汇票的，应当在汇票正面记载"承兑"字样和承兑日期并签章；见票后定期付款的汇票，应当在承兑时记载付款日期。

汇票上未记载承兑日期的，以前条第一款规定期限的最后一日为承兑日期。

第四十三条 付款人承兑汇票，不得附有条件；承兑附有条件的，视为拒绝承兑。

第四十四条 付款人承兑汇票后，应当承担到期付款的责任。

第四节 保证

第四十五条 汇票的债务可以由保证人承担保证责任。

保证人由汇票债务人以外的他人担当。

第四十六条 保证人必须在汇票或者粘单上记载下列事项：

（一）表明"保证"的字样；

（二）保证人名称和住所；

（三）被保证人的名称；

（四）保证日期；

（五）保证人签章。

第四十七条 保证人在汇票或者粘单上未记载前条第（三）

项的，已承兑的汇票，承兑人为被保证人；未承兑的汇票，出票人为被保证人。

保证人在汇票或者粘单上未记载前条第（四）项的，出票日期为保证日期。

第四十八条　保证不得附有条件；附有条件的，不影响对汇票的保证责任。

第四十九条　保证人对合法取得汇票的持票人所享有的汇票权利，承担保证责任。但是，被保证人的债务因汇票记载事项欠缺而无效的除外。

第五十条　被保证的汇票，保证人应当与被保证人对持票人承担连带责任。汇票到期后得不到付款的，持票人有权向保证人请求付款，保证人应当足额付款。

第五十一条　保证人为二人以上的，保证人之间承担连带责任。

第五十二条　保证人清偿汇票债务后，可以行使持票人对被保证人及其前手的追索权。

第五节　付款

第五十三条　持票人应当按照下列期限提示付款：

（一）见票即付的汇票，自出票日起一个月内向付款人提示付款；

（二）定日付款、出票后定期付款或者见票后定期付款的汇票，自到期日起十日内向承兑人提示付款。

持票人未按照前款规定期限提示付款的，在做出说明后，承兑人或者付款人仍应当继续对持票人承担付款责任。

通过委托收款银行或者通过票据交换系统向付款人提示付款的，视同持票人提示付款。

第五十四条 持票人依照前条规定提示付款的,付款人必须在当日足额付款。

第五十五条 持票人获得付款的,应当在汇票上签收,并将汇票交给付款人。持票人委托银行收款的,受委托的银行将代收的汇票金额转账收入持票人账户,视同签收。

第五十六条 持票人委托的收款银行的责任,限于按照汇票上记载事项将汇票金额转入持票人账户。

付款人委托的付款银行的责任,限于按照汇票上记载事项从付款人账户支付汇票金额。

第五十七条 付款人及其代理付款人付款时,应当审查汇票背书的连续,并审查提示付款人的合法身份证明或者有效证件。

付款人及其代理付款人以恶意或者有重大过失付款的,应当自行承担责任。

第五十八条 对定日付款、出票后定期付款或者见票后定期付款的汇票,付款人在到期日前付款的,由付款人自行承担所产生的责任。

第五十九条 汇票金额为外币的,按照付款日的市场汇价,以人民币支付。

汇票当事人对汇票支付的货币种类另有约定的,从其约定。

第六十条 付款人依法足额付款后,全体汇票债务人的责任解除。

第六节 追索权

第六十一条 汇票到期被拒绝付款的,持票人可以对背书人、出票人以及汇票的其他债务人行使追索权。

汇票到期日前,有下列情形之一的,持票人也可以行使追索权：

（一）汇票被拒绝承兑的；

（二）承兑人或者付款人死亡、逃匿的；

（三）承兑人或者付款人被依法宣告破产的或者因违法被责令终止业务活动的。

第六十二条　持票人行使追索权时，应当提供被拒绝承兑或者被拒绝付款的有关证明。

持票人提示承兑或者提示付款被拒绝的，承兑人或者付款人必须出具拒绝证明，或者出具退票理由书。未出具拒绝证明或者退票理由书的，应当承担由此产生的民事责任。

第六十三条　持票人因承兑人或者付款人死亡、逃匿或者其他原因，不能取得拒绝证明的，可以依法取得其他有关证明。

第六十四条　承兑人或者付款人被人民法院依法宣告破产的，人民法院的有关司法文书具有拒绝证明的效力。

承兑人或者付款人因违法被责令终止业务活动的，有关行政主管部门的处罚决定具有拒绝证明的效力。

第六十五条　持票人不能出示拒绝证明、退票理由书或者未按照规定期限提供其他合法证明的，丧失对其前手的追索权。但是，承兑人或者付款人仍应当对持票人承担责任。

第六十六条　持票人应当自收到被拒绝承兑或者被拒绝付款的有关证明之日起三日内，将被拒绝事由书面通知其前手；其前手应当自收到通知之日起三日内书面通知其再前手。持票人也可以同时向各汇票债务人发出书面通知。

未按照前款规定期限通知的，持票人仍可以行使追索权。因延期通知给其前手或者出票人造成损失的，由没有按照规定期限通知的汇票当事人，承担对该损失的赔偿责任，但是所赔偿的金额以汇票金额为限。

在规定期限内将通知按照法定地址或者约定的地址邮寄的，视为已经发出通知。

第六十七条 依照前条第一款所做的书面通知，应当记明汇票的主要记载事项，并说明该汇票已被退票。

第六十八条 汇票的出票人、背书人、承兑人和保证人对持票人承担连带责任。

持票人可以不按照汇票债务人的先后顺序，对其中任何一人、数人或者全体行使追索权。

持票人对汇票债务人中的一人或者数人已经进行追索的，对其他汇票债务人仍可以行使追索权。被追索人清偿债务后，与持票人享有同一权利。

第六十九条 持票人为出票人的，对其前手无追索权。持票人为背书人的，对其后手无追索权。

第七十条 持票人行使追索权，可以请求被追索人支付下列金额和费用：

（一）被拒绝付款的汇票金额；

（二）汇票金额自到期日或者提示付款日起至清偿日止，按照中国人民银行规定的利率计算的利息；

（三）取得有关拒绝证明和发出通知书的费用。

被追索人清偿债务时，持票人应当交出汇票和有关拒绝证明，并出具所收到利息和费用的收据。

第七十一条 被追索人依照前条规定清偿后，可以向其他汇票债务人行使再追索权，请求其他汇票债务人支付下列金额和费用：

（一）已清偿的全部金额；

（二）前项金额自清偿日起至再追索清偿日止，按照中国人民银行规定的利率计算的利息；

（三）发出通知书的费用。

行使再追索权的被追索人获得清偿时，应当交出汇票和有关拒绝证明，并出具所收到利息和费用的收据。

第七十二条 被追索人依照前二条规定清偿债务后，其责任解除。

第三章 本票

第七十三条 本票是出票人签发的，承诺自己在见票时无条件支付确定的金额给收款人或者持票人的票据。

本法所称本票，是指银行本票。

第七十四条 本票的出票人必须具有支付本票金额的可靠资金来源，并保证支付。

第七十五条 本票必须记载下列事项：

（一）表明"本票"的字样；

（二）无条件支付的承诺；

（三）确定的金额；

（四）收款人名称；

（五）出票日期；

（六）出票人签章。

本票上未记载前款规定事项之一的，本票无效。

第七十六条 本票上记载付款地、出票地等事项的，应当清楚、明确。

本票上未记载付款地的，出票人的营业场所为付款地。

本票上未记载出票地的，出票人的营业场所为出票地。

第七十七条 本票的出票人在持票人提示见票时，必须承担付款的责任。

第七十八条 本票自出票日起，付款期限最长不得超过二个月。

第七十九条 本票的持票人未按照规定期限提示见票的，丧失对出票人以外的前手的追索权。

第八十条 本票的背书、保证、付款行为和追索权的行使，除本章规定外，适用本法第二章有关汇票的规定。

本票的出票行为，除本章规定外，适用本法第二十四条关于汇票的规定。

第四章 支票

第八十一条 支票是出票人签发的，委托办理支票存款业务的银行或者其他金融机构在见票时无条件支付确定的金额给收款人或者持票人的票据。

第八十二条 开立支票存款账户，申请人必须使用其本名，并提交证明其身份的合法证件。

开立支票存款账户和领用支票，应当有可靠的资信，并存入一定的资金。

开立支票存款账户，申请人应当预留其本名的签名式样和印鉴。

第八十三条 支票可以支取现金，也可以转账，用于转账时，应当在支票正面注明。

支票中专门用于支取现金的，可以另行制作现金支票，现金支票只能用于支取现金。

支票中专门用于转账的，可以另行制作转账支票，转账支票只能用于转账，不得支取现金。

第八十四条 支票必须记载下列事项：

（一）表明"支票"的字样；

（二）无条件支付的委托；

（三）确定的金额；

（四）付款人名称；

（五）出票日期；

（六）出票人签章。

支票上未记载前款规定事项之一的，支票无效。

第八十五条 支票上的金额可以由出票人授权补记，未补记前的支票，不得使用。

第八十六条 支票上未记载收款人名称的，经出票人授权，可以补记。

支票上未记载付款地的，付款人的营业场所为付款地。

支票上未记载出票地的，出票人的营业场所、住所或者经常居住地为出票地。

出票人可以在支票上记载自己为收款人。

第八十七条 支票的出票人所签发的支票金额不得超过其付款时在付款人处实有的存款金额。

出票人签发的支票金额超过其付款时在付款人处实有的存款金额的，为空头支票。禁止签发空头支票。

第八十八条 支票的出票人不得签发与其预留本名的签名式样或者印鉴不符的支票。

第八十九条 出票人必须按照签发的支票金额承担保证向该持票人付款的责任。

出票人在付款人处的存款足以支付支票金额时，付款人应当在当日足额付款。

第九十条 支票限于见票即付，不得另行记载付款日期。另行记载付款日期的，该记载无效。

第九十一条 支票的持票人应当自出票日起十日内提示付款；异地使用的支票，其提示付款的期限由中国人民银行另行规定。

超过提示付款期限的，付款人可以不予付款；付款人不予付款的，出票人仍应当对持票人承担票据责任。

第九十二条 付款人依法支付支票金额的，对出票人不再承担受委托付款的责任，对持票人不再承担付款的责任。但是，付款人以恶意或者有重大过失付款的除外。

第九十三条 支票的背书、付款行为和追索权的行使，除本章规定外，适用本法第二章有关汇票的规定。

支票的出票行为，除本章规定外，适用本法第二十四条、第二十六条关于汇票的规定。

第五章 涉外票据的法律适用

第九十四条 涉外票据的法律适用，依照本章的规定确定。

前款所称涉外票据，是指出票、背书、承兑、保证、付款等行为中，既有发生在中华人民共和国境内又有发生在中华人民共和国境外的票据。

第九十五条 中华人民共和国缔结或者参加的国际条约同本法有不同规定的，适用国际条约的规定。但是，中华人民共和国声明保留的条款除外。

本法和中华人民共和国缔结或者参加的国际条约没有规定的，可以适用国际惯例。

第九十六条 票据债务人的民事行为能力，适用其本国法律。

票据债务人的民事行为能力，依照其本国法律为无民事行为

能力或者为限制民事行为能力而依照行为地法律为完全民事行为能力的，适用行为地法律。

第九十七条　汇票、本票出票时的记载事项，适用出票地法律。

支票出票时的记载事项，适用出票地法律，经当事人协议，也可以适用付款地法律。

第九十八条　票据的背书、承兑、付款和保证行为，适用行为地法律。

第九十九条　票据追索权的行使期限，适用出票地法律。

第一百条　票据的提示期限、有关拒绝证明的方式、出具拒绝证明的期限，适用付款地法律。

第一百零一条　票据丧失时，失票人请求保全票据权利的程序，适用付款地法律。

第六章　法律责任

第一百零二条　有下列票据欺诈行为之一的，依法追究刑事责任：

（一）伪造、变造票据的；

（二）故意使用伪造、变造的票据的；

（三）签发空头支票或者故意签发与其预留的本名签名式样或者印鉴不符的支票，骗取财物的；

（四）签发无可靠资金来源的汇票、本票，骗取资金的；

（五）汇票、本票的出票人在出票时作虚假记载，骗取财物的；

（六）冒用他人的票据，或者故意使用过期或者作废的票据，骗取财物的；

（七）付款人同出票人、持票人恶意串通，实施前六项所列行为之一的。

第一百零三条　有前条所列行为之一，情节轻微，不构成犯罪的，依照国家有关规定给予行政处罚。

第一百零四条 金融机构工作人员在票据业务中玩忽职守，对违反本法规定的票据予以承兑、付款或者保证的，给予处分；造成重大损失，构成犯罪的，依法追究刑事责任。

由于金融机构工作人员因前款行为给当事人造成损失的，由该金融机构和直接责任人员依法承担赔偿责任。

第一百零五条 票据的付款人对见票即付或者到期的票据，故意压票，拖延支付的，由金融行政管理部门处以罚款，对直接责任人员给予处分。

票据的付款人故意压票，拖延支付，给持票人造成损失的，依法承担赔偿责任。

第一百零六条 依照本法规定承担赔偿责任以外的其他违反本法规定的行为，给他人造成损失的，应当依法承担民事责任。

第七章　附则

第一百零七条 本法规定的各项期限的计算，适用民法通则关于计算期间的规定。

按月计算期限的，按到期月的对日计算；无对日的，月末日为到期日。

第一百零八条 汇票、本票、支票的格式应当统一。

票据凭证的格式和印制管理办法，由中国人民银行规定。

第一百零九条 票据管理的具体实施办法，由中国人民银行依照本法制定，报国务院批准后施行。

第一百一十条 本法自1996年1月1日起施行。

附录二

最高人民法院关于审理票据纠纷案件
若干问题的规定

（2000 年 2 月 24 日由最高人民法院审判委员会第 1102 次会议通过，现予公布，自 2000 年 11 月 21 日起施行）

为了正确适用《中华人民共和国票据法》（以下简称票据法），公正、及时审理票据纠纷案件，保护票据当事人的合法权益，维护金融秩序和金融安全，根据票据法及其他有关法律的规定，结合审判实践，现对人民法院审理票据纠纷案件的若干问题规定如下：

一、受理和管辖

第一条　因行使票据权利或者票据法上的非票据权利而引起的纠纷，人民法院应当依法受理。

第二条　依照票据法第十条的规定，票据债务人（即出票人）以在票据未转让时的基础关系违法、双方不具有真实的交易关系和债权债务关系、持票人应付对价而未付对价为由，要求返还票据而提起诉讼的，人民法院应当依法受理。

第三条　依照票据法第三十六条的规定，票据被拒绝承兑、被拒绝付款或者汇票、支票超过提示付款期限后，票据持有人背书转让的，被背书人以背书人为被告行使追索权而提起诉讼的，人民法院应当依法受理。

第四条 持票人不先行使付款请求权而先行使追索权遭拒绝提起诉讼的，人民法院不予受理。除有票据法第六十一条第二款和本规定第三条所列情形外，持票人只能在首先向付款人行使付款请求权而得不到付款时，才可以行使追索权。

第五条 付款请求权是持票人享有的第一顺序权利，追索权是持票人享有的第二顺序权利，即汇票到期被拒绝付款或者具有票据法第六十一条第二款所列情形的，持票人请求背书人、出票人以及汇票的其他债务人支付票据法第七十条第一款所列金额和费用的权利。

第六条 因票据权利纠纷提起的诉讼，依法由票据支付地或者被告住所地人民法院管辖。

票据支付地是指票据上载明的付款地，票据上未载明付款地的，汇票付款人或者代理付款人的营业场所、住所或者经常居住地，本票出票人的营业场所，支票付款人或者代理付款人的营业场所所在地为票据付款地。代理付款人即付款人的委托代理人，是指根据付款人的委托代为支付票据金额的银行、信用合作社等金融机构。

第七条 因非票据权利纠纷提起的诉讼，依法由被告住所地人民法院管辖。

二、票据保全

第八条 人民法院在审理、执行票据纠纷案件时，对具有下列情形之一的票据，经当事人申请并提供担保，可以依法采取保全措施或者执行措施：

（一）不履行约定义务，与票据债务人有直接债权债务关系的票据当事人所持有的票据；

（二）持票人恶意取得的票据；

（三）应付对价而未付对价的持票人持有的票据；

（四）记载有"不得转让"字样而用于贴现的票据；

（五）记载有"不得转让"字样而用于质押的票据；

（六）法律或者司法解释规定有其他情形的票据。

三、举证责任

第九条 票据诉讼的举证责任由提出主张的一方当事人承担。

依照票据法第四条第二款、第十条、第十二条、第二十一条的规定，向人民法院提起诉讼的持票人有责任提供诉争票据。该票据的出票、承兑、交付、背书转让涉嫌欺诈、偷盗、胁迫、恐吓、暴力等非法行为的，持票人对持票的合法性应当负责举证。

第十条 票据债务人依照票据法第十三条的规定，对与其有直接债权债务关系的持票人提出抗辩，人民法院合并审理票据关系和基础关系的，持票人应当提供相应的证据证明已经履行了约定义务。

第十一条 付款人或者承兑人被人民法院依法宣告破产的，持票人因行使追索权而向人民法院提起诉讼时，应当向受理法院提供人民法院依法做出的宣告破产裁定书或者能够证明付款人或者承兑人破产的其他证据。

第十二条 在票据诉讼中，负有举证责任的票据当事人应当在一审人民法院法庭辩论结束以前提供证据。因客观原因不能在上述举证期限以内提供的，应当在举证期限届满以前向人民法院申请延期。延长的期限由人民法院根据案件的具体情况决定。

票据当事人在一审人民法院审理期间隐匿票据、故意有证不举，应当承担相应的诉讼后果。

四、票据权利及抗辩

第十三条 票据法第十七条第一款第（一）、（二）项规定的持票人对票据的出票人和承兑人的权利，包括付款请求权和追索权。

第十四条 票据债务人以票据法第十条、第二十一条的规定为由，对业经背书转让票据的持票人进行抗辩的，人民法院不予支持。

第十五条 票据债务人依照票据法第十二条、第十三条的规定，对持票人提出下列抗辩的，人民法院应予支持：

（一）与票据债务人有直接债权债务关系并且不履行约定义务的；

（二）以欺诈、偷盗或者胁迫等非法手段取得票据，或者明知有前列情形，出于恶意取得票据的；

（三）明知票据债务人与出票人或者与持票人的前手之间存在抗辩事由而取得票据的；

（四）因重大过失取得票据的；

（五）其他依法不得享有票据权利的。

第十六条 票据债务人依照票据法第九条、第十七条、第十八条、第二十二条和第三十一条的规定，对持票人提出下列抗辩的，人民法院应予支持：

（一）欠缺法定必要记载事项或者不符合法定格式的；

（二）超过票据权利时效的；

（三）人民法院做出的除权判决已经发生法律效力的；

（四）以背书方式取得但背书不连续的；

（五）其他依法不得享有票据权利的。

第十七条 票据出票人或者背书人被宣告破产的，而付款人或者承兑人不知其事实而付款或者承兑，因此所产生的追索权可以登记为破产债权，付款人或者承兑人为债权人。

第十八条 票据法第十七条第一款第（三）、（四）项规定的持票人对前手的追索权，不包括对票据出票人的追索权。

第十九条 票据法第四十条第二款和第六十五条规定的持票人丧失对其前手的追索权，不包括对票据出票人的追索权。

第二十条 票据法第十七条规定的票据权利时效发生中断的，只对发生时效中断事由的当事人有效。

第二十一条 票据法第六十六条第一款规定的书面通知是否逾期，以持票人或者其前手发出书面通知之日为准；以信函通知的，以信函投寄邮戳记载之日为准。

第二十二条 票据法第七十条、第七十一条所称中国人民银行规定的利率，是指中国人民银行规定的企业同期流动资金贷款利率。

第二十三条 代理付款人在人民法院公示催告公告发布以前按照规定程序善意付款后，承兑人或者付款人以已经公示催告为由拒付代理付款人已经垫付的款项的，人民法院不予支持。

五、失票救济

第二十四条 票据丧失后，失票人直接向人民法院申请公示催告或者提起诉讼的，人民法院应当依法受理。

第二十五条 出票人已经签章的授权补记的支票丧失后，失票人依法向人民法院申请公示催告的，人民法院应当依法受理。

第二十六条　票据法第十五条第三款规定的可以申请公示催告的失票人，是指按照规定可以背书转让的票据在丧失票据占有以前的最后合法持票人。

第二十七条　出票人已经签章但未记载代理付款人的银行汇票丧失后，失票人依法向付款人即出票银行所在地人民法院申请公示催告的，人民法院应当依法受理。

第二十八条　超过付款提示期限的票据丧失以后，失票人申请公示催告的，人民法院应当依法受理。

第二十九条　失票人通知票据付款人挂失止付后三日内向人民法院申请公示催告的，公示催告申请书应当载明下列内容：

（一）票面金额；

（二）出票人、持票人、背书人；

（三）申请的理由、事实；

（四）通知票据付款人或者代理付款人挂失止付的时间；

（五）付款人或者代理付款人的名称、通信地址、电话号码等。

第三十条　人民法院决定受理公示催告申请，应当同时通知付款人及代理付款人停止支付，并自立案之日起三日内发出公告。

第三十一条　付款人或者代理付款人收到人民法院发出的止付通知，应当立即停止支付，直至公示催告程序终结。非经发出止付通知的人民法院许可擅自解付的，不得免除票据责任。

第三十二条　人民法院决定受理公示催告申请后发布的公告应当在全国性的报刊上登载。

第三十三条　依照《中华人民共和国民事诉讼法》（以下简称民事诉讼法）第一百九十四条的规定，公示催告的期间，国内票据自公告发布之日起六十日，涉外票据可根据具体情况适当延长，但最长不得超过九十日。

第三十四条　依照民事诉讼法第一百九十五条第二款的规定，在公示催告期间，以公示催告的票据质押、贴现，因质押、贴现而接受该票据的持票人主张票据权利的，人民法院不予支持，但公示催告期间届满以后人民法院做出除权判决以前取得该票据的除外。

第三十五条　票据丧失后，失票人在票据权利时效届满以前请求出票人补发票据，或者请求债务人付款，在提供相应担保的情况下因债务人拒绝付款或者出票人拒绝补发票据提起诉讼的，由被告住所地或者票据支付地人民法院管辖。

第三十六条　失票人因请求出票人补发票据或者请求债务人付款遭到拒绝而向人民法院提起诉讼的，被告为与失票人具有票据债权债务关系的出票人、拒绝付款的票据付款人或者承兑人。

第三十七条　失票人为行使票据所有权，向非法持有票据人请求返还票据的，人民法院应当依法受理。

第三十八条　失票人向人民法院提起诉讼的，除向人民法院说明曾经持有票据及丧失票据的情形外，还应当提供担保。担保的数额相当于票据载明的金额。

第三十九条　对于伪报票据丧失的当事人，人民法院在查明事实，裁定终结公示催告或者诉讼程序后，可以参照民事诉讼法第一百零二条的规定，追究伪报人的法律责任。

六、票据效力

第四十条　依照票据法第一百零九条以及经国务院批准的《票据管理实施办法》的规定，票据当事人使用的不是中国人民银行规定的统一格式票据的，按照《票据管理实施办法》的规定认定，但在中国境外签发的票据除外。

第四十一条 票据出票人在票据上的签章上不符合票据法以及下述规定的，该签章不具有票据法上的效力：

（一）商业汇票上的出票人的签章，为该法人或者该单位的财务专用章或者公章加其法定代表人、单位负责人或者其授权的代理人的签名或者盖章；

（二）银行汇票上的出票人的签章和银行承兑汇票的承兑人的签章，为该银行汇票专用章加其法定代表人或者其授权的代理人的签名或者盖章；

（三）银行本票上的出票人的签章，为该银行的本票专用章加其法定代表人或者其授权的代理人的签名或者盖章；

（四）支票上的出票人的签章，出票人为单位的，为与该单位在银行预留签章一致的财务专用章或者公章加其法定代表人或者其授权的代理人的签名或者盖章；出票人为个人的，为与该个人在银行预留签章一致的签名或者盖章。

第四十二条 银行汇票、银行本票的出票人以及银行承兑汇票的承兑人在票据上未加盖规定的专用章而加盖该银行的公章，支票的出票人在票据上未加盖与该单位在银行预留签章一致的财务专用章而加盖该出票人公章的，签章人应当承担票据责任。

第四十三条 依照票据法第九条以及《票据管理实施办法》的规定，票据金额的中文大写与数码不一致，或者票据载明的金额、出票日期或者签发日期、收款人名称更改，或者违反规定加盖银行部门印章代替专用章，付款人或者代理付款人对此类票据付款的，应当承担责任。

第四十四条 因更改银行汇票的实际结算金额引起纠纷而提起诉讼，当事人请求认定汇票效力的，人民法院应当认定该银行汇票无效。

　　第四十五条　空白授权票据的持票人行使票据权利时未对票据必须记载事项补充完全，因付款人或者代理付款人拒绝接收该票据而提起诉讼的，人民法院不予支持。

　　第四十六条　票据的背书人、承兑人、保证人在票据上的签章不符合票据法以及《票据管理实施办法》规定的，或者无民事行为能力人、限制民事行为能力人在票据上签章的，其签章无效，但不影响人民法院对票据上其他签章效力的认定。

七、票据背书

　　第四十七条　因票据质权人以质押票据再行背书质押或者背书转让引起纠纷而提起诉讼的，人民法院应当认定背书行为无效。

　　第四十八条　依照票据法第二十七条的规定，票据的出票人在票据上记载"不得转让"字样，票据持有人背书转让的，背书行为无效。背书转让后的受让人不得享有票据权利，票据的出票人、承兑人对受让人不承担票据责任。

　　第四十九条　依照票据法第二十七条和第三十条的规定，背书人未记载被背书人名称即将票据交付他人的，持票人在票据被背书人栏内记载自己的名称与背书人记载具有同等法律效力。

　　第五十条　依照票据法第三十一条的规定，连续背书的第一背书人应当是在票据上记载的收款人，最后的票据持有人应当是最后一次背书的被背书人。

　　第五十一条　依照票据法第三十四条和第三十五条的规定，背书人在票据上记载"不得转让"、"委托收款"、"质押"字样，其后手再背书转让、委托收款或者质押的，原背书人对后手的被背书人不承担票据责任，但不影响出票人、承兑人以及原背书人之前手的票据责任。

第五十二条 依照票据法第五十七条第二款的规定，贷款人恶意或者有重大过失从事票据质押贷款的，人民法院应当认定质押行为无效。

第五十三条 依照票据法第二十七条的规定，出票人在票据上记载"不得转让"字样，其后手以此票据进行贴现、质押的，通过贴现、质押取得票据的持票人主张票据权利的，人民法院不予支持。

第五十四条 依照票据法第三十四条和第三十五条的规定，背书人在票据上记载"不得转让"字样，其后手以此票据进行贴现、质押的，原背书人对后手的被背书人不承担票据责任。

第五十五条 依照票据法第三十五条第二款的规定，以汇票设定质押时，出质人在汇票上只记载了"质押"字样未在票据上签章的，或者出质人未在汇票、粘单上记载"质押"字样而另行签订质押合同、质押条款的，不构成票据质押。

第五十六条 商业汇票的持票人向其非开户银行申请贴现，与向自己开立存款账户的银行申请贴现具有同等法律效力。但是，持票人有恶意或者与贴现银行恶意串通的除外。

第五十七条 违反规定区域出票，背书转让银行汇票，或者违反票据管理规定跨越票据交换区域出票、背书转让银行本票、支票的，不影响出票人、背书人依法应当承担的票据责任。

第五十八条 依照票据法第三十六条的规定，票据被拒绝承兑、被拒绝付款或者超过提示付款期限，票据持有人背书转让的，背书人应当承担票据责任。

第五十九条 承兑人或者付款人依照票据法第五十三条第二款的规定对逾期提示付款的持票人付款与按照规定的期限付

款具有同等法律效力。

八、票据保证

第六十条 国家机关、以公益为目的的事业单位、社会团体、企业法人的分支机构和职能部门作为票据保证人的，票据保证无效，但经国务院批准为使用外国政府或者国际经济组织贷款进行转贷，国家机关提供票据保证的，以及企业法人的分支机构在法人书面授权范围内提供票据保证的除外。

第六十一条 票据保证无效的，票据的保证人应当承担与其过错相应的民事责任。

第六十二条 保证人未在票据或者粘单上记载"保证"字样而另行签订保证合同或者保证条款的，不属于票据保证，人民法院应当适用《中华人民共和国担保法》的有关规定。

九、法律适用

第六十三条 人民法院审理票据纠纷案件，适用票据法的规定；票据法没有规定的，适用《中华人民共和国民法通则》、《中华人民共和国合同法》、《中华人民共和国担保法》等民商事法律以及国务院制定的行政法规。

中国人民银行制定并公布施行的有关行政规章与法律、行政法规不抵触的，可以参照适用。

第六十四条 票据当事人因对金融行政管理部门的具体行政行为不服提起诉讼的，适用《中华人民共和国行政处罚法》、票据法以及《票据管理实施办法》等有关票据管理的规定。

中国人民银行制定并公布施行的有关行政规章与法律、行政法规不抵触的，可以参照适用。

第六十五条 人民法院对票据法施行以前已经做出终审裁

决的票据纠纷案件进行再审，不适用票据法。

十、法律责任

第六十六条 具有下列情形之一的票据，未经背书转让的，票据债务人不承担票据责任；已经背书转让的，票据无效不影响其他真实签章的效力：

（一）出票人签章不真实的；

（二）出票人为无民事行为能力人的；

（三）出票人为限制民事行为能力人的。

第六十七条 依照票据法第十四条、第一百零三条、第一百零四条的规定，伪造、变造票据者除应当依法承担刑事、行政责任外，给他人造成损失的，还应当承担民事赔偿责任。被伪造签章者不承担票据责任。

第六十八条 对票据未记载事项或者未完全记载事项作补充记载，补充事项超出授权范围的，出票人对补充后的票据应当承担票据责任。给他人造成损失的，出票人还应当承担相应的民事责任。

第六十九条 付款人或者代理付款人未能识别出伪造、变造的票据或者身份证件而错误付款，属于票据法第五十七条规定的"重大过失"，给持票人造成损失的，应当依法承担民事责任。付款人或者代理付款人承担责任后有权向伪造者、变造者依法追偿。

持票人有过错的，也应当承担相应的民事责任。

第七十条 付款人及其代理付款人有下列情形之一的，应当自行承担责任：

（一）未依照票据法第五十七条的规定对提示付款人的合法身份证明或者有效证件以及汇票背书的连续性履行审查义务而

附录二 最高人民法院关于审理票据纠纷案件若干问题的规定

错误付款的；

（二）公示催告期间对公示催告的票据付款的；

（三）收到人民法院的止付通知后付款的；

（四）其他以恶意或者重大过失付款的。

第七十一条 票据法第六十三条所称"其他有关证明"是指：

（一）人民法院出具的宣告承兑人、付款人失踪或者死亡的证明、法律文书；

（二）公安机关出具的承兑人、付款人逃匿或者下落不明的证明；

（三）医院或者有关单位出具的承兑人、付款人死亡的证明；

（四）公证机构出具的具有拒绝证明效力的文书。

第七十二条 当事人因申请票据保全错误而给他人造成损失的，应当依法承担民事责任。

第七十三条 因出票人签发空头支票、与其预留本名的签名式样或者印鉴不符的支票给他人造成损失的，支票的出票人和背书人应当依法承担民事责任。

第七十四条 人民法院在审理票据纠纷案件时，发现与本案有牵连但不属同一法律关系的票据欺诈犯罪嫌疑线索的，应当及时将犯罪嫌疑线索提供给有关公安机关，但票据纠纷案件不应因此而中止审理。

第七十五条 依照票据法第一百零五条的规定，由于金融机构工作人员在票据业务中玩忽职守，对违反票据法规定的票据予以承兑、付款、贴现或者保证，给当事人造成损失的，由该金融机构与直接责任人员依法承担连带责任。

第七十六条 依照票据法第一百零七条的规定，由于出票人制作票据，或者其他票据债务人未按照法定条件在票据上签章，给他人造成损失的，除应当按照所记载事项承担票据责任外，还应当承担相应的民事责任。

持票人明知或者应当知道前款情形而接受的，可以适当减轻出票人或者票据债务人的责任。

附录三

票据管理实施办法

第一条　为了加强票据管理，维护金融秩序，根据《中华人民共和国票据法》（以下简称票据法）地规定，制定本办法。

第二条　在中华人民共和国境内的票据管理，适用本办法。

第三条　中国人民银行是票据的管理部门。

票据管理应当遵守票据法和本办法以及有关法律、行政法规的规定，不得损害票据当事人的合法权益。

第四条　票据当事人应当依法从事票据活动，行使票据权利，履行票据义务。

第五条　票据当事人应当使用中国人民银行批准办理银行汇票业务的银行。

第六条　银行汇票的出票人，为经中国人民银行批准办理银行汇票业务的银行。

第七条　银行本票的出票人，为经中国人民银行批准办理银行本票业务的银行。

第八条　商业汇票的出票人，为银行以外的企业和其他组织。

向银行申请办理汇票承兑的商业汇票的出票人，必须具备下列条件：

（一）在承兑银行开立存款账户；

（二）资信状况良好，并具有支付汇票金额的可靠资金来源。

第九条 承兑商业汇票的银行，必须具备下列条件：

（一）与出票人具有真实的委托付款关系；

（二）具有支付汇票金额的可靠资金。

第十条 向银行申请办理票据贴现的商业汇票的持票人，必须具备下列条件：

（一）在银行开立存款账户；

（二）与出票人、前手之间具有真实的交易关系和债权债务关系。

第十一条 支票的出票人，为在经中国人民银行批准办理支票存款业务的银行、城市信用合作社和农村信用合作社开立支票存款账户的企业、其他组织和个人。

第十二条 票据法所称"保证人"，是指具有代为清偿票据债务能力的法人、其他组织或者个人。国家机关、以公益为目的的事业单位、社会团体、企业法人的分支机构和职能部门不得为保证人；但是，法律另有规定的除外。

第十三条 银行汇票上的出票人的签章、银行承兑商业汇票的签章，为该银行的汇票专用章加其法定代表人或者其授权的代理人的签名或者盖章。

银行本票上的出票人的签章，为该银行的本票专用章加其法定代表人或者其授权的代理人的签名或者盖章。银行汇票专用章、银行本票专用章须经中国人民银行批准。

第十四条 商业汇票上的出票人的签章，为该单位的财务专用章或者公章加其法定代表人或者其授权的代理人的签名或者盖章。

第十五条 支票上的出票人的签章，出票人为单位的，为与该单位在银行预留签章一致的财务专用章或者公章加其法定代表人或者其授权的代理人的签名或者盖章；出票人为个人的，为与该个人在银行预留签章一致的签名或者盖章。

第十六条 票据法所称"本名"是指符合法律、行政法规以及国家有关规定的身份证件上的姓名。

第十七条 出票人在票据上的签章不符合票据法和本办法规定的，票据无效；背书人、承兑人、保证人在票据上签章不符合票据法和本办法规定的，其签章无效，但是不影响票据上其他签章的效力。

第十八条 票据法所称"代理付款人"，是指根据付款人的委托，代其支付票据金额的银行、城市信用合作社和农村信用合作社。

第十九条 票据法规定可以办理挂失止付的票据丧失的，失票人可以依照票据法的规定及时通知付款人或者代理付款人挂失止付。失票人通知票据的付款人或者代理付款人挂失止付的，应当填写挂失止付通知书并签章。挂失止付通知书应当记载下列事项：

（一）票据丧失的时间和事由；

（二）票据种类、号码、金额、出票日期、付款日期、付款人名称、收款人名称；

（三）挂失止付人的名称；营业场所或者住所以及联系方法。

第二十条 付款人或者代理付款人收到挂失止付通知书，应当立即暂停支付。付款人或者代理付款人自收到挂失止付通知书之日起12日内没有收到人民法院的止付通知书的，自第13

日起，挂失止付通知书失效。

第二十一条 付款人或者代理付款人在收到挂失止付通知书前，已经依法向持票人付款的，不再接受挂失止付。

第二十二条 申请人申请开立支票存款账户的，银行、城市信用合作社和农村信用合作社可以与申请人约定在支票上使用支付密码，作为支付支票金额的条件。

第二十三条 保证人应当依照票据法的规定，在票据或者其粘单上记载保证事项。保证人为出票人、付款人、承兑人保证的，应当在票据的正面记载保证事项；保证人为背书人保证的，应当在票据的背面或者其粘单上记载保证事项。

第二十四条 依法背书转让的票据，任何单位和个人不得冻结票据款项；但是，法律另有规定的除外。

第二十五条 票据法第五十五条所称"签收"，是指持票人在票据的正面签章，表面持票人已经获得付款。

第二十六条 通过委托收款银行或者通过票据交换系统向付款人提示付款的，持票人向银行提交票据日为提示付款日。

第二十七条 票据法第六十二条所称"拒绝证明"应当包括下列事项：

（一）被拒绝承兑、付款的票据的种类及其主要记载事项；

（二）拒绝承兑、付款的事实依据和法律依据；

（三）拒绝承兑、付款的时间；

（四）拒绝承兑人、拒绝付款人的签章。

票据法第六十二条所称"退票理由书"应当包括下列事项：

（一）所退票据的种类；

（二）退票的事实依据和法律依据；

（三）退票时间；

（四）退票人签章。

第二十八条　票据法第六十三条规定的"其他有关证明"是指：

（一）医院或者有关单位出具的承兑人、付款人死亡的证明；

（二）司法机关出具的承兑人、付款人逃匿的证明；

（三）公证机关出具的具有拒绝证明效力的文书。

第二十九条　票据法第七十条第一款第（二）项、第七十一条第一款第（二）项规定的"利率"，是指中国人民银行规定的流动资金贷款利率。

第三十条　有票据法第一百零三条所列行为之一，情节轻微，不构成犯罪的，由公安机关依法予以处罚。

第三十一条　签发空头支票或者签发与其预留的签章不符的支票，不以骗取财物为目的的，由中国人民银行处以票面金额 5% 但不低于 1000 元的罚款；持票人有权要求出票人赔偿支票金额 2% 的赔偿金。

第三十二条　金融机构的工作人员在票据业务中玩忽职守，对违反票据法和本办法规定的票据予以承兑、付款、保证或者贴现的，对直接负责的主管人员和其他直接责任人员给予警告、记过、撤职或者开除的处分；造成重大损失，构成犯罪的，依法追究刑事责任。

第三十三条　票据的付款人对见票即付或者到期的票据，故意压票、拖延支付的，由中国人民银行处以压票、拖延支付期间内每日票据金额 0.7% 的罚款；对直接负责的主管人员和其他直接责任人员给予警告、记过、撤职或者开除的处分。

第三十四条　违反中国人民银行规定，擅自印制票据的，由中国人民银行责令改正，处以 1 万元以上 20 万元以下的罚款；情节严重的，中国人民银行有权提请有关部门吊销其营业执照。

　　第三十五条　票据的格式、联次、颜色、规格及防伪技术要求和印制，由中国人民银行规定。中国人民银行在确定票据格式时，可以根据少数民族地区和外国驻华使馆的实际需要，在票据格式中增加少数民族文字或者外国文字。

　　第三十六条　本办法自 1997 年 10 月 1 日起施行。